ARKANA

Buch

2012 wird nach den Prophezeiungen der Maya ein neues Zeitalter anbrechen. Die Zeit der Eroberungen und der Zerstörung, von den Mayas die neun Höllen genannt, wird nach 500 Jahren zu Ende gehen. Es ist eine Botschaft der Zuversicht, die Magda Wimmer in ihrem Buch übermittelt. Sie ermutigt uns, wieder am großen Netz des Universums, durch welches alles miteinander verbunden ist, mitzuweben und es mit all unseren Kräften mitzugestalten. Die Autorin erzählt von der Geschichte der Maya, ihrer Kultur, ihrer Spiritualität und ihren Prophezeiungen. Gleichzeitig vermittelt sie praktische Anleitungen, wie wir anhand des großen Netzes, des heiligen Kalenders der Maya, das Weben unseres persönlichen Lebens lernen können.

Autorin

Magda Wimmer wurde 1961 in Österreich geboren. Von 1981 bis 1987 studierte sie Theologie in Salzburg und widmete sich anschließend der Jugendarbeit. Während sie auf Grund eines Unfalls mehrere Jahre im Rollstuhl verbringen musste, studierte sie Literaturwissenschaft, Sozialwissenschaft und Philosophie an der Fernuniversität in Hagen/Nordrhein-Westfalen. Außerdem ließ sie sich in verschiedenen Disziplinen der Naturheilkunde ausbilden und absolvierte ein schamanisches Training. Von 1997 bis 1998 hielt sie sich im Rahmen eines Filmprojekts in den zentralamerikanischen Maya-Ländern auf, um das Leben ihrer Nachfolger in der Gegenwart zu studieren.

MAGDA WIMMER

DIE MAYA

Weber der Zeit,
Spieler des Universums

ARKANA
Goldmann

FSC

Mix

Produktgruppe aus vorbildlich
bewirtschafteten Wäldern und
anderen kontrollierten Herkünften

Zert.-Nr. SGS-COC-1940
www.fsc.org
© 1996 Forest Stewardship Council

Verlagsgruppe Random House FSC-DEU-0100
Das für dieses Buch verwendete FSC-zertifizierte Papier *Munken Print*
liefert Arctic Paper Munkedals AB, Schweden.

3., aktualisierte Auflage
Originalausgabe November 2000
© 2000 Wilhelm Goldmann Verlag, München
in der Verlagsgruppe Random House GmbH
Umschlaggestaltung: Design Team München
Umschlagfoto: AKGphoto
Redaktion: Irina Mamula
WL · Herstellung: Stefan Hansen
Satz: Barbara Rabus
Druck und Bindung: GGP Media GmbH, Pößneck
Printed in Germany
ISBN 978-3-442-21577-5

www.arkana-verlag.de

Inhalt

Vorwort *von Rigoberta Menchú Tum*   9

Einleitung   13

Teil I
Der Ruf der alten Völker

1. Das alte Volk der Maya   25

2. Menschenmacht und Götterzorn   41

3. Spieler des Universums   47

4. Gegenspieler   60

5. Der Pyramidengott   69

6. Ein Volk im Widerstand   83

7. Die Spiritualität der Maya   89

8. Weber der Zeit   95

9. Der Weg zurück in die Zukunft   113

10. Zeitenwechsel   126

11. Die Erde ist in Gefahr   132

12. Trennungen beenden   139

13. Traumzeit   145

Teil II
Web-Künstler im Universum

1. Der Tzolkin – der heilige Kalender der Maya · 153

2. Die 20 Sonnensymbole 159
   Imix 164
   Ik 168
   Akbal 172
   Kan 176
   Chicchan 180
   Cimi 184
   Manik 188
   Lamat 192
   Muluc 196
   Oc 200
   Chuen 204
   Eb 208
   Ben 212
   Ix 216
   Men 220
   Cib 224
   Caban 228
   Etznab 232
   Cauac 236
   Ahau 240
   Die 20 Sonnenzeichen und das
   Rad des Lebens 247
   Das Medizinrad der Urvölker Amerikas 247
   Das chinesische Rad der Fünf Elemente 252
   Die Maya-Sonnensymbole
   am Rad des Lebens 255

3. Die 13 Impulszahlen 264

   Eins 268

   Zwei 270

   Drei 272

   Vier 274

   Fünf 276

   Sechs 278

   Sieben 280

   Acht 282

   Neun 284

   Zehn 286

   Elf 288

   Zwölf 290

   Dreizehn 292

   Das Webmuster des Tzolkin: 13 x 20 295

   Tzolkin-Mathematik: 13-20-33 298

4. Der Haab – der Sonnenjahr-Kalender
   der Maya 301

   18 Uinals (Monate) und ein Kurzmonat 303

   Zahlengötter der 20 Monatstage 309

   Zusammenspiel von Tzolkin und Haab 310

5. Die Berechnung der Geburtszeichen 311

   Die Sonnenzeichen 311

   Die Geburtszahl 317

   Die Begleitzeichen 318

   Die Geburtswelle 323

   Die Monatszeichen 325

   Das Geburtsbild 327

6. Erfahrungen und Prophezeiungen
   der alten Völker 329
   Erfahrungen mit dem weißen Mann 329
   Prophezeiungen 333

7. Zeitgenössische Stimmen 336
   *Angst ist unser Feind – Chaos ist
   unser Freund* 336
   So spricht die Erde 342
   Den Himmel auf Erden wählen 345
   *Botschaft des Hüters der Heiligen
   Weißen-Büffel-Friedenspfeife* 347
   Du bist dort, wo deine Aufmerksamkeit ist 350
   Ein offener Brief von Gott 351

Anhang

Maya-Geburtsbild 359

Jahreskalender 2007–2013 361

Nachwort und Dank 375

Begriffserklärungen 377

Anmerkungen 378

Literaturverzeichnis 383

Bildnachweis 384

Register 385

Vorwort

Männer, Frauen, Jungen und Mädchen auf Wanderschaft, sie zogen durch Berge, Täler und Wiesen, tränkten die Furchen und das Wasser der Erde mit ihrem Schweiß.

Unsere Vorfahren hinterließen ihre Spuren auf dem gesamten amerikanischen Kontinent.

Die offenen Augen, das feine Gehör, der ausgeprägte Geruchssinn und der wache Geist der Weisen, unserer Alten, die Firmament, Natur und Zeit beobachteten, machten die Hochkulturen unseres Amerikas möglich.

Dank unserer Geduld und unserer Ausdauer haben wir die Weisheit erlangt, den Lauf der Zeit zu verstehen und die Art und Weise, in der Universum, Erde und Meer miteinander tanzen, um uns, ihren Kindern, alles Lebensnotwendige zu schenken. Wir haben gelernt, der Natur zuzuhören, in den Sternen zu lesen und das Blut in unserer Mutter Erde wahrzunehmen.

In unserem Herzen und in unserem Geist tragen wir das Wissen um die Bedeutung der Wahrung des Gleichgewichts mit der Natur, die Überzeugung, dass wir Menschen Teil der Natur sind. Wir verspüren in unserem Inneren, in unserem gesamten Körper, das Bedürfnis, ihr zu danken und all das zurückzugeben, was sie uns schenkt, um jeden Winkel, Teil und Augenblick unseres Seins zu nähren.

Wir schlossen einen noch größeren Pakt mit unserer Mutter Erde, als das Blut Abertausender von Männern, Frauen und Kindern, die von den Waffen der Invasoren niedergestreckt wurden, die Wurzeln der Bäume und Pflanzen tränkte.

Viele Sekunden, Minuten, Stunden, Tage, Monate und Jahre sind vergangen, in denen unsere Mutter Erde mit uns geweint, mit uns Schweiß vergossen, mit uns gelitten hat und mit uns gestorben ist. Tausende von Indiobrüdern und -schwestern in ganz Amerika starben von der Hand des Mächtigen, des Reichen, des Soldaten, des Militärs. Unsere Toten, das waren die Kriegstoten, die Toten auf den Fincas, und sie werden immer unsere Toten sein.

Aber wir sind auch die Lebenden der Lebenden. Wir haben gelernt zu schweigen, zu beobachten, zu bewahren und unsere Kinder durch Worte und Taten all das zu lehren, was wir im Lauf der Zeit gelernt haben. Wir sind nicht mehr die, die wir einmal waren, wir sind die von heute. Wir sind die, die immer noch das Universum beobachten, von der Natur lernen und das Leben aus tiefstem Herzen lieben. Wir sind hier und heute da, wir haben viel zu sagen, und wir haben unseren Kindern und Kindeskindern, ihnen und ihren Kindern und der Menschheit viel zu erzählen. Wir haben dem Leben viel zu bieten und zu geben. Wir sind heute hier, und wir sind viele. Uns kann man nicht verstecken, wir gestalten und prägen die Zukunft Schulter an Schulter mit allen anderen.

Wir sind Teil der Menschheit, wir sind Teil der Vergangenheit, der Gegenwart und der Zukunft. Wir sind der festen Überzeugung, dass wir alle gemeinsam wieder lernen müssen, das Universum zu beobachten, die Natur zu lieben und uns als Geschwister zu lieben und zu achten, um uns auszutauschen, miteinander zu reden und uns auf einen neuen Weg zu einigen.

Die Geschichte, unsere Geschichte, war schwierig, ja hart. Wir mussten unser Wesen und unsere Gedanken unter Verschluss halten, sie in unserem Geist verstecken, und daher lassen wir andere nicht so leicht an uns heran. Viele Augen schauen uns an, aber nicht alle sehen uns. Diejenigen, die uns mit dem Geist und dem Herzen sehen – und es sind ihrer schon viele – ergreifen unsere

Hand, um gemeinsam an einer Zukunft voller Frieden, Gerechtigkeit und Würde zu arbeiten.

Dieses Buch wird Ihnen eine Vorstellung von unserem Leben in der Vergangenheit und heute vermitteln. Mag dieses Buch Sie dazu bewegen, die Herausforderung anzunehmen, der sich die Menschheit in diesem neuen Jahrtausend stellen muss. Wir Menschen sind aufgefordert, uns unablässig und bewusst darum zu bemühen, unsere Mitmenschen zu verstehen und zu begreifen. Wir sind aufgefordert, mit unseren Mitmenschen in einen offenen und partnerschaftlichen Dialog zu treten. Wir sind aufgefordert, einen Beitrag zu einer Kultur des Friedens zu leisten. Wir sind aufgefordert, die Grauen der Vergangenheit niemals zu vergessen. Wir sind aufgefordert, denen Gerechtigkeit und Würde zuteil werden zu lassen, die unsere Mutter Erde mit ihrem Blut getränkt haben.

Rigoberta Menchú Tum
Friedensnobelpreisträgerin,
Botschafterin guten Willens für eine
Kultur des Friedens, UNESCO

Einleitung

Die Welt als großes Netz, in welchem alles miteinander verbunden ist – diese Metapher findet sich bei allen Ur- und Naturvölkern der Welt. Für sie gibt es deshalb auch keinen Unterschied zwischen der für unsere Augen sichtbaren Welt und der Traumwelt, zwischen Vergangenheit und Zukunft, Vorstellung und Denken, Erde und Universum. *Es ist alles eins, sagen sie, und alles ist vom selben Geist durchdrungen.*

Wenn wir heute die großen Kulturen der Welt betrachten, dann ahnen wir, dass es einst eine Zeit gegeben hat, in welcher Menschen und Völker bewusst ihr Muster in dieses große Netz gewoben haben. Und staunend stehen wir vor diesem Wissen, das mehr und mehr seine Faszination auf uns ausübt. Es ist vielleicht die uralte Sehnsucht nach dem Einssein mit allem, nach Ruhe und kreativem, sinnvollem Tun, die uns suchen lässt nach dem – wie wir bisher angenommen haben – längst Vergangenen. Vielleicht aber kehrt dieses Vergangene jetzt zurück in unsere Gegenwart, weil es uns die Wirklichkeit dieses großen Netzes besser in Erinnerung rufen kann als unsere eigene, technisch perfektionierte Welt.

Die Entwicklungen der vergangenen, insbesondere der letzten beiden Jahrhunderte haben den Planeten und uns Menschen in eine Situation gebracht, die diese Suche nach dem Ursprünglichen mehr und mehr zur notwendigen Überlebenskraft werden lässt. Menschen in früheren Jahrhunderten und Jahrtausenden haben den Prozess von Wachstum, Veränderung und Auflösung als natürlich und rhythmisch erfahren, weil er so langsam vor sich gegangen ist, dass Körper, Geist und Seele damit Schritt halten konnten.

Bis zum Ende des vergangenen Jahrtausends hat sich dies jedoch grundsätzlich verändert. Wir fühlen uns mitgerissen von der rasanten Geschwindigkeit, in der Veränderungen vor sich gehen, und wir haben oft das Gefühl, diesem Tempo nicht mehr folgen zu können. Die Zeit läuft uns im wörtlichen Sinn davon, und unser Organismus scheint die Flut von Eindrücken nicht mehr »verdauen« zu können. Wir haben Trennlinien gezogen zwischen Denken, Fühlen und Tun, zwischen Nationen und Religionen, Leben und Tod, Menschen und anderen Lebewesen, zwischen Erde und Universum. Wir betrachten zumeist nur jenen Bereich, zu welchem wir uns zugehörig fühlen, als »richtig«. Alles andere ist für uns dagegen das Fremde, und oftmals bekämpfen wir es sogar. Dadurch sind wir hin- und hergerissen zwischen verschiedenen Wirklichkeiten und überfordert von zahllosen Wahlmöglichkeiten. Wir halten uns an Wahrheiten, die von außen kommen und von einflussreichen Personen oder Institutionen (Medien, Wissenschaftlern, Religionen etc.) unterstützt werden, welche sagen, dass sie die Wahrheit kennen. Denn unsere eigenen inneren Wahrheiten haben wir nach den Jahrhunderten der Autoritäten und des Gehorsams scheinbar verloren.

Die andere Seite dieser Entwicklung ist jedoch, dass wir uns heute immer mehr bewusst werden, wie sehr wir selbst diese Welt machen, wie sehr wir durch unser Denken und Tun Einfluss haben auf Veränderungen und Ergebnisse. Wir fühlen uns herausgefordert, aktiv an allem teilzunehmen und uns nicht mehr als passive Teilnehmer oder gar als Opfer eines Schicksals zu empfinden, das über uns hinwegfährt.

Spätestens in den neunziger Jahren dieses Jahrhunderts haben viele Menschen den Ruf zur Veränderung vernommen, der umfassend von den Botschaften der Natur- und Urvölker unterstützt und genährt wird. Und viele sind ihm bereits gefolgt, im Wissen, dass sich die Welt nun in einem grundsätzlichen Wandel befindet, aus dem sie in wenigen Jahrzehnten in völlig neuer Gestalt hervorgehen wird. Sie haben auch verstanden, dass diese Veränderungen nicht von selbst kommen werden, sondern dass wir alle nun gefordert sind, uns selbst zu verändern und dadurch die großen planetaren Veränderungen zu beeinflussen. Viele Menschen sind aufgewacht, um ihren Träumen zu folgen und ihre Welt neu zu gestalten. Die Weisheit der alten Völker hilft ihnen dabei zu verstehen, dass diese Träume ein Teil des großen Netzes sind – jenes Gewebes, aus dem wir uns nie wirklich entfernt haben. Wir fühlen uns zwar oft getrennt davon, doch ist es *unser* Denken, welches dieses Gefühl verursacht hat. Wenn wir denken, dass wir getrennt sind, dann ist das die Wirklichkeit, in der wir leben. Menschen der alten Völker beginnen nach der langen Zeit der Unterdrückung heute wieder zu sprechen, und es ist eine Botschaft der Zuversicht, die sie bringen – eine Botschaft, die uns Mut machen will, wieder am großen Netz des Universums, in dem wir alle miteinander verwoben sind, mitzuweben und es mit all unseren Kräften zu gestalten. *Wir sind viel enger mit dem Netz verbunden, als wir glauben* – das ist ihre Botschaft. Die Entscheidung zum Mitgestalten aber liegt bei uns.

Es gibt unendlich viele Zugänge zu diesem Netz der Welt, und alle sind gleich wichtig. Ich bin dem Weg der Maya gefolgt – einem Traum, dem ich anfangs keine besondere Aufmerksamkeit geschenkt habe, in der gewohnten Meinung, dass außergewöhnliche Dinge nur von außergewöhnlichen Menschen gemacht werden. Als ich dann sieben Monate in den Ländern der Maya verbracht hatte, war mir klar geworden, dass mein Beitrag zu den großen Veränderungen unserer selbst und unseres Planeten nicht nur das Überbringen einer Botschaft der Maya ist, welche von vielen als Prophezeiung bezeichnet wird. Mehr noch ist es das grundlegende

Wissen um das Netz, das von den Maya in besonderer Weise entwickelt wurde und welches wir heute als ihren »heiligen Kalender« bezeichnen. Sie haben uns gezeigt, wie alles miteinander verwoben ist und wie wir alle mit Hilfe dieses Instruments wieder das Weben lernen können.

Mein Eindruck vom Leben in diesen Ländern war vielfältig, oft auch zwiespältig. Besonders in Guatemala habe ich krasse Gegensätze erfahren: Die Jahrhunderte der Eroberungen und Zerstörung haben tiefe Spuren hinterlassen, der Kampf gegen die so genannte primitive Kultur der Ureinwohner und die Zerstörungen durch ausländische Wirtschaftsinteressen haben noch immer kein Ende gefunden, und die Macht der wenigen reichen Großgrundbesitzer scheint immer noch ungebrochen. Es waren zum einen die schönen und ausdrucksstarken Pyramiden- und Tempelstädte aus der Blütezeit der Maya, die in mir einen tiefen Eindruck hinterlassen haben, und zum anderen das Wissen, dass auch die heute lebenden Maya keinen Zugang haben zu ihren eigenen Kult- und Kulturstätten und dass sie verfolgt werden, wenn sie ihre Rituale ausüben. Und dennoch habe ich ein Volk gefunden, das den Stolz auf seine Wurzeln tief in seinem Inneren trägt, wenngleich die Menschen nach außen mit großer Scheu und Zurückhaltung reagieren – nach all den Erfahrungen der letzten Jahrhunderte. Das Land ist von grausamen Kriegen und von der »Politik der verbrannten Erde« zerrüttet, die Landschaft vermittelt in ihrer Vielfalt jedoch eine Ahnung vom Reichtum eines Stücks Erde, der nicht in Geld gemessen werden kann.

Beim Zusammentreffen mit den großen Schamanen des Landes und des gesamten Kontinents sowie im Gespräch mit der Friedensnobelpreisträgerin Guatemalas, Rigoberta Menchú, konnte ich die Freude spüren über die zunehmende Öffnung und Bereitschaft zur Zusammenarbeit zwischen Menschen aus dem Westen und den alten Völkern. Und diese Freude entstammt weniger einer bloßen Hoffnung oder Ahnung als vielmehr ihrem Wissen der Jahrhunderte und Jahrtausende, welches besagt, dass jetzt die Zeit gekommen ist, in welcher alle Unterschiede zwischen Menschen, Rassen, Nationen und Religionen verschwinden werden, weil die Menschen in gemeinsamer Anstrengung der Entwicklung auf diesem Planeten eine neue Richtung verleihen wollen.

Im *ersten Teil* erzählt dieses Buch von der mythologischen Vorstellungswelt ebenso wie von der Geschichte der Maya, von ihrer Hochkultur und von ihrem Niedergang, von ihren Prophezeiungen und ihrer Spiritualität. Es besteht aus 13 Kapiteln, weil diese Zahl im Mittelpunkt des heiligen Kalenders der Maya steht und den Ablauf aller Entwicklungen und schöpferischen Tätigkeiten bezeichnet.

Das *erste Kapitel* (»Das alte Volk der Maya«) berichtet von den Maya, woher sie kommen und welche Bedeutung sie hier auf diesem Planeten haben. Ihr Buch der Weisheit, »*Popul Vuh*«, erzählt über ihren Ursprung, der gleichzeitig der Ursprung *aller* Menschen ist. Die Maya sagen, dass sie von dieser Erde kommen genauso wie von den Sternen. Das ist der Grund, warum sie das Webmuster des Universums mit einer unbeschreiblichen Genauigkeit erforscht und für eine spätere Zeit auf Steinen und in ihren Tempeln fest gehalten haben. Der *Tzolkin*, ihr heiliger Kalender, ist Ausdruck des Musters des Universums und der Zeit. 13 Zahlen und 20 Sonnenzeichen ergeben ein Webmuster, das überall vorhanden ist, das keinen Anfang und kein Ende hat. Und den Maya zufolge ist es jetzt Zeit, dass die alten Völker wieder zurückkehren, damit sich alle Menschen wieder an ihr ursprüngliches Wissen erinnern.

Das *zweite Kapitel* (»Menschenmacht und Götterzorn«) zeigt anhand der Mythologie der Maya, wie die Menschen aus Mais geschaffen wurden und wie perfekt sie waren. Sie begannen jedoch, ihre ursprüngliche Weisheit zu vergessen, und die Menschheit entwickelte sich von da an in verschiedene Richtungen weiter. Die Maya sagen, dass sie von überall herkommen und dass sie auch in alle Richtungen gingen. Interessant ist, dass das Wort Maya überall in den großen Kulturen zu finden ist.

Das *dritte Kapitel* (»Spieler des Universums«) erzählt, dass sich die Maya als Spieler im großen Spiel des Universums verstanden haben. Deshalb war es für sie auch wichtig, die Spielregeln zu kennen – und sie erforschten sie mit großer Perfektion. Sie haben unwahrscheinlich große Kreisläufe gemessen, genauso wie sie die kleineren Zyklen des planetaren Lebens und der Menschheit genau gekannt haben. Viele dieser Zyklen scheinen nun zu Ende zu gehen. In diesem Kapitel wird auch die Geschichte der Maya bis zur Eroberung der Spanier erzählt – aus westlicher Perspektive genauso wie aus der Sicht der Maya selbst.

Im *vierten Kapitel* (»Gegenspieler«) geht es um die Begegnung der Maya mit anderen Mitspielern – nämlich mit den Menschen, die aus Europa kommen. Das Spiel des Universums verändert sich für die Maya wie für viele andere Urvölker nun zu einem Spiel »auf Leben und Tod«. Die Maya nennen diese Zeit die »neun Höllen«. Nur mit großer Anstrengung können sie von jetzt an ihre Verbindung zur Erde und zum Universum leben, andererseits ist es genau diese Verbindung, die sie diese Zeit überleben lässt. Denn die neuen Machthaber hatten eine unheilbare Krankheit mit sich gebracht: die Gier nach immer mehr, und damit vernichteten sie alles, was sich ihnen entgegenstellte. Von nun an mussten die Urvölker ihr Wissen verstecken und um ihre grundlegendsten Bedürfnisse kämpfen.

Das *fünfte Kapitel* (»Der Pyramidengott«) erzählt vom Genozid an der indigenen Bevölkerung in den nun kommenden Jahrhunderten: Ungefähr 100 Millionen Menschen sterben dabei. Und das Morden hat bis heute noch immer kein Ende genommen. Das Kapitel erzählt auch vom Fundament der Maya, von ihrem Glauben und ihrer Rückbindung an den Fluss des Lebens sowie von all dem, was ihr Überleben möglich gemacht hat.

Im *sechsten Kapitel* (»Ein Volk im Widerstand«) geht es um Rigoberta Menchù, eine junge Indígena-Frau aus Guatemala, die im Jahr 1992 den Friedensnobelpreis erhalten hat. Erst da wird die Welt für kurze Zeit darauf aufmerksam, was sich in den Ländern Zentralamerikas abspielt. In einem Interview hat sie mir ihre Geschichte erzählt – und in diesem Kapitel kommt sie selbst zu Wort.

Das *siebte Kapitel* (»Die Spiritualität der Maya«) erzählt von der mystischen Kraft, mit welcher die Maya und viele andere Urvölker ihre Verbindung zum Planeten und zum Universum aufrechterhalten haben. Es geht um die Spiritualität der Maya, ihre Verbindung zum Großen Geist, den sie *Hunab Ku* (den Pyramiden-Gott) nennen. Es ist auch die Kraft, die jetzt für den gesamten Planeten wieder von großer Bedeutung wird.

Im *achten Kapitel* (»Weber der Zeit«) geht es um die Maya als die Künstler der Zeit. Die 13 Zahlen und die 20 Sonnenzeichen werden hier erklärt am Beispiel der Entstehung eines Kindes und am Beispiel des Lebensverlaufes eines Menschen auf diesem Planeten. Es wird gezeigt, dass alles, was existiert, demselben Muster und Rhythmus unterliegt – und wenn wir dieses Muster verstehen, dann können wir auch leicht und spielerisch damit umgehen.

Mit dem *neunten Kapitel* (»Der Weg zurück in die Zukunft«) bekommen wir eine Idee davon, wie die universellen Muster (die in Kapitel 8 beschrieben sind) zum Berechnen von großen Zeitzyklen verwendet werden können. Die Maya taten dies immer im Bezug auf die Sternenkonstellation, die sich gerade am Horizont zeigte. Und sie wussten Bescheid, wie sich diese Konstellationen im Verlauf von Jahrtausenden verändern würden. Die spirituellen Führer vieler Urvölker beginnen heute, sich wieder zu treffen und an die Öffentlichkeit zu treten. Der Grund dafür ist, dass ihre Vorfahren sie gerufen haben, um jetzt über alles zu sprechen, was sie wissen. Es geht darum, dass wir uns erinnern, wer wir sind und woher wir kommen.

Ab dem *zehnten Kapitel* (»Zeitenwechsel«) sprechen die Maya und andere Urvölker selber. Sie sagen, dass sie JETZT zurückkommen und dass sie nicht mehr länger schweigen können. Und sie erzählen davon, dass sie sich immer bewusst waren, was auf diesem Planeten vor sich geht. Aber sie haben bisher geschwiegen, weil sie sonst ihr Leben riskiert hätten. Nun aber geben sie ihre Botschaft an die Menschheit weiter.

Das *elfte Kapitel* (»Die Erde ist in Gefahr«) beinhaltet eine Warnung an die Menschen, nicht so weiterzumachen wie bisher – nämlich den Planeten und damit sich selbst zu missbrauchen. Es geht um die Wahl, die wir treffen müssen, um das Leben auf dieser Erde zu sichern – das sind die Prophezeiungen, die sie für den Planeten über Tausende von Jahren aufbewahrt haben.

Im *zwölften Kapitel* (»Die Trennungen beenden«) sprechen die Maya und andere Urvölker über ihre Erfahrungen mit dem Westen und über unseren Lebensstil – ein Lebensstil, in dem sie die Ursache für die überall sichtbaren Zerstörungen erkennen. Sie zeigen uns ihre grundlegenden Lebensregeln im großen Spiel des Universums, sodass wir uns entscheiden können für eine neue harmonische Lebensweise auf dem gesamten Planeten.

Mit dem *dreizehnten Kapitel* (»Traumzeit«) endet eine volle Welle der Schöpfung (Zahlen 1 bis 13), und es führt uns hin zur großen Vision der Maya und der Urvölker. Nach dem großen Chaos, welches die momentanen Veränderungen mit sich bringen, wird demgemäß eine neue Zeit kommen, welche die Maya die »dreizehn Himmel« nennen.

Der *zweite Teil* des Buches ist ein praktischer Teil, der neben Informationen über Details der verschiedenen Mayakalender (20 Sonnenzeichen, 13 Zahlen, Sonnenjahr-Kalender, Venuskalender, Zählungen, etc.) auch Anleitung gibt zur Anwendung im Alltag sowie zur »Berechnung« des eigenen Maya-Geburtsbildes.

Die anschließenden Texte von den Erfahrungen und Prophezeiungen der alten Völker sollen deutlich machen, dass das Wissen der Maya Teil eines umfassenderen, Jahrtausende alten Wissens ist. Bei allen Völkern und Kulturen finden wir dieselbe Weisheit und dasselbe Wissen – entsprechend dem Netz, das alles durchzieht und miteinander verbindet. Das Volk der Maya gilt hier immer nur als Beispiel für alle Urvölker dieses Planeten.

Die Texte gegenwärtiger Autoren am Ende des Buches wollen Mut machen, den bereits überall sichtbar werdenden Veränderungen offen zu begegnen, und sie bieten zudem eine Art Anleitung, *wie* wir damit umgehen können.

Teil I
Der Ruf der alten Völker

Hier nun beginnen wir mit der Offenbarung,
der Verkündigung und der Erzählung all dessen,
was verborgen war...

Popol Vuh, heiliges Buch der Maya

Einheit und Neubeginn

1.

Das alte Volk der Maya

Ihr Glaube an den freien Willen ist unerschütterlich: Aus freiem Willen entscheidet sich die Seele zu kommen, deshalb kann es auch kein Gesetz geben, das sie daran hindert, wieder zu gehen. Dies ist keine Entscheidung, die eine einzelne Person in der für uns greifbaren Realität fällt, sondern etwas, das ein allwissendes Selbst auf einer höheren, ewigen Ebene beschließt...

Seit Generationen gibt es bei den »Wahren Menschen«[1] den Brauch, alle Neugeborenen mit einem bestimmten Satz zu begrüßen: »Wir lieben dich und werden dir auf deiner Reise beistehen.« Bei der

letzten Feier seines Lebens wird der scheidende Mensch umarmt und
mit ebendiesem Satz verabschiedet. Es ist der erste und letzte Satz im
Leben eines Menschen! Danach setzt sich dieser Mensch in den Sand
und stellt alle Körperfunktionen ein. In weniger als zwei Minuten ist
er gestorben. Es gibt weder Tränen noch Trauer.[2]

Marlo Morgan, *Traumfänger*

Wenn wir uns die Frage stellen, woher wir kommen und wohin wir gehen, geraten wir oft in Verlegenheit. Vielleicht können wir zurückgreifen auf allgemeine Antworten der Religionen oder der Wissenschaften. Stellen uns jedoch Kinder diese Frage, dann fühlen wir uns wie auf Neuland, auf dem wir selbst noch kaum Schritte gemacht haben, und die vorgegebenen Antworten anderer helfen uns hier kaum noch weiter. Im Gegensatz zu anderen Völkern nehmen wir uns nur wenig Zeit für solche grundlegenden Fragen in unserem Leben. Unsere Erfahrungen stammen normalerweise aus »zweiter Hand«. Wir wissen, was andere zu den verschiedenen Problemen unseres Lebens sagen und was die Gesellschaft darüber denkt. Dadurch sind wir wie ferngesteuert, und wir fühlen uns fremd in einer Welt von Fremden. Wir bezeichnen jedoch andere Menschen und Kulturen als fremd, und das oft nur deshalb, weil sie nicht genauso sind wie wir und ihr Leben anders gestalten, als es unseren Vorstellungen entspricht. In den Augen anderer Völker erscheinen wir »modernen Menschen« jedoch wie Menschen, die vom Vergessen geprägt sind – Menschen, die nicht mehr wissen, wer sie sind und was ihre Aufgabe hier ist. Für sie sind wir ein Volk, das in Angst lebt – insbesondere in der Angst vor dem Tod. Wir sind sosehr abgetrennt von unserem Ursprung, dass wir unsere Rückkehr dorthin fürchten.

Wir merken jetzt aber immer mehr, wie sehr wir selbst in unserem Denken diese Trennungen geschaffen haben, und es scheint die Zeit gekommen zu sein, wo wir uns wieder erinnern, dass es in Wirklichkeit keine Trennung gibt – dass alles, was existiert, wie ein Netz ist, in welchem die einzelnen Teile miteinander verbunden sind. Viele der alten Völker haben dieses Netz nie verlassen. Sie wissen, woher der Mensch kommt und was seine Aufgabe hier auf diesem Planeten ist. Wir können von ihnen lernen, auch wenn das für uns jetzt noch wie eine Herausforderung klingen mag. Eine Herausforderung deshalb, weil wir in der westlichen Welt daran gewöhnt sind, dass wir selbst das ganze Wissen besitzen, und weil wir zum Großteil noch immer denken, dass die so genannten primitiven Völker oder Naturvölker von uns zu lernen hätten.

Wenn wir in eine andere Kultur eintreten, dann ist es wie mit dem Einschlafen. Die Nacht ist dunkel, wir vertrauen darauf, dass der Tag danach wieder anbricht. Bevor wir einschlafen, müssen wir den vergangenen Tag loslassen und alle Aktivitäten, unsere Gedanken und Gefühle. Können wir nicht loslassen, dann wird die Nacht zu einer langen qualvollen Zeit, die scheinbar kein Ende nehmen will. Nach einem tiefen, erholsamen Schlaf jedoch erwachen wir mit gesunden Kräften und neuen Möglichkeiten in einen neuen Tag. Die alten Völker wissen, dass wir beim Schlafen und im Traum dorthin zurückkehren, wo wir herkommen. Die Aborigines und andere Naturvölker nennen es die Traumzeit oder auch das kosmische Netz: jener »Ort«, an dem wir die Wirklichkeit unseres Lebens und der Welt weben. Zwischen Wachzeit und Traumzeit gibt es tatsächlich keinen Unterschied. Es sind nur zwei verschiedene Ebenen unseres Seins hier in dieser Welt.

Die Kulturen der alten Völker sind aus diesem Muster der Traumzeit oder des kosmischen Netzes gewebt. Wenn wir uns darauf einlassen wollen, dann ist es notwendig, dass wir zunächst unsere eigene Wirklichkeit für eine Weile loslassen. Das mag eine Herausforderung sein, weil wir nicht wirklich wissen, was auf uns zukommt. Und es kann zu einem Abenteuer werden, wenn wir uns wieder an diese andere Wirklichkeit erinnern, die immer schon ein Teil von uns ist.

Wir stehen nun an der Schwelle zu diesem Abenteuer, aus dem wir vielleicht verändert zurückkehren werden. Mit dem Wissen, dass wir unsere eigene Welt jetzt für eine Weile hinter uns lassen, nähern wir uns langsam einem Tor, das uns Zugang gibt zu den Geheimnissen der Maya. Wir klopfen und bitten um Einlass, und eine Stimme ertönt von innen. Sie klingt wie der Ruf aus der Ferne längst vergangener Zeiten:

Willkommen, Willkommen! Tretet näher und hört! Sagt, wisst ihr, wer die MAYA sind, das Volk, das man die »Meister der Zeit« und die »Hüter des Universums« nennt?

– Ihr zählt sie zu den alten Völkern, und dennoch liegt ihre große Zeit nur etwas mehr als 1000 Jahre zurück.

– Eure Geschichtsbücher sprechen kaum von ihnen, und dennoch haben sie eine der überragendsten Kulturen entwickelt.

– Ihr bezeichnet sie als ein Steinzeitvolk, und dennoch sind ihre Kalendersysteme so perfekt, dass kein Computer an sie herankommt.

– Eure Wissenschaften haben Großartiges erforscht, und dennoch haben die Maya Kenntnisse vom Universum, die so umfassend und vielfältig sind, dass ihr nur darüber staunen könnt.

– Ihr denkt, dass die Maya längst untergegangen sind, und dennoch scheinen sie gerade jetzt zurückzukehren.

Tretet nun ein in die Welt der Weisen, tretet ein in unsere und eure Welt. Willkommen!

Das Tor beginnt sich zu öffnen, und wir befinden uns im Durchgang zu einer der faszinierendsten Kulturen der Welt. Das Abenteuer beginnt ...

Das Wort *Maya* ist erstaunlicherweise in fast allen großen Kulturen der Welt sehr wichtig. Es hat verschiedene Bedeutungen, wie zum Beispiel »Ursprung der Welt« oder auch »Welt der Illusionen« und »universelle Weltordnung«. Überall – ob im Buddhismus, im Hinduismus, bei den alten Ägyptern oder in Griechenland – finden sich Götter oder wichtige Persönlichkeiten mit dem Namen Maya. Hier einige Beispiele:

– Die Mutter Buddhas heißt Maya.
– Auch der Schatzmeister des ägyptischen Kind-Königs Tutench-Amon hat diesen Namen.
– Unser Kalendermonat Mai ist ebenfalls vom Namen der römischen Göttin Maia abgeleitet.[3]

Wenn wir aber heute von den Maya sprechen, dann meinen wir das alte Volk, das vor ungefähr tausend Jahren großartige Pyramiden gebaut und eine unvergleichliche Kultur hervorgebracht hat. Wir meinen auch jene, die dieses Wissen seit Tausenden von Jahren gehütet haben und es – in den Ländern von Guatemala, Mexiko, Honduras und Belize – ununterbrochen weiter überliefern, von einer Generation auf die nächste. Die Maya stehen hier stellvertretend für *alle Urvölker*, die dieses alte Wissen tragen. Und sie waren es auch, die mit ihrem Kalenderwissen die indianischen Völker des amerikanischen Kontinents stark beeinflusst haben.

In ihren schriftlichen Aufzeichnungen sprechen die Maya von den Ursprüngen des Lebens, und die Tatsache, dass diese Texte den Schöpfungsgeschichten aller anderen Kulturvölker dieser Welt gleichen, ist ein Hinweis auf das kosmische Netz oder die Traumzeit: Denn alles steht mit allem in Verbindung.

Das Weisheitsbuch der Maya, das »*Popol Vuh*«[4], berichtet vom Ursprung dieses Volkes und vom Beginn unserer Welt, vom Kampf der Menschenwelt gegen die Mächte der Unterwelt. Ähnlich wie viele andere Weisheitsbücher der Welt, so beginnt das *Popol Vuh* mit den folgenden Worten:

Da war das ruhende All
kein Hauch, kein Laut
reglos und schweigend die Welt
und des Himmels Raum war leer.

Viele dieser Berichte vom Anfang der Welt beginnen damit, dass zuerst NICHTS war, oder anders ausgedrückt: dass ALLES in EINHEIT war. Deshalb hat auch das erste von 20 Sonnensymbolen im heiligen Kalender der Maya mit dem Namen Imix dieselbe Bedeutung. Es besagt, dass sich am Anfang eines schöpferischen Prozesses immer alle zur Verfügung stehenden Energien sammeln müssen, damit sich dann, wenn Bewegung ins Geschehen kommt, Leben entwickeln kann. In den Weisheitsbüchern und Bibeln der großen Kulturen steht am Ende dieses Prozesses die Erschaffung der Menschen. So auch bei den Maya: Nach drei unvollkommenen Versuchen, so berichtet das *Popol Vuh*, werden die Menschen schließlich aus *Mais* geformt: »Aus gelbem und weißem Mais machten die Götter das Fleisch des Menschen. Einzig Maismasse trat in das Fleisch unserer Ahnen, der Menschen, die geschaffen wurden.« Deshalb nennen sich die Maya und die alten Völker Zentralamerikas heute noch »Mais-Menschen«.

Das ist der Ursprung der Maya:
Es ist dies unser gemeinsamer Ursprung.

Die indianischen Völker Amerikas sagen, dass jeder Stein, jeder Baum und jedes Gewässer die Erinnerung vom Beginn der Zeit in sich trägt, und viele von ihnen erzählen dazu die folgende Geschichte:

Als wir noch im Himmel gewohnt haben, wurde es eines Tages ziemlich eng. Der Große Geist entschloss sich daraufhin, uns zur Erde zu senden, um dort als Wesen mit einem physischen Körper zu leben. Es wurde ein großer Himmelsrat einberufen, und dann hieß es: »Jene von euch, die dabei sein wollen, wenn Mutter Erde lebendig und erfüllt mit Leben wird, müssen sie auch beschützen. Wir geben euch die machtvolle Medizin der freien Wahl und des freien Willens. Damit seid ihr die Hüter der Erde. Ihr werdet dafür sorgen, dass alle miteinander in Harmonie leben – denn ihr wisst, dass ihr voneinander abhängig seid.« – Als der Große Geist am siebten Tag zur Erde hinunter stieg, hörte er die Gebete und sah auch die dankbaren Herzen. Er war sehr stolz auf seine Geschöpfe, weil er sah, dass sie ihre Zeit im Himmelsgewölbe nicht vergessen hatten. Er ehrte sie und brachte ihnen viele Geschenke.

Wie alle Urvölker, so sehen sich auch die Maya als Geschöpfe dieser Erde. Gleichzeitig aber betonen sie, dass sie von den Sternen kommen. Das ist der Grund, warum sie eine Kultur geschaffen haben, die die gewaltigen Zusammenhänge zwischen dem Universum, der Erde und den Menschen aufzeigt. Man nennt sie die *Hüter der Zeit und des Universums*, weil sie riesige Zeiträume ebenso wie die Umlaufbahnen vieler Planeten genau gemessen haben. Und nicht nur das: Sie haben darauf hingewiesen, dass alles miteinander in Verbindung ist und dass wir, die Menschen, ein Teil davon sind. Es gibt für sie keine Trennung, vielmehr beeinflusst jedes kleinste Teilchen alles andere, und jeder kleine Gedanke kann große Veränderungen bewirken.

Deshalb ist auch die Zeit für die Maya bei weitem mehr als das, was man messen kann. Zeit ist für sie eine Spirale, ohne Anfang und Ende. Zeit hat viele Bedeutungen, sie ist lebendig, wie die Luft, die wir atmen. Wie alles um uns herum aus kleinsten Teilchen besteht und mit Licht und Energie geladen ist, so auch die Zeit. Die Maya sagten sich: »Wenn also die Zeit ein Teil von uns ist, dann ist es unsere wichtigste Aufgabe, dass wir sie erforschen. Denn wenn wir die Zeit kennen, dann erkennen wir uns selbst und das gesamte Universum.«

Gesagt, getan! Durch Beobachten und Berechnen von Himmelsbewegungen sowie durch ihre starke Verbindung zur Erde und zum Universum fanden die Maya Zugang zu den Geheimnissen des Lebens. Damit dieses Wissen nicht mehr in Vergessenheit geriet, meißelten sie es in riesige Steinplatten und in ihre Tempel. Sie besaßen den Schlüssel der Weisheit und konnten damit eine Tür öffnen in die erstaunliche Welt des Lebens. Und sie taten das mit einer Genauigkeit, die für uns heute beinahe unvorstellbar ist.

Die Maya bauten all ihr Wissen und Forschen auf der Überzeugung auf, dass es nur *eine* Energie gibt – ein Grundmuster des Lebens also, das überall gleich ist. Auch unsere moderne Physik beginnt heute dieses Wissen wieder zu erahnen. Manche Völker nennen es Universalenergie, Prana, Äther oder Qi – bei den Maya heißt dieses Muster *Tzolkin*, und die moderne Physik nennt es Nullpunktenergie. Der *Tzolkin* ist für die Maya das Webmuster des Universums, und gleichzeitig ist es der Name für ihren heiligen Kalender. Beides ist für sie *eins*. Es ist das Muster, das immer wiederkehrt und immer gleich bleibt.

Den Mayas war klar, dass dieses Wissen für lange Zeit in Vergessenheit geraten würde. Sie wussten aber auch, dass eine Zeit kommen würde, in der man sich wieder daran erinnert. Deshalb erfanden sie einen Webstuhl, der die Wirklichkeit durch ein Muster von Zahlen und Zeichen erfassen kann, sodass *alle* es verstehen können – wenn die Zeit gekommen ist. Mit den Zahlen 1 bis 13 stellten sie die Energie des Universums dar, die durch das kosmische Netz pulsiert und überall vorhanden ist: in jedem Gedanken, jedem Atemzug, im Wachstum von Lebewesen, in einem neuen Projekt oder einem Gedanken, der gerade entsteht, in den Sternenkonstellationen, im Wasser der Ozeane... überall. Diese Zahlen stellen die Impulse dar, welche alles in Bewegung halten. Sie sind wie die Wellen im Meer, die einander ergänzen und gegenseitig hervorbringen – ein ewiges Auf und Ab. Und sie erinnern die Menschen ständig daran, diese Wirklichkeiten niemals zu vergessen.

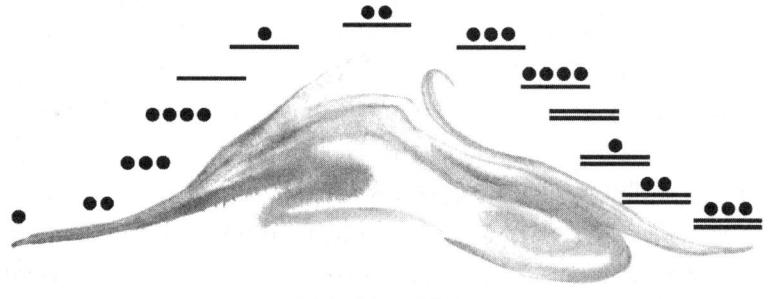

13-Zahlen-Welle

Die Maya gaben den Zahlen Namen und Bedeutung, um sie fest im Gedächtnis verankern zu können. Die Zahl 3 bedeutet zum Beispiel Rhythmus, während die 9 auf die größeren Zyklen und Zusammenhänge hinweist. Die 1 ist der Beginn einer Welle und die 13 ihr Ende. Jede Zahl – manchmal nannten die Maya sie auch »Töne« – bringt eine andere Bedeutung mit sich, jeder Ton seine eigene Stimmung. Alle aber sind notwendig, damit Neues entsteht und Bestehendes sich weiterentwickelt.

Doch damit nicht genug, denn die 13 Impuls-Fäden der Zahlen sind nur wie eine »unsichtbare Hand«, die das Webmuster entstehen lässt. Zum Weben aber werden gesponnene Fäden benötigt,

Fäden aus verschiedenen Farben und mit verschiedenen Eigenschaften. Diese sichtbaren Fäden nennen die Maya die 20 Sonnensymbole. Mit Hilfe des Pulsierens der 13 Zahlen werden sie zu einem Muster gewebt, das uns zeigt, wie das Universum und somit auch wir beschaffen sind. Wir würden die 20 Symbole heute als Archetypen oder als Grundmuster des Lebens bezeichnen. Das sahen auch die Maya so. Sie wussten, dass nicht jeder Tag gleich ist. Es gibt Tage, an denen alles gelingt und wir uns gut fühlen, und es gibt Tage, wo scheinbar nichts vorangeht. Die Maya erkannten, dass das nicht nur mit uns selbst zu tun hat, sondern mit der Energie, die sozusagen »in der Luft liegt«. Jeder Tag ist mit einem der 20 Sonnenzeichen verbunden, und dessen Energie beeinflusst den Menschen, genauso wie alle anderen Dinge und Lebewesen auf diesem Planeten, in einer ganz bestimmten Weise. Nicht jeder Tag ist deshalb ein guter Tag zum Säen, zum Ernten, zum Planen und zum Arbeiten. Die Tage haben für die Maya also immer ein ganz bestimmtes Muster, welches sie mit sich bringen. Wenn wir nun über dieses Muster Bescheid wissen, dann können wir ganz gezielt unsere Aufmerksamkeit darauf richten und verstehen, warum vieles so abläuft und nicht anders. Und umgekehrt können wir auch unser Tun auf die Bedeutung eines Tages ausrichten.

Für die Maya trägt ein Mensch die Energie jenes Tages, an dem er geboren wurde. Somit ist eines der 20 Sonnensymbole immer das prägende Grundmuster eines Menschen – von den Maya auch Schutzgeist oder *Nahuatl* genannt. Es ist dies das Muster, mit dem unser Leben hier auf diesem Planeten beginnt. Auch die Tierkreiszeichen, ob bei den Chinesen oder in unserer westlichen Welt, weisen auf solche Zusammenhänge hin.

Ist heute zum Beispiel der Tag *Imix* – was so viel bedeutet wie Urdrache und Urmutter –, dann steht dem neugeborenen Kind ein

1 – IMIX   2 – IK   3 – AKBAL   4 – KAN

5 – CHICCHAN   6 – CIMI   7 – MANIK   8 – LAMAT

9 – MULUC   10 – OC   11 – CHUEN   12 – EB

13 – BEN   14 – IX   15 – MEN   16 – CIB

17 – CABAN   18 – ETZNAB   19 – CAUAC   20 – AHAU

Schutzgeist zur Seite, der sein Urvertrauen stärkt und ihm in Fragen des Überlebens beistehen wird. Steht ein größerer Zeitzyklus – wie zum Beispiel ein Jahr, 20 oder 400 Jahre in den Berechungen der Maya – unter diesem Zeichen, dann gilt diese Bedeutung für den gesamten Planeten. Aus der Sicht der Landwirtschaft oder der Heilkunst fordert ein Imix-Tag andere Tätigkeiten, als etwa der auf den Imix-Tag folgende *Ik*-Tag (*Ik* bedeutet Wind), welcher Ausdruck ist für Bewegung, Atem oder Inspiration.

Werden nun die 13 Zahlen mit den 20 Symbolen ineinander gewebt, so ergibt das 260 verschiedene Möglichkeiten und Tage. Das ist genau jener Zeitraum, den ein Kind von der Empfängnis bis zur Geburt für seine Entwicklung benötigt. Für die Maya ist das ein heiliger Zeitraum. Es ist die Energie des Lebens – der Webstuhl der Wirklichkeit. Und die Maya gaben ihm den Namen *Tzolkin*, heiliger Kalender. Denn er ist mehr:

Er ist Ausdruck des höchsten Geistes, den die Maya *Hunab Ku* nennen. Die Zahl 13 wird oft symbolisiert durch einen Kreis und die Zahl 20 durch ein Quadrat. Beides zusammen ist ein Symbol, das die Maya für ihren Gott, den Großen Geist, verwenden.

Da das Muster von 20 Symbolen (Materie) und 13 Zahlen (Energie) überall vorhanden ist, können wir alles unter diesem Blickwinkel betrachten. So können wir zum Beispiel im menschlichen Körper die 13 Zahlen vergleichen mit dem Blutkreislauf, jener Energie, welche die Säfte, das Blut und die Nährstoffe durch unseren Körper pulsieren lässt. Und die 20 Symbole bezeichnen das, was sichtbar ist: der Körper, die Gelenke, die Organe, die Haut, die Muskeln, die Struktur unseres Gesichtes, die Körperform usw.

Die Zahl 13 findet sich auch vielfach in unserer Erfahrungswelt: Der menschliche Körper hat zum Beispiel 13 Hauptgelenke, ein Jahr hat 13 Mondzyklen (unsere alten Mondkalender weisen darauf hin), und diese wiederum sind eng verknüpft mit der weiblichen Fruchtbarkeit. Und auch mit der Zahl 20 verhält es sich ähnlich: Wir haben 20 Finger und Zehen[5].

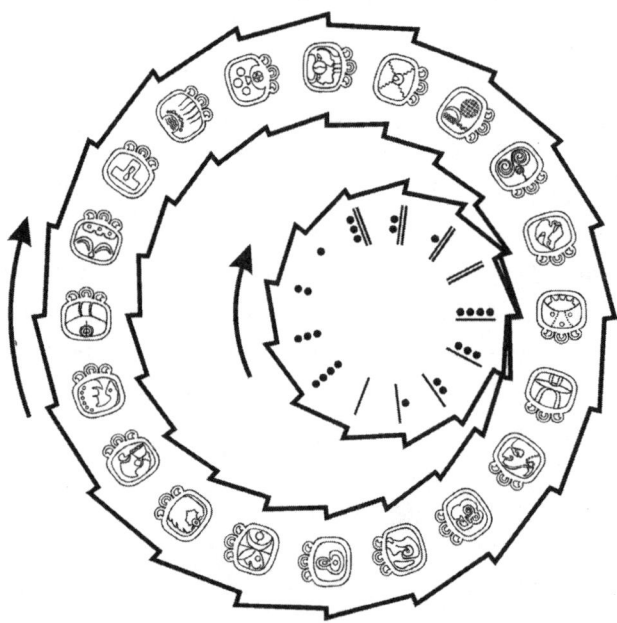

Es ist eine faszinierende Einsicht, die die Maya mit diesem Grundrhythmus von 13 mal 20 hervorbrachten: Es ist der Rhythmus, der das Leben der einzelnen Menschen genauso prägt wie das der großen Gesellschaften. Er zeigt, dass die Erde ein lebendiges Wesen ist und gibt Einblick in die Bewegungen des gesamten Universums. Die

Maya hatten auch die Fähigkeit, diesen Grundrhythmus mit größeren Rhythmen zu kombinieren. Indem sie das 260-Tage-Muster des *Tzolkin* in das Sonnenjahr – welches sie *Haab* nannten – einfügten, konnten sie zum Beispiel die Planeten- und andere Umlaufbahnen mit einer unvorstellbaren Genauigkeit bestimmen. Ihr Ziel war dabei immer zu zeigen, welche Bedeutung dieses Muster von 13 Zahlen und 20 Symbolen hat – für die Menschen und alle anderen Lebewesen, für unseren Planeten und für das gesamte Universum. Sie zeigten, dass alles untereinander verbunden ist und dass das Muster eines kleinen Teiles dasselbe ist wie das Muster von riesigen Zusammenhängen.

Mit desen Erkenntnissen und mit vielen anderen grandiosen Errungenschaften haben die Maya einen enormen Einfluss ausgeübt auf alle Urvölker und Stämme Amerikas. Von hier nahm alles seinen Ausgang, und auch unsere Kultur ist davon nicht unbeeinflusst geblieben.

Die Kultur der Maya ist zwar vor ungefähr 500 Jahren größtenteils zerstört worden. Dennoch bezeichnen sich heute noch immer mehrere Millionen Menschen in den Ländern Guatemala, Mexico, Honduras und Belize als die direkten Nachkommen der Maya. Die Wurzeln dieser Kultur sind erhalten geblieben, und das große Wissen der Maya wurde über lange Zeit als geheimes Wissen weitergereicht von einer Generation zur nächsten – verborgen vor den Zugriffen und den Zerstörungen der Eroberer, darauf wartend, dass es wieder an der Zeit sein würde ...

Seit wenigen Jahren können die Schamanen, Propheten und Weisen der Maya und anderer Urvölker wieder an die Öffentlichkeit treten, ohne dabei ihr Leben zu riskieren. Und sie bringen eine Botschaft – eine Botschaft, die an alle Menschen auf dieser Erde gerichtet ist.

Wir sind eingeladen, das überlieferte Wissen dieser Kulturen wieder zu entdecken, weil es IMMER auch schon ein Teil von uns selbst war. Es geht dabei um uraltes Wissen und um ein neues Bewusstsein – ein Bewusstsein, das für die Maya und alle Urvölker die Lebensgrundlage ist, wie die Luft, die wir atmen: Es findet sich im Baum genauso wie im Stein, in den Sternen genauso wie in den Tieren, im Menschen genauso wie in der Zeit, und es hat für die Maya das Muster von 13 Zahlen und 20 Zeichen. Alles ist gefüllt damit, alles hat Bewusstsein. Die Weber der Zeit sind auch die Weber des Bewusstseins.

Polarität und Spiel der Gegensätze

2.
Menschenmacht und Götterzorn

Als die Menschen aus Mais geschaffen waren, konnten ihre Erschaffer zufrieden sein, denn sie waren – wie das *Popol Vuh* weiter
berichtet – sehr weise:

Vernunft war den Menschen gegeben. Sie schauten und sogleich sa-
hen sie in die Ferne; sie erreichten alles zu sehen, alles zu kennen, was
es in der Welt gibt. Wenn sie schauten, sahen sie sogleich alles im
gesamten Umkreis, und ringsherum sahen sie die Kuppel des Him-
mels und das Innere der Erde. Groß war ihre Weisheit. Ihr Auge reich-

te *bis zu den Wäldern, den Felsen, den Lagunen, den Meeren, den Bergen und den Tälern. Wunderbare Menschen waren sie.*

»Aber«, so heißt es weiter, »der Schöpfer und der Former hörten das nicht gerne, und sie sagten: ›Es ist nicht gut, was unsere Geschöpfe, *unsere* Werke sagen. *Alles* wissen sie, das Große und das Kleine.‹« Die Freude über den geglückten Versuch der Erschaffung des Menschen war also getrübt, weil die Götter fürchteten, ihre Macht nun zu verlieren. Ähnliches finden wir auch in anderen Schöpfungsmythen:

Bei den Griechen wurde Prometheus (der Vermittler zwischen Menschen und Göttern) Tausende Jahre lang an den Felsen des Kaukasus gefesselt, als er das Feuer der Erkenntnis von den Göttern stahl, um so den Menschen Licht und Macht zu bringen. Im jüdisch-christlichen Schöpfungsmythos, kommt es zur Vertreibung aus dem Paradies, nachdem der Mensch die Früchte der Erkenntnis gegessen hat.

Den Erschaffern des Menschen wurde es plötzlich unbehaglich, als sie erkannten, wie perfekt sie ihn gemacht hatten. Das war nun auch nicht gerade in ihrem Interesse, und sie stoppten seine Kraft – wie es im *Popol Vuh* heißt:

»Es warf das Herz des Himmels einen Schleier über die Augen. Und sie trübten sich, wie wenn ein Hauch über den Spiegel geht. Ihre Augen trübten sich: Sie konnten nur noch sehen, was nahe war, nur was klar war. – So wurden zerstört die Weisheit und alle Kenntnisse der Menschen des Ursprungs und Anfangs.«

Von nun an beginnen die Menschen ihre Weisheit zu vergessen. Und so sollte es sein für lange Zeit.

Ein indisches Märchen berichtet davon in seinen Worten und weist noch auf einen anderen Zusammenhang hin, nämlich auf den Missbrauch der göttlichen Macht durch die Menschen, der schließlich zu ihrem Verlust führte:

Als die Menschen noch göttlich waren, konnten sie alles tun, und was sie dachten, geschah einfach. Doch dann haben sie ihre göttliche Macht missbraucht und damit Unglück in die Welt und unter die Menschen gebracht.

Da berieten Vishnu und Shiva, wie es denn weitergehen sollte. Sie sagten: »Wir müssen ihnen ihre Macht wegnehmen, damit nicht noch Schlimmeres geschieht. Aber wo verstecken wir sie, damit sie sie nicht mehr finden können. Auf den Bergen? Im Meer? In den Wolken… – Doch was sie auch vorschlugen, sie wussten, dass die Menschen die versteckte Macht überall finden würden.

Shiva und Vishnu berieten eine lange Zeit, die Sonne ging auf und unter. Und dann sagten sie: »Am besten verstecken wir sie in ihrem eigenen Inneren – ja, wir verstecken sie in ihnen selbst! – denn da werden sie ihre Weisheit nicht suchen.«

Nachdem die Trennung zwischen Göttern und Menschen vollzogen war, kam es auch zur Teilung all dessen, was auf diesem Planeten existiert. Alles zeigt sich ab diesem Zeitpunkt in scheinbaren Gegensätzen, als hell und dunkel, mein und dein, männlich und weiblich – so steht es in allen Schöpfungsmythen geschrieben. Verschiedene Himmelsrichtungen entstehen, es teilen sich oben und unten – Himmel und Erde sind nun getrennt, und die Menschen beginnen ihre eigenen Wege zu gehen.

Wohin die Maya gehen, darüber erzählt uns ein anderes Weisheitsbuch, die so genannten *Annalen der Kakchiquéles*, wo es heißt: »Von der anderen Seite des Meeres kamen wir an einen Ort, der

Tulan genannt wird, wo unser Anfang war und wir geboren wurden durch unsere Väter und Mütter.« Und weiter heißt es: »Von *vier* Orten namens Tulan kamen wir, eines davon liegt im Osten, das zweite befindet sich unter der Erde (in Xibalbá, der Unterwelt), ein drittes ist im Westen und eines ist dort, wo Gott ist – oben im Himmel. Und so gibt es vier Tulans.«

Die Tulans sind überall, sagen die Maya. Und sie meinten damit, dass sie von überall herkommen, nicht nur von dieser Erde, sondern auch von oben, aus dem Universum. Und aus der Unterwelt kehren sie immer wieder zurück in ein neues Leben. Wie bei einem Mandala verweisen die vier Tulans auf den Kreislauf, der niemals endet. Es geht um den ewigen Übergang von der einen in eine andere Welt. Und es geht um die ewige Bewegung um ein Zentrum, welches die Urvölker den »Großen Geist« nennen.

> **Das ist der Weg der Maya:**
> **Es ist dies unser gemeinsamer Weg.**

Wir wissen von den Maya erst seit ungefähr 150 Jahren, als die ersten Entdeckungen und Ausgrabungen durch europäische und amerikanische Wissenschaftler gemacht wurden. Viel mehr noch, als wir heute über die Maya wissen, ist uns unbekannt, vieles ist noch unerforscht und liegt im undurchdringlichen Dickicht der Urwälder verborgen. Es wird vermutet, dass erst zwei bis fünf Prozent aller Pyramidenstädte und Tempelplätze ausgegraben sind.

Da die meisten Schriften und viele Kulturgüter der Maya zerstört wurden, kennen wir nur Bruchstücke ihrer Geschichte. Diejenigen Mosaikteilchen, die noch vorhanden sind, versetzen uns jedoch in Staunen, und wir beginnen zu ahnen, dass es hier eine Kultur gegeben hat, die ihresgleichen sucht.

Mayaländer

Dzibilchaltún Cancún El Rey
Mérida Chichén Ek Balám
Mayapán Itzá Cobá
Valladolid
Uxmál Kabáh
Labná Sayil Tulúm

Edzná

Yucatán Peninsula

Karibik

Villahermosa

Méxiko

Palénque Petén Belize
Tikál Uaxactún
Flores Xunántunich
Yaxhá
Dos Pilas El Ceibál Belize
Aguateca Caracól

Zaculeu
Cahyúp Quíriguá
Izapa Utatlán Mixco Viejo
Iximché Kaminaljuyú Honduras
Copán
Abáj Takalik Guatemala
Antigua
El Baúl
La Democracía

Pazifik

Tegucigalpa

Guatemala

Vermutlich kamen die Vorfahren der Maya vor vielen tausend Jahren von Asien über die heutige Behringstraße nach Amerika, zu einer Zeit, als die beiden Kontinente eine einzige Landmasse gebildet haben – von den Ureinwohnern Amerikas noch heute als »Turtle-Island«[6], also als Schildkröteninsel, bezeichnet.

Die genaue Geschichte liegt im Dunkeln: Alle indianischen Völker entwickelten ihre Kultur wahrscheinlich zu derselben Zeit, als sich die ägyptischen Hochkulturen entwickelt haben. Einige Völker sind uns heute bekannt als die Vorfahren der Maya, so etwa die Zapoteken und die Olmeken. Die berühmten Monumente von Monte Alto in Mexiko und die uralten Olmekenköpfe von La Democracía in Guatemala sind beeindruckende Zeugnisse aus dieser Zeit.

Viele Spuren führen auch weit hinauf nach Mexiko zu den riesigen Pyramiden von Teotihúacan, nahe der heutigen Hauptstadt

Mexico City. Der Baustil und die Ausrichtung dieser großen Pyramiden, die Mythologie, das Kalenderwissen, die Berechnung von riesigen Zeitzyklen, die Prophezeiungen sowie bestimmte innere Erdverbindungslinien verweisen auf geheimnisvolle Zusammenhänge mit der ägyptischen Kultur. Vielleicht gibt es sogar ganz direkte Zusammenhänge zwischen der ägyptischen Hochkultur und der Entwicklung der Mayakultur und deren Vorfahren. Und mit Sicherheit sind diese Ähnlichkeiten ein Hinweis auf das Netz des Universums, von dem die alten Völker sagen, dass es überall gleich ist.

Wir können uns heute nur schwer eine Zivilisation vorstellen, die im Einklang steht mit diesem universellen Muster und die alles als untrennbar zusammengehörend auffasst. Stattdessen projizieren wir unsere eigene Erfahrungswelt, die auf Trennung und Konkurrenz aufgebaut ist, in die Erforschung der alten Völker und schaffen uns damit unsere eigene Vorstellungswelt, ohne dabei den Kern dieser anderen Welt berühren zu können. Die alten Völker aber sagen uns heute, dass die Welt nicht so schwierig zu verstehen ist, wie wir glauben. Vielmehr sei sie wie ein Spiel, und wenn wir spielen, dann sind wir wie Kinder, die mit Leichtigkeit und Offenheit an alles herangehen, was sie erforschen und kennen lernen wollen.

3.

Spieler des Universums

Die Maya haben sich als Mitspieler im großen Spiel des Universums gesehen. Somit war für sie auch jeder Planet und jede Sonne ein Mitspieler. Und als Spieler wussten sie, dass es wichtig war, die Spielregeln ebenso wie die Mitspieler zu kennen. Deshalb beobachteten sie die Bewegungen im Universum und das Zusammenspiel aller Beteiligten sehr genau. Dabei haben sie das Webmuster entdeckt, das überall vorhanden ist – das Webmuster von Wirklichkeit und Zeit –, und sie drückten es durch die 13 Zahlen und 20 Symbole aus.

Damit konnten sie alles erforschen und berechnen, und was für das große Spiel des Universums galt, das galt auch für das kleinere Spiel hier auf der Erde und für die noch kleineren Spiele unter den Menschen, den Tieren, den Lebewesen. Die Maya waren im Besonderen aber Beobachter der Himmelsbewegungen. Und nicht nur das: Sie kannten auch deren tiefe Bedeutung. Wenn nun ein Planet oder Stern in das Sichtfeld der Erde kam, der bisher noch nicht gesehen wurde oder nach langer Zeit wieder zurückkehrte, dann galt er als neuer Mitspieler, und die bisherigen Spielregeln änderten sich. Manchmal kommt es durch einen Wechsel in den Planeten- und Sternenkonstellationen zu großen, einschneidenden Veränderungen, und die Maya zeigen uns, dass man darüber Bescheid wissen kann, wenn man es nur richtig anstellt ...

Sie wussten: Wer die Spielregeln des Universums kennt, der kennt *alle* Spielregeln. Und sie wussten auch, dass es gefährlich war, sie nicht zu kennen oder sie zu missachten. Deshalb war es den Maya sehr wichtig, zu richtigen Meistern dieses Spiels zu werden. Um das den Menschen zu verdeutlichen, führten sie ein Ritual durch, welches schon seit Jahrtausenden im heutigen amerikanischen Raum verbreitet war – das berühmte Ballspiel, in welchem sie die Bahnen und das Zusammenspiel der Gestirne imitierten sowie das tägliche Erwachen und Sterben der Sonne.[7] Die Maya haben ihm also eine besondere mythologische Bedeutung verliehen, denn für sie ging es dabei um das Wechselspiel von Licht und Finsternis, wobei der Ball den Gott des Lichtes und somit auch die Sonne repräsentierte. Ging er durch den steinernen Ring an der Seite der Mauer, dann war die Finsternis überwunden. Der Ball – ein schweres Geschoss aus wildem Kautschuk (*Chicle* genannt) – musste ständig in Bewegung bleiben, denn die Sonne und das Spiel von Licht und Finsternis kennen keinen Stillstand. Insgesamt war das Ballspiel eine Nachahmung des ursprünglichen Ballspieles, welches die Götter der Unterwelt

Ballspielplatz von Chichén Itzá/Mexiko

gegen die Kräfte des Lichts gespielt haben – wie es im *Popol Vuh* berichtet wird. Indem die Maya dieses Spiel der Götter weitergeführt haben, zeigten sie, dass sie Mitschöpfer im Spiel des Universums sind und dass das Licht immer über die Dunkelheit siegen wird.

Wir wissen heute nicht sehr viel Genaues über den Ablauf dieses Spiels und die sich daran anschließenden Blutopfer. Sicher ist, dass für die Maya das Blut ein wichtiger Träger der Lebensenergie im Kosmos war. Es besaß übernatürliche Kraft, sowohl für die Menschen als auch für die Götter.

Durch Blutopfer[8] wurde dieser Kreislauf in Bewegung gehalten, denn das Leben zeigt sich in seiner wahren Kraft erst im Tod, wo wir mit der dunklen Seite des göttlichen Wesens eins werden. Vielfach wurden die Sieger geopfert, und es war für sie die höchste Ehre, weil sie wussten, dass sie nun direkt zum Großen Geist gelangen würden – wo Finsternis und Licht eins sind – ohne den Umweg über die Tiefen der Unterwelt machen zu müssen.

Später, als die Spielregeln des Universums immer mehr in Vergessenheit gerieten, haben sich mit dem Ballspiel auch kriegerische und zum Teil sehr blutrünstige Elemente vermischt, bis zu einem

Höhepunkt an Blutopferungen, als die Azteken in die Gebiete der Maya eindrangen und glaubten, dass die Sonne sterben würde, wenn ihr nicht genügend Menschen geopfert werden. Doch das war schon viel später.

Wenn wir heute von der Geschichte der Maya sprechen, dann teilen wir sie meist in drei Epochen ein. Jene Zeit, in der die Maya ihre großen Berechnungen begonnen haben, nennen wir die vorklassische Zeit. Danach folgt die Zeit ihrer Hochblüte, und unser Wissen über die Maya endet schließlich mit der nachklassischen Zeit.

Auch die Maya selbst kennen eine solche Einteilung, mit dem wichtigen Unterschied jedoch, dass sich für sie die Zeit wie eine Spirale bewegt. Und ihre Einteilung beruhte immer auf der Veränderungen am Horizont. Wenn ein Stern oder ein Sternbild aus dem Blickfeld verschwand und ein neuer auftauchte, dann wussten sie: Eine Zeit geht zu Ende und eine neue kommt, und sie wird große Veränderungen bringen.

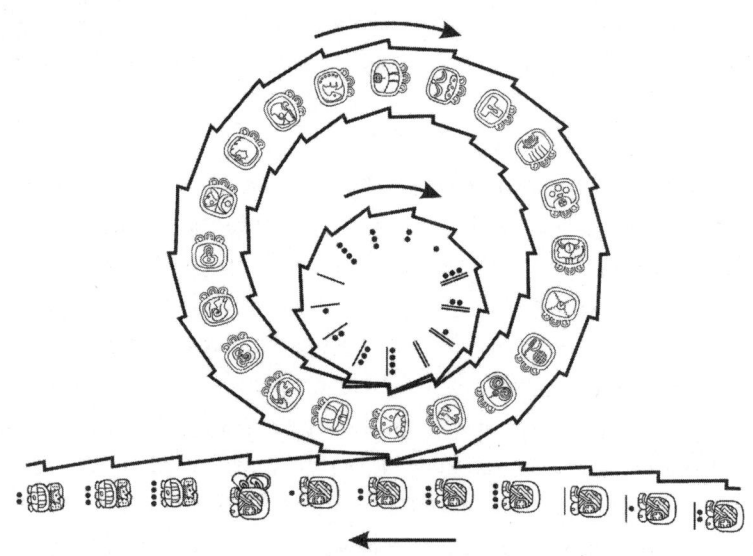

Zur Berechnung von Zeitzyklen und zum Messen von Zeit haben die Maya zwei Arten von Kalendern verwendet: Es ist dies zum einen der *Tzolkin*, der heilige Kalender, mit dem Webmuster der 13 Zahlen und der 20 Symbole. Der zweite Kalender wurde von ihnen als der *Haab* bezeichnet und entspricht ungefähr unserem Sonnenjahr. Er hat 18 Monate mit je 20 Tagen und einen Kurzmonat von 5 Tagen, welcher als Übergangs- und Vorbereitungszeit für das neue Jahr gilt. Beide Kalender sind so miteinander verwoben, dass nur alle 52 Jahre dasselbe Datum wieder auftaucht. Mit diesen Instrumenten haben die Maya Zeiträume gemessen, die zum Teil Millionen von Jahren umfassten, und sie haben damit auch die Umlaufbahnen von Planeten gemessen. Die Ergebnisse sind so genau, dass wir es mit unseren astronomischen Geräten und Computern nicht besser können.

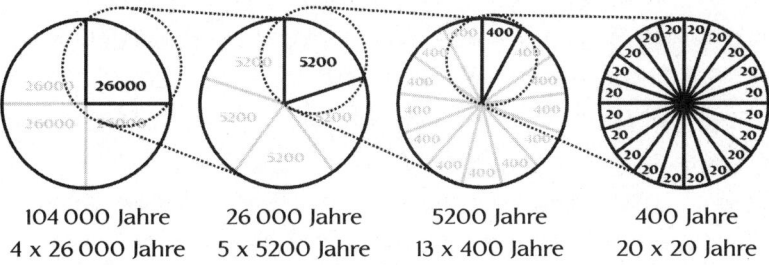

104 000 Jahre	26 000 Jahre	5200 Jahre	400 Jahre
4 x 26 000 Jahre	5 x 5200 Jahre	13 x 400 Jahre	20 x 20 Jahre

- So kannten sie zum Beispiel einen Zyklus von 104 000 Jahren, der vier Zeitalter von 26 000 Jahren umfasst. Wir leben jetzt im letzten, also im vierten Zeitalter.
- Dieses wiederum war unterteilt in fünf Zeitalter von 5200 Jahren, wo wir uns wiederum im Letzten befinden.
- Dieses Zeitalter wurde unterteilt in 13 Baktuns, also 13 mal 400 Jahre. Auch hier sind wir im letzten Abschnitt.
- Und 400 Jahre bestehen jeweils aus 20 Katuns zu 20 Jahren. Und auch hier befinden wir uns im Finale.

Den Maya zufolge befinden wir uns jetzt sozusagen ein paar Sekunden vor Zwölf. Wir leben heute am Ende von riesengroßen Zeiträumen genauso wie von kleineren. Die Wende steht im Jahr 2012 (oder 2013)[9] bevor – wie es die Urvölker dieser Erde vorausgesagt haben. Das sind die Zyklen, die die Maya für einen bestimmten Zweck berechnet haben und die sie in ihrer klassischen Zeit vor etwa 1300 Jahren in ihrer Kunst zum Ausdruck brachten. Sie sollten lange Zeit ihr Geheimnis bleiben.

Was für die Maya der Beginn des letzten 26 000-Jahr-Zyklus ist, das bezeichnen wir als die archaische Zeit. Sie zählt für uns zur Vorstufe der Mayazeit und der menschlichen Zivilisation. Es war am Ende der letzten Eiszeit, sagen unsere Geschichtsbücher, als die Vorfahren der heutigen indigenen Völker oder Urvölker den Doppelkontinent Amerika besiedelt haben, wo sie als Jäger und Sammler herumgezogen sind. Als sie schließlich um 3500 sesshaft wurden, begannen sie mit dem Anbau von Mais und Bohnen. In Europa verlief die Entwicklung ganz ähnlich.

Und dann beginnt es für die Maya spannend zu werden, weil es der Beginn der letzten 5200 Jahre dieses 26 000-Jahr-Zyklusses ist. Es war – nach Mayaberechnung – genau am 13. August 3113[10] vor Christi Geburt in unserer Zeitrechnung, als ein neuer Mitspieler »am Horizont der Erde auftauchte«. Es war die Venus, und sie gilt bei den Urvölkern als Zwillingsplanet der Erde. Am 21. Dezember 2012 wird die Venus wieder aus unserem Blickfeld verschwinden. Dann tritt ein anderes Sternensystem, nämlich das der Pleiaden, in den Mittelpunkt – für die Urvölker ist das der Hinweis auf den Beginn eines neuen Zeitalters. Der Zyklus von 5200 Jahren ist dann beendet. Moderne Physiker und Astronomen bestätigen ebenfalls die Veränderungen, die sich überall abzeichnen, sei es in den Wettermustern, im Magnetfeld der Erde oder im Energiefeld der Sonne, seien es Veränderungen der Erdrotation oder Verschiebungen an den Polen. Und diese Veränderungen gehen jetzt immer schneller vor sich.

Am Anfang dieses von den Maya berechneten Zeitraumes von 5200 Jahren begann für uns das, was wir den Beginn der patriarchalen Zeit und der Geschichtsschreibung nennen. Die ersten Hochkulturen tauchten auf in Ägypten und Mesopotamien, Schriftsprachen entstanden, und überall auf der Erde wurden Kultstätten gegründet.

Auch die Maya gründeten zu dieser Zeit ihre ersten Heiligtümer mit astronomischen und kultischen Zentren, und in ihren Siedlungsräumen herrschte bald schon ein emsiges Treiben – beinahe so, als würde man sich vorbereiten auf eine besondere Zeit. Und das war es auch. Während in Europa die ersten Olympischen Spiele stattfanden, Rom gegründet wurde und Alexander der Große ein Weltreich eroberte, wurden auch die Mayastadtstaaten immer besser durchorganisiert: Zahlreiche große Herrscherdynastien entstanden, Astronomie, Hieroglyphenschrift und Kalenderberechnungen wurden immer mehr perfektioniert, der Handel florierte, und eine der interessantesten und großartigsten Kulturen begann sich zu entwickeln.

Und dann war es so weit: Die Maya hatten schon lange prophezeit, dass nun ihr Zeitalter kommen werde – wir nennen es heute die *klassische Zeit*[1]. Es liegt noch nicht länger als 1500 Jahre zurück. Das war jene Zeit, als sich in Europa das Christentum ausbreitete, die Völker wanderten und das römische Weltreich zerfiel.

Für ein so genanntes Steinzeitvolk haben die Maya erst spät – dafür aber umso rasanter – das entwickelt, was wir heute als die Maya-Hochkultur kennen: Pyramiden und Tempel, Kalender- und andere Symbolsysteme und vieles, was wir heute nur mehr erahnen können. Zudem war diese Kultur enorm fortgeschritten und zivilisiert. Große Städte entstanden, wie zum Beispiel Tikál, Palénque,

Der Tagehüter trägt auf seinem Rücken symbolisch das Gewicht und die Bedeutung des Sonnensymbols durch den ganzen Tag.

Copán, Teotihúacan, Yaxchilán, Quiriguá, welche von riesigen Priester- und Herrscherdynastien verwaltet und organisiert wurden. Die fünfzig Quadratkilometer große Stadt Tikál hatte beispielsweise zu dieser Zeit eine Einwohnerzahl von mehreren hunderttausend, größer als Rom in den Zeiten seiner Hochblüte.

Hervorragend waren die mathematischen Leistungen der Maya, insbesondere die Erfindung der Null und des Positionensystems der Zahlen. Damit konnten sie Mondmonat und Sonnenjahr sekundengenau berechnen, und bei ihren astronomischen und astrologischen Kalkulationen konnten sie Zeitspannen von mehreren Millionen Jahren berücksichtigen. Ihr Kalender war viel genauer als der in Europa bis 1582 gültige julianische Kalender.

Das Interesse der Maya an Astronomie und Zeit erklärt sich aus ihrer Faszination von den Zusammenhängen zwischen Universum und Erde, und sie entwickelten darin eine wahre Meisterschaft. Diese Tradition hat sich bis in die heutige Zeit gehalten und wird von den so genannten Tagehütern der Maya fortgesetzt, die die alten Kalender ihres Volkes benutzen, um daraus Einsicht in den Verlauf der Dinge im alltäglichen Leben auf dieser Erde zu gewinnen.

Es ist ihre Aufgabe, ihrem Volk die Bedeutung der einzelnen Tage in Erinnerung zu rufen. Tagehüter – das sind Frauen und Männer – beobachten alle Ereignisse eines Tages aus dem Blickwinkel des jeweiligen Sonnenzeichens und der Tageszahl. Zusätzlich kennen sie noch viele andere Götterenergien und Kräfte, die sie in ihre Rituale, Zeremonien und Orakeldeutung mit einbeziehen.

Warum aber – so fragen wir uns heute – haben die Maya die Zeit in solch ungeheuer großen Zeiträumen gemessen, alles in großer Genauigkeit und enormer Geschwindigkeit in Stein gemeißelt, um dann die Stätten ihres Tuns beinahe fluchtartig zu verlassen?

Denn ganz plötzlich, nachdem alles vollendet war, wurde ab dem Beginn des 9. Jahrhunderts eine Stadt nach der anderen aufgegeben, und niemand kann heute sagen, warum dies geschehen ist. Vielleicht waren die Herrschaftsansprüche der Adeligen längst überzogen, und es war Zeit, wieder die Einheit mit der Natur zu finden, bevor herausforderndere Zeiten auf das Volk zukommen sollten. Oder sie wussten, dass sie ihre Aufgaben erledigt hatten und es nun Zeit war, dieses Wissen für spätere Zeiten zu verbergen.

Andere Völker begannen sich nun mit den Maya zu vermischen, wie etwa die Tolteken und später die Azteken. In vielen Gebieten standen Brutalität und Massenblutopfer bald an der Tagesordnung. Der Glanz der hohen Kultur begann zu erlöschen.

Nun folgt die Zeit, die wir als *nachklassisch* bezeichnen. Im Gegensatz zu Guatemala kam es in Yucatán/Mexiko noch einmal zu einem Aufschwung und zu einem neuen Höhepunkt der Mayakultur, welcher sich besonders in der Architektur zeigte und unter dem Namen Puuc- und Chenes-Stil bekannt ist. Zum Niedergang kam es hier erst um das Jahr 1000 durch den Einfall kriegerischer Völker. Es wurde dann noch der Mayastädte-Bund im Umkreis von Mayapán in Yucatán gegründet durch den berühmten Stamm der Itzá-Maya, der dann für eine Weile die gesamte Halbinsel beherrschte. Dieser Bund aber zerfiel im 14. Jahrhundert, und nach dem Einfall der Spanier wurden die Itzá-Maya vertrieben. Sie ließen sich am heutigen Petén-Itzá-See (Guatemala) nieder, wo sie die Stadt Tayasál gründeten und ihre Unabhängigkeit bis 1697 bewahren konnten. Ein Stamm der Itzá-Maya lebt heute noch in einem kleinen Dorf am Petén-Itzá-See.

Als Christoph Kolumbus von seiner ersten Reise wieder nach Europa zurückkehrt, zeigt er sich zutiefst beeindruckt von den Völkern, denen er auf diesem neuen Kontinent begegnet ist. Immer wieder betont er, wie sanft diese Menschen miteinander umgehen und wie hoch stehend ihre Kultur und ihre Sitten sind. Und auch Amerigo Vespucci berichtet, wie zugänglich diese Völker seien und dass sie ohne Regierung leben können, weil alle in völliger Eigenverantwortung leben und füreinander sorgen.

Diese Berichte fanden jedoch in der Heimat dieser Männer weniger Gehör als das Gerücht vom großen Goldreichtum. Was dann geschah, mag unsere Vorstellungen übersteigen. Die Aussicht auf Gold war für die spanische Krone sehr willkommen, da sie schon seit längerem unter finanziellen Schwierigkeiten litt. Auch die Kirche war angespornt durch die Idee, ihren Reichtum zu vervielfachen unter Berufung auf den Willen Gottes. Der Weg dazu war einfach: Eine Menge Freiwilliger – zumeist Leute, die verarmt oder aus anderen Gründen von der Gesellschaft geächtet waren – stellten sich für das Unternehmen gerne zur Verfügung, und Papst Alexander leistete seinen Beitrag durch den Erlass der Bulle »Inter Caetera« (1493), kurz bevor Kolumbus wieder Richtung Süden aufbrach. Mit diesem Schreiben gab der Papst den spanischen Herrschern das Recht, alles auf der Welt zu erobern und in der Autorität des höchsten Gottes in Besitz zu nehmen, was nicht unter der Kontrolle des Christentums stünde. Das Recht auf Tötung der Bewohner war mit inbegriffen. Das war die offizielle Erlaubnis für die Ermordung von mehr als 100 Millionen Menschen auf dem Doppelkontinent Amerika in den nun folgenden 500 Jahren – ein Sterben, das bis heute noch kein Ende kennt.

1517 – im selben Jahr, als in Europa Martin Luther seine neuen Thesen verfasste und damit das Machtgefüge der Kirche zerriss, und zu einer Zeit, als die Inquisition noch in vollem Gange war – begann auf dem Kontinent Amerika die Zeit der Eroberungen. Als Hernán Cortéz in diesem Jahr in Yucatán eintraf und die Spanier diese Länder zu erobern begannen, fanden sie zwar keine Hochkultur mehr vor, doch die Gesellschaften waren organisiert und kultiviert. Davon aber waren die Eroberer wenig beeindruckt; vielmehr waren sie angetrieben von ihrer Wut, weil sie dort nicht das so sehnlich erwartete Gold finden konnten.

In den nächsten Jahrzehnten wurden die Maya von den Spaniern völlig unterworfen und christianisiert. Ihre Überlieferungen wurden als Werk des Teufels bezeichnet und im Namen von Staat und Kirche verbrannt, ihre Bauwerke und Kulturgüter (soweit sie nicht schon von dichtem Urwald umgeben waren) zerstört.

Von nun an sollte nie wieder die Idee aufkommen, dass hier *vor* den neuen Machthabern bereits eine Kultur existiert hatte, die vielleicht eine zivilisiertere war als ihre eigene. Jahrhunderte der Gewalt, der Unterdrückung und der Ausnutzung standen den Mayavölkern jetzt bevor. Man betrachtete sie als Untermenschen, denen keinerlei Rechte zustanden. So wollten es die Eroberer. Und ein Ende ist und die Folgen sind bis heute sichtbar.

Für die Maya wie für die anderen Urvölker dieses Kontinents begann mit dem Jahr 1519 die systematische Eroberung und Zerstörung. Es ist dies die Zeit, welche sie den »Baktun der 9 Höllen« nennen, der fast völlige Untergang und die Vernichtung ihrer Kultur. Neun Mal sollten 52 Jahre[12] vergehen, bis diese dunkle Zeit zu Ende gehen würde. Dann würde eine Zeit der Reinigung folgen, bevor ein neuer Zyklus beginnt, den die Maya die »13 Himmel« nennen. Und tatsächlich führen 468 Jahre (= 9 x 52) zum bemerkenswerten Jahr 1987. Für die Urvölker war es das Jahr der Umkehr aller bisherigen Entwicklungen. Es war für sie der Zeitpunkt, an dem sich die Erde zu reinigen beginnt und die Menschheit aufgerufen ist, es ihr gleich zu tun. Die Zeit der »9 Höllen« war gleichzeitig auch der letzte 400-Jahr-Zyklus dieses Zeitalters – ein Zeitalter, das soeben zu Ende geht.

Das ist die Geschichte der Maya:
Es ist dies unsere gemeinsame Geschichte.

		Maya	Weltgeschichte
VORKLASSIK	**frühe** 3000–1000 **mittlere** 1000–400 **späte** 300 v. Chr. bis 50 n. Chr.	13. August 3113: Für die Maya der Beginn des letzten 5200-Jahr-Zyklus (von 5 Zyklen) Erste Besiedelungen: Olmeken, Zapoteken 600: Besiedelung von Tikal	Beginn der »historischen« Zeit Erste Hochkulturen: Ägypten, Mesopotamien Griechen 753: Gründung Roms Alexander der Große Völkerwanderungen
KLASSIK	**frühe** 50–300 **mittlere** 300–750	Kaminaljúyu und Teotihuacan werden Kultur- und Zeremoniezentren Blütezeit in: Copán, Tikál, Palénque, Xunántunich, Cáracol, Quiriguá, Monte Alban, Yaxchilán, Piedras Negras, Bonampák, Cobá …	Völkerwanderungen in Europa; Ausbreitung des Christentums; Zerfall des römischen Weltreichs 300–800: Frühmittelalter
	späte 750–900	Um 800: Plötzlich werden alle Städte aufgelassen Um 1000: Tolteken	900–1100: Hochmittelalter
NACHKLASSIK	**frühe** 900–1200	Blütezeit in Yucatán: Chichén Itzá, Uxmál, Kabáh, Sayil, Edzná … (Puuc- und Chenes-Stil) Um 1200: Azteken	1100–1300: Spätmittelalter 1096–1291: Kreuzzüge
	mittlere 1200–1500	1250: Gründung des Bündnisses von Mayapán Nachklassische Stätten: Iximché, Zaculeu, Utatlán, Mixco Viejo (Guatemala), Mayapán, Túlum (Mexiko) 1451: Fall von Mayapán	
	späte 1500–1700	ab 1519: Eroberung der Maya durch die Spanier 1697: Fall des letzten Maya-Königreichs (Itzá-Maya), Tayasál (Guatemala)	um 1500: Beginn der so genannten Neuzeit 1502: Christoph Kolumbus trifft auf Mayastämme 1517: Thesen Martin Luthers 1550: Reformationszeit 1618–1648: Dreißigjähriger Krieg 17./18. Jahrhundert: Aufklärung/Absolutismus

OOOO
Ordnung und Bestimmtheit

4.
Gegenspieler

Nun traten für die Maya also andere Mitspieler – oder besser gesagt Gegenspieler – auf den Plan. Sie wussten, dass dies auf sie zukommen würde, und versuchten deshalb jene Ordnung, die sie dem Spiel des Universums entsprechend hervorgebracht hatten, zu bewahren und wenn notwendig auch zu verbergen.[13] Nur so konnten sie ihre Identität und ihren Stolz auf die Schöpfung bewahren. Dazu beriefen sie, rechtzeitig bevor die Spanier ins Land kamen, noch einmal den Großen Rat der Weisen aller Maya ein, um einen Plan festzulegen. Zu Beginn hörten sie noch einmal die Prophezeiung, die besagt:

*Es wird nun ein langer Zyklus vergehen, der letzte dieses Zeitalters,
bis die Sonnenkultur der Maya zum höchsten Wohl der gesamten
Menschheit wieder zum Erblühen kommen wird. Erst dann wird die
Dunkelheit zu Ende gehen, welche ein anderes Volk in unser Land der
Sonne gebracht habt.*

Sodann überdachten sie noch einmal die Ordnung ihrer Gesellschaft und ihres Lebens im Universum und befanden daraufhin folgende Punkte als beachtenswert:

1. Unsere Familien und Sippen sind der Grundbaustein unseres Zusammenlebens. Darin soll jede/r Einzelne auf ihre/seine Weise
   sein Glück suchen und finden. Und jede/r Einzelne wird ihren/
   seinen Beitrag leisten zum gemeinsamen Leben und Überleben –
   gemäß den Spielregeln des Universums.
2. Die Erde hat eine Seele, wie auch jede und jeder von uns eine
   Seele hat. Wir behandeln sie daher mit derselben Liebe und Zu-
   neigung, mit der wir uns gegenseitig und uns selbst behandeln.
   Wir fühlen ihren Herzschlag, wenn wir auf ihr gehen. Wenn wir
   etwas für unsere Nahrung und für unseren Gebrauch von ihr
   nehmen, dann geben wir ihr dafür auch etwas zurück.
3. Die Erde, die Bäume, die Berge, die Tiere, die Sterne ... sie alle sind
   ein Teil unserer selbst. Sie haben eine Botschaft für uns. Leben
   sie, dann leben auch wir, sterben sie, dann werden auch wir
   sterben.
4. Wir sind ein Teil des Universums, und das Universum ist ein Teil
   von uns. Wir leben so, dass unser Leben in Gleichgewicht und
   Harmonie ist – das ist unser Beitrag für Gleichgewicht und Harmonie im Universum, das ist unsere Verantwortung.

Diese Grundsätze wollten die Maya bewahren, ganz egal, was nun
auf sie zukommen würde. Und sie sollten auch ihr Überlebenspro-

gramm werden in einer Zeit, in der sich die Welt anderen Grundsätzen zuwenden würde.

Das ist die Ordnung der Maya:
Es ist dies die Grundordnung des Universums.

Von nun an veränderte sich alles sehr radikal. Die Maya mussten
sich schnell mit den neuen Regeln auseinander setzen, die mit den
fremden weißen Männern ins Land kamen. Obwohl sich die Ereignisse überstürzten, versuchten die Maya sich mit den neuen Spielregeln vertraut zu machen, um zu sehen, ob sie im Einklang waren
mit den Spielregeln des Universums. Schneller als sie es für möglich hielten, hatte sich jedoch die neue Spielart durchgesetzt. Nun
mussten die Maya und andere Urvölker erfahren, dass es noch eine Seite im Universum gab, die ihnen bisher nicht bekannt gewe-
sen war. Die Grundregeln der Eroberer stehen im völligen Gegensatz zu ihren eigenen. Sie ließen sich ungefähr so formulieren:
1. Wichtig ist das Recht des einzelnen Mannes, sein Glück zu finden, koste es, was es wolle.
2. Das Glück des Einzelnen besteht darin, möglichst viel zu besitzen, zu wissen und zu tun.
3. Die Erde ist dazu da, diesen Besitz zu vermehren – wir können
   von ihr nehmen, was wir brauchen.
4. Wir sind das Zentrum des Universums, unser Gott ist der einzige, er ist ein eifersüchtiger Gott und duldet deshalb nur *seine*
   Herrschaft, die er durch seine Bevollmächtigten ausführen lässt.
   Es herrscht allein *seine* Wahrheit.

Solche Spielregeln waren nun eine wahre Herausforderung, und die
Folgen davon konnten leicht erahnt werden. Die Maya und die an-

deren indianischen Völker wussten Bescheid. Und sie sollten bald alles am eigenen Leib erfahren – denn es wurde ein Spiel auf Leben und Tod. Und als die Maya sahen, dass die neuen Machthaber ihre Spielregeln mit Gewalt durchsetzten, erkannten sie, dass sie sich zurückziehen und ihren Grundsätzen ab nun im Verborgenen folgen mussten. Für sie war mit den Eroberern eine ernsthafte Krankheit ins Land gekommen, die sie nicht zu heilen wussten: nämlich *die Gier nach mehr und immer mehr.*

Manchmal sahen sich die Maya herausgefordert, sich dagegen zu wehren und zu kämpfen, doch war ihnen klar, dass sie unterliegen würden – und sie wollten Gewalt nicht mit Gewalt vergelten. Sie lernten, dass es besser ist, die Mächtigeren zu akzeptieren und nicht gegen sie zu kämpfen, weil sie wussten, dass alles seine Zeit hatte. So verbargen sie ihre Weisheit und ihre tiefsten Geheimnisse und entzogen sie den Zugriffen und der Zerstörungswut der Eroberer. Und sie bewahrten alles auf für eine Zeit in der Zukunft, in der ihr Wissen wieder von Bedeutung werden würde. In ihrem Buch *Chilam Balam*[14], dem Buch des Jaguar-Propheten, haben sie später über die Eroberungszeit Folgendes geschrieben:

> *Oh, traurig sind wir, weil alles eingetroffen ist!*
> *Aus dem Osten sind sie gekommen*
> *Und sie haben dieses heilige Land betreten,*
> *Diese Barbaren – die Botschafter*
> *Der Zeichen Gottes,*
> *Die Fremden dieser Erde.*
>
> *Oh, traurig sind wir,*
> *Weil die weißen Feiglinge kamen*
> *Wie die Söhne des Himmels.*
> *Und mit ihnen kamen die Stockhiebe vom Himmel.*

Sie haben Steine vor uns aufgehäuft
Zum Bauen ihrer falschen Bauwerke,
Diese taugen nichts
Und werden in ihre Teile zerfallen.

Oh, große Trauer herrscht,
Denn schlimm ist für uns ihr Reden über Gott -
Den alleinigen Gott —
welches sich ausgebreitet hat
Über die ganze Erde, dieses Reden
von Gott im Himmel.
Dieser einzige Gott spricht von der Sünde.
Nur Sünde ist seine Lehre.
Unmenschlich sind seine Soldaten,
Grausam, wie ungezähmte Hunde.
Es ist ein Gott, der auf uns seine Lasten wälzt
Und der unser Land in Blut tränkt.

Oh, große Trauer drückt uns nieder,
Denn schwer ist die Last dieser Zeit,
In der das Christentum zu uns kam.
Und das alles kam mit ihm:
Die Macht der Sklaverei,
Mit der unsere Menschen unterjocht
Und unsere Führer und Weisen getötet werden.

Die Ereignisse nahmen ihren Lauf. 1524 kam es im Hochland von Guatemala zur Entscheidungsschlacht, bei der der legendäre Anführer der Maya, Tecún Umán, getötet wurde. Die Eroberungen waren im vollen Gange, Widerstände wurden bekämpft, Aufstände im Keim erstickt. Die Zeit des großen Völkermordens auf dem gesamten Kontinent Amerika hatte begonnen. Versklavung, Missionierung und Zusammenführung der Ureinwohner in Dörfern oder Reservaten waren nun an der Tagesordnung. Millionen Menschen starben durch die von den Eroberern eingeschleppten Krankheiten wie Tuberkulose, Cholera, Gelbfieber, Pocken oder Grippe. Und da die Eroberer nicht fanden, was sie erwartet hatten, begannen sie das Land auszubeuten und dafür die Arbeitskraft der einheimischen Bevölkerung zu nutzen.

Die Maya verloren nach und nach ihr Land, die Grundlage ihres Lebens, und ihre Kultur. Ihre verzweifelten Versuche, wieder ihr Recht auf Land zu bekommen, dauern bis in die Gegenwart an. Ihre Eroberer sahen in ihnen nur eine primitive Rasse, welcher man die Zivilisation in Form der westlichen Kultur aufzwingen musste. Von Anfang an wurden sie als Sklaven zur Arbeit für den Aufbau der neuen Gesellschaft gezwungen. Auf den Resten ihrer zerstörten Tempel und Kultstätten mussten die Maya nun auf Befehl der neuen Machthaber Kirchen erbauen. Zwangsarbeit und religiöse Bekehrung gingen Hand in Hand. Der Zugang zur Bildung und zur eigenen Kultur wurde ihnen für lange Jahrhunderte unmöglich gemacht. Immer mehr begannen die Spielregeln der Eroberer in den Alltag der Urvölker einzudringen und deren Grundlagen auf vielfache Weise zu zerstören. Durch Verfolgung und Ermordung wurden die Führer der einzelnen Stämme entfernt, sodass diesen Völkern ihr sozialer und kultureller Rückhalt genommen wurde. Somit waren sie den Übergriffen der neuen Machthaber schutzlos ausgeliefert.

Der Salish-Häuptling Dan George, im späteren British Columbia (Kanada) drückt dies so aus:

In den hundert langen Jahren, seit der weiße Mann kam, habe ich meine Freiheit schwinden sehen wie ein Lachs, der auf geheimnisvolle Weise ins offene Meer hinausschwimmt. Die merkwürdigen Sitten des weißen Mannes drückten mich nieder, bis ich nicht mehr atmen konnte. Wenn ich kämpfte, um mein Land und meine Heimat zu schützen, nannte man mich einen »Wilden«. Wenn ich die Lebensweise des weißen Mannes weder verstand noch guthieß, nannte man mich faul. Wenn ich versuchte, mein Volk zu führen, wurde ich meiner Autorität enthoben.[15]

Interessanterweise haben alle Urvölker im Lauf der Zeit eine ähnliche Strategie entworfen, um sich vor der völligen Vernichtung zu bewahren, nämlich die der *Verstellung*.

Gib dir den äußeren Anschein, auf ihre Forderungen einzugehen. Gib ihnen ein kleines Zeichen der Hochachtung, was immer du erübrigen kannst, denn gibst du ihnen nichts, so nehmen sie es dir mit Gewalt ...

Ich weiß, dass sie dich eines Tages zu dem Gebet, das sie beten, zwingen oder überlisten werden. Wenn das geschieht und du dich nicht länger widersetzen kannst, dann tu es vor ihren Augen, aber vergiss unsere Zeremonien nicht... Offenbare nur, was du musst, und halte den Rest verborgen. (Titu Kusi Yupanaki, Inka)[16]

Als 1776 die Geburtsstunde einer neuen Weltmacht gekommen war, wurden ihre Grundsätze feierlich verkündet: *Recht auf Leben, persönliche Freiheit, Gleichheit aller Menschen* und *Recht auf Glücklichsein.* Das war und ist die verbindliche Basis für die damals 13 und heute 51 Teile der Vereinigten Staaten von Amerika, *FÜR ALLE* – außer für die, die bisher im Besitz dieses Landes waren.

Die gesamte amerikanische Unabhängigkeitserklärung ist entstanden auf der Basis der Lebensregeln und der Weisheit der damaligen Urvölker des nordamerikanischen Kontinentes, insbesondere der Irokesen-Konföderation. Dieses uralte Wissen ist somit die Grundlage für unsere modernen westlichen Demokratien. Dennoch scheinen in diesem Dokument keinerlei Rechte für diese Völker auf. Vielmehr hieß es anstatt *Recht auf Leben und Freiheit* für sie: Eingezwängt sein in Reservate und getötet zu werden beim geringsten Widerstand. Auch *Gleichheit* hatte keine Gültigkeit für sie; vielmehr war die Ausübung ihrer Religion bis 1976[17] gesetzeswidrig und wurde verfolgt. Und ihr *Recht auf Glücklichsein* wurde durch den Raub ihres Landes ständig unterwandert.

Die Unabhängigkeitserklärung von 1776

Declaration of the thirteen united States of America:... We hold these truths to be self-evident, that all men are created equal, that they are endowed by their Creator with certain unalienable Rights, that among these are Life, Liberty and the pursuit of Happiness. That to secure these rights, Governments are instituted among Men, deriving their just powers from the consent of the governed. That whenever any Form of Government becomes destructive of these ends, it is the Right of the People to alter or to abolish it, and to institute new Government, laying its foundation on such principles and organizing its powers in such form, as to them shall seem most likely to effect their Safety and Happiness.

Wir halten diese Wahrheiten für ausgemacht, dass alle Menschen gleich erschaffen worden, dass sie von ihrem Schöpfer mit gewissen unveräußerlichen Rechten begabt worden, worunter Leben, Freiheit und das Bestreben nach Glückseligkeit sind. Dass zur Versicherung dieser Rechte Regierungen unter den Menschen eingeführt worden sind, welche ihre gerechte Gewalt von der Einwilligung der Regierten herleiten; dass, sobald eine Regierungsform diesen Endzwecken verderblich wird, es das Recht des Volkes ist, sie zu verändern oder abzuschaffen und eine neue Regierung einzusetzen, die auf solche Grundsätze gegründet, und deren Macht und Gewalt solcher Art gebildet wird, als ihnen zur Erhaltung ihrer Sicherheit und Glückseligkeit am schicklichsten zu sein dünket.

Unterzeichnet auf Befehl und im Namen des Kongresses

John Hancock, Präsident

Bescheiniger

Carl Thomson, Sekretär

5.
Der Pyramidengott

Als im 19. Jahrhundert die europäischen Erobererstaaten sowie die Kirche ihre Macht und ihren Einfluss immer mehr zu verlieren begannen, hatten in den Ländern der Maya die Nachfahren der Eroberer längst ihre Herrschaft ausgebaut und drängten auf Unabhängigkeit von den Mutterländern.

Und wieder sollten sich die Spielregeln für die Maya und die Urvölker verändern, denn nun beginnt die Wirtschaftsordnung der westlichen Gesellschaft weltweit ihr Netz zu spannen. Zunächst werden die Staaten Zentralamerikas sogar unabhängig und schließen sich zu einem losen Staatenbund zusammen. Aber das dauert für die meisten von ihnen nur kurze Zeit.

Die Spielregeln haben sich nun verfeinert und sind deshalb nicht mehr so leicht durchschaubar wie bisher. Es geht jetzt zunehmend um Komfort, Expandierung und die erfolgreiche Produktion von immer mehr, immer besseren und technisierteren Waren. Dafür aber waren Millionen von Arbeitskräften notwendig, und zwar zu einem möglichst geringen Preis und Lohn.

Was dann im 20. Jahrhundert folgen sollte, stellt alles Bisherige noch einmal in den Schatten. Die Entdeckung der Atomkraft bringt unendliche Macht, die Weltwirtschaft fällt von einer Krise in die nächste, und das führt (gemeinsam mit anderen gesellschaftlichen Problemen) schließlich zur Abreaktion mittels zweier Weltkriege. Adolf Hitler bezieht sich bei der Planung zur Säuberung der arischen Rasse auf das große Völkermorden auf dem amerikanischen Kontinent. Er bezeichnet dieses Vorgehen als beispielhaft und nachahmenswert. Und zur Erreichung seines Zieles möchte er – wie er in seinem Buch *Mein Kampf* schreibt – der Methode der katholischen Kirche folgen, die geprägt sei vom traditionellen Festhalten an Dogmen und von »fanatischer Intoleranz«.

Am Beispiel von Guatemala können wir sehen, wie ab Anfang des zwanzigsten Jahrhunderts große Industriezweige und Konzerne nach den Ressourcen in diesen Ländern greifen. Dazu werden die Maya wieder einmal von ihren an sich schon kargen Böden vertrieben, um dann umgehend für einen Hungerlohn zur Plantagenarbeit gezwungen zu werden. Es bleibt ihnen keine andere Wahl, wenn sie nicht verhungern wollen.

Bald benötigen diese Konzerne und die Inhaber der riesigen Landgebiete den Schutz von Militär und westlichen Regierungen, denn in der Mayabevölkerung beginnt sich Widerstand zu bilden, und »lästige« Aufstände sind nun bald an der Tagesordnung. Das

Militär wird zum Verteidiger des Besitzes. Durch diesen Einsatz bekommt es eine immer wichtigere Stellung, es beginnt sich schließlich zu verselbstständigen und übernimmt ab Mitte des Jahrhunderts – mit ausländischer Unterstützung – für mehr als vier Jahrzehnte die absolute Macht im Land. Diese Diktaturen übertreffen an Grausamkeit noch einmal die vorangegangenen.

Erst als 1992 die einfache Indigena-Frau Rigoberta Menchú Tum[18] aus dem Bergland von Guatemala den Friedensnobelpreis erhält, wird die Welt für kurze Zeit aufmerksam auf die Brutalität des Regimes in diesem Land und die Menschenrechtsverletzungen unvorstellbaren Ausmaßes. Ab Ende 1996 wurde in Guatemala zwar der Friedensprozess eingeleitet, jetzt aber machen ehemalige Soldaten das Land unsicher, die einerseits von den Großgrundbesitzern angeheuert werden und sich andererseits in Gruppen organisieren, um durch Raubüberfälle ihre Existenz zu sichern.

Zusätzlich werden die Maya und andere Völker mit neuen, noch versteckteren Spielregeln konfrontiert. Ihre Länder werden seit einigen Jahrzehnten von evangelikalen Kirchen[19] erobert, und diese haben heute bereits 40 bis 60 Prozent der gesamten Bevölkerung unter ihren direkten Einfluss gebracht. Bezahlt werden diese Gruppen von einflussreichen, finanzkräftigen Kreisen aus den USA, die eng mit dem Militär und den früheren (und vielleicht auch noch heutigen) Machthabern zusammenarbeiten.

Die heutigen Nachfahren der Eroberer, die sich vermischt haben mit der einheimischen Bevölkerung – man nennt sie *Ladinos* oder auch *Mestizen* – haben erkannt, dass die Welt wieder auf die alten Kulturen aufmerksam geworden ist, und sie bieten die noch vorhandenen antiken Reste stolz dem Tourismus an. Die Urbevölkerung, die zum Beispiel in Guatemala noch immer die überwiegende Mehrheit im Land bildet, wird jedoch nach wie vor zurückgedrängt und verschwiegen, weil man sich ihrer schämt – sie passt nicht in die moderne, entwickelte westliche Welt. Das heutige Guatemala will sich als modernes Land präsentieren und nicht mehr länger mit vergessenen Mythen indianischer Kultur in Verbindung gebracht werden. Denn diese Kultur besitzt keinen Wert, den man in Geld umsetzen kann.

Dennoch gibt es bereits viele Zeichen der Veränderung – und die Maya wissen, dass ihre Zeit jetzt gekommen ist. Langsam beginnen sie wieder aus ihren Verstecken hervorzukommen, sich zu organisieren und von ihren Prophezeiungen zu sprechen. Bisher hätten die Schamanen und Propheten ihr Leben riskiert, wenn sie mit ihren Ritualen und Botschaften in der Öffentlichkeit aufgetreten wären. Auch waren die Machthaber – und sie sind es zum Teil immer noch – sehr darauf bedacht, dass diese »Relikte aus alten Zeiten« in keiner Weise mehr zum Vorschein kommen.

Die Veränderungen, die sich heute weltweit zeigen und von denen die Maya und die Urvölker zu sprechen beginnen, betreffen beide Seiten des Spielfeldes. Für eine Seite mögen sie überraschend kommen, die andere Seite jedoch wusste seit langem darüber Bescheid – denn ihr Wissen beruht darauf, die innere Weisheit des Universums und der Welt zu kennen und zu leben. Die Zeit scheint sich jetzt immer mehr zu beschleunigen, und die Veränderungen gehen immer rascher vor sich. Auch darüber wissen diese alten Völker Bescheid. Sie erzählen deshalb heute überall von ihrem großen Wissen mit der Absicht, dass es uns hilft, aus der krank machenden Geschwindigkeit des modernen Lebens auszusteigen und Maßnahmen für das Überleben von Erde und Menschheit zu ergreifen.

Das ist das Fundament der Maya:
Es ist dies unser gemeinsames Fundament.

Die Maya und alle alten Völker geben ihre Weisheit von einer Generation zur nächsten weiter, indem sie erzählen und erzählen. Es handelt sich dabei um praktische Lebensweisheit genauso wie um die »Philosophie« des Lebens und des Kosmos – wie wir es bezeichnen würden. Im Mittelpunkt der Mythen und Geschichten von der Welt und vom Kosmos steht bei den Maya immer Hunab Ku, der große Geist und Schöpfer.

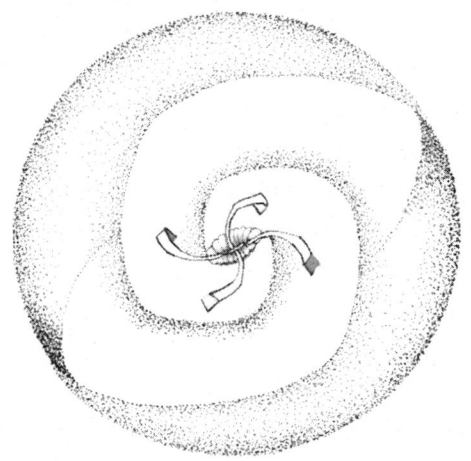

Dieser Große Geist ist für sie wie ein Energiewirbel, von dem alles ausgeht. Die gesamte Wissenschaft der Maya, ihre Astronomie, Astrologie, Mathematik und auch ihre gesamte Kultur und Spiritualität waren immer auf eins ausgerichtet: auf das *Zentrum*. Überall suchten sie die Mitte, ob in der Galaxie, auf der Erde oder im Menschen – das Zentrum war entscheidend. Deshalb war auch alles, was sie bauten, ihre Städte, ihre Pyramiden, um ein Zentrum errichtet. Alles hatte eine Mitte, und wenn es diese verloren hatte, dann war auch seine Kraft verloren. Der Name für das Zentrum war immer derselbe: Hunab Ku, der Große Geist.

Die Maya stellen sich den Kosmos – also alles was ist – dreigeteilt vor, ähnlich wie unsere heutigen westlichen Einteilungen von Körper, Geist, Seele oder Unterbewusstsein, Bewusstsein, höheres Bewusstsein. Dieser Maya-Kosmos hat insgesamt 23^{20} verschiedene Schichten: Die *Welt*, in der wir leben, besteht nur aus einer Schicht der Wirklichkeit. Die *Oberwelt* dagegen besteht aus 13 Schichten, und die *Unterwelt* hat 9 Schichten. An den Pyramidenbauten der Maya können wir deshalb sehr oft beobachten, dass sie außen 13 nach oben führende Treppen haben und dass im Inneren 9 Treppen nach unten führen. Die Pyramide selbst repräsentiert die Welt, in der Ober- und Unterwelt eine Einheit bilden, sie ist ein Modell des perfekten Universums in all seinen Aspekten. In ihren Prophezeiungen sprechen die Maya auch von den »9 Höllen«. Damit bezeichnen sie den letzten 400-Jahr-Zyklus in diesem 5200 Jahre umfassenden Zeitalter – es war der Gang der alten Völker durch die Finsternis der Unterwelt.

In der Vorstellungswelt der Maya ist es immer wichtig, dass die Kräfte von Ober- und Unterwelt ausgeglichen sind. Gelingt dies nicht, weil die dunkle Seite der Unterwelt stärker ist, kann es zu Katastrophen kommen. Auch die Energien der vier Himmelsrichtungen haben eine wichtige Rolle, denn sie halten die mittlere Welt – die Welt, in der wir leben – im Gleichgewicht. Jeweils fünf der 20 Sonnensymbole sind deshalb einer Himmelsrichtung zugeordnet, und ihre Aufgabe ist es, die Welt in ihrer Mitte und somit in Harmonie zu halten.

Wie die Griechen, die Chinesen und andere Kulturvölker, so haben auch die Maya ihr Weltbild aus den fünf Elementen Wasser,

Erde, Luft, Feuer und Licht[21] komponiert. Und wieder einmal haben sie dies in einer besonderen Weise getan: Sie haben die fünf Elemente mit den drei Teilen des Kosmos verbunden, um zu zeigen, dass alles EINS ist. Ober-, Unter- und Menschenwelt finden sich überall – jeder Mensch, jeder Stein, jeder Baum, die Luft, die Sterne ... – alles besteht aus diesen drei Schichten und somit auch aus den fünf Elementen. Jedes kleinste Teilchen ist ein Abbild des großen Universums.

Zur Darstellung haben die Maya vor allem den Baum verwendet, ein Symbol des Lebens und der verschiedenen Wirklichkeiten. Der Ceiba-Baum gilt bei den Maya deshalb als heiliger Baum und heute auch als Nationalbaum. Aber auch die Pyramiden, das Kreuz, die Milchstraße sowie die Struktur ihres heiligen Kalenders Tzolkin haben dieselbe Funktion.[22] Die Mythologie verweist darauf, dass einst der Urschöpfer zum Baum des Lebens wurde und als solcher in Gestalt der Milchstraße am nächtlichen Himmel erscheint.

Das Wasser flutet durch die Unterwelt, und es repräsentiert das Unbewusste, die Traumwelt und den Uranfang. Das Element Erde schwimmt im Wasser, und die Erde selbst ist vom Wasser durchdrungen.[23] Es ist dies die bewusste Welt, die Menschenwelt im Kreislauf von Geburt, Reifen und Vergehen. Über der Erde erhebt sich das Luftelement, die Ebene des Geistes und der kreativen Schöpferkraft. Darüber noch liegt das Lichtelement, welches die Menschen mit der Oberwelt, also mit ihrer höchsten Bestimmung verbindet. Das Licht gilt auch als die Welt des universellen Bewusstseins. Alle drei Welten – Ober-, Unter- und Menschenwelt – sind verbunden durch das Element Feuer: Feuer ist der Motor aller Lebewesen hier auf Erden, Feuer dient auch der Reinigung und Transformation in der Unterwelt, und das Feuer der Sonne verbindet die Lebewesen mit den oberen Schichten.

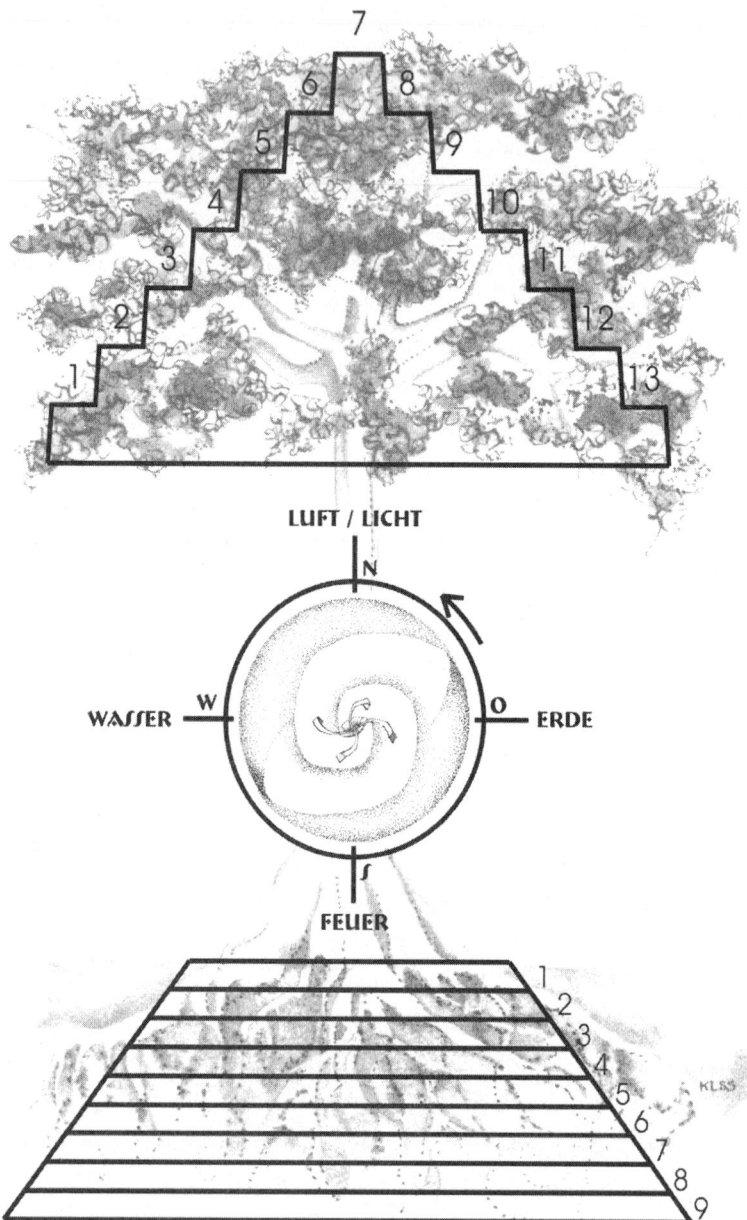

LUFT / LICHT

N

WASSER W   O ERDE

S

FEUER

- Die einzelnen Schichten der *Oberwelt* sind von göttlichen Wesen belebt, die alles geschaffen haben und nun Sorge tragen für das, was die Menschen in ihrem täglichen Leben brauchen: Sonne, Regen, Ernte und Nahrung. Die Oberwelt ist vor allem von männlichen Göttern bevölkert – mit Ausnahme der Mondgöttin Ixchél. Der Hauptgott dieser Welt ist der »Herr der Sonne« mit dem Namen *Ahau*. Er ist auch der letzte in der Reihe der 20 Sonnensymbole. Andere wichtige Götter sind der Maisgott *Kan* und der Regengott *Chac*.
- In den 9 Schichten der *Unterwelt* befinden sich die so genannten »Herren der Unterwelt«, die die Eigenschaften haben, Altes aufzulösen oder zu zerstören, damit wieder Neues entstehen kann. Wichtig ist, dass hier vor allem weibliche Gottheiten regieren – womit das Gleichgewicht gegenüber dem männlich dominierten Himmel geschaffen ist. Im Gegensatz zur aktiven und schaffenden Oberwelt handelt es sich hier um den Ort der Wiedergeburt, den Durchgang vom Tod zum Leben sowie um die Zeit des Ruhens und Empfangens, bis der neue Zyklus des schöpferischen Lebens wieder von vorn beginnt. Die Aborigines Australiens bezeichnen diese Schicht der Wirklichkeit als die »Traumwelt«.
- Die *Menschenwelt* ist nun jener Ort, in dem die Ober- und die Unterwelt zusammentreffen. Symbol dafür ist der »Heilige Baum«, der mit seinen Wurzeln tief in der Unterwelt verankert ist. Von diesem Ort bringt er das Wasser des Lebens und die Nährstoffe durch den Kanal des Stammes nach oben in seine Krone, die in den Himmel hineinragt und das Licht von oben aufnimmt. Der Baum zeigt deshalb den Menschen ihre besondere Aufgabe, nämlich oben und unten zu verbinden. Und, wie die Maya sagen: Die Menschen brauchen die Götter – aber die Götter brauchen auch die Menschen.
- Die Maya haben für diese Aufgabe ein wichtiges Instrument ent-

wickelt: den Tzolkin, den heiligen Kalender. Für sie ist es nämlich die *Bedeutung der Zeit*, welche uns mit den tiefsten Schichten in und um uns verbindet. Diese Schichten sind es, welche die alten Kulturvölker mit der Ober- und Unterwelt symbolisiert haben. »Es ist alles eins«, sagen die Maya. Alles ist gewebt aus dem Muster der 13 Töne und der 20 Sonnen zu einer unendlichen Abfolge von 260 Tagen. Und sie wissen: »Wenn wir dieses Muster verstehen, dann haben wir Ober- und Unterwelt *in uns* verbunden!«

Insgesamt ist für die Menschen alter Völker der Zugang zu allen drei Welten eine Selbstverständlichkeit und niemals getrennt von all dem, was sie täglich tun. Dennoch stehen natürlich auch bei ihnen Menschen mit einer besonderen Begabung im Dienst von Heilung, Weissagung und Kunst für ihr Volk zur Verfügung.

Die wichtigste Aufgabe für die Propheten oder Schamanen der Maya ist das Lebendighalten des Webmusters ihres heiligen Kalenders Tzolkin. Außerdem zeigen sie den Menschen den spielerischen Umgang mit dem Muster, das überall gleich ist. Aus diesen Einsichten treffen sie ihre Weissagungen für viele Situationen des täglichen Lebens, wie zum Beispiel für die kommende Anbauzeit und die darauf folgende Ernte, für ein Neugeborenes oder einen Verstorbenen, für den Beginn einer Handelsbeziehung mit einem anderen Stamm usw. Diese »Sacerdotes« – wie sie bei den Maya genannt werden – sind es, die sozusagen die »Zeichen der Zeit« verstehen, weil sie gelernt haben, die vielfältigen Schichten des Universums zu beobachten und zu verbinden. Dabei sehen sie, welche Kräfte ein Ereignis unterstützen oder gefährden. Sie führen diese Aufgabe solange aus, bis die einzelnen Menschen gelernt haben, dieses Wissen für sich selbst wieder zu entdecken.

Wenn wir bei den Maya einen Himmel voller Götter sehen, dann bedeutet das nicht, dass sie an viele verschiedene Götter glauben.

Vielmehr handelt es sich dabei um die symbolische Darstellung der Kräfte der Natur und des Lebens durch ein menschlich wirkendes Wesen. Das ist deshalb wichtig, um mit diesen Kräften besser in Kontakt treten zu können. Und diese so genannten Götter sind für die Maya immer eins mit den Menschen, mit dem Kalender und mit allem, was ist. Es gibt keine Unterschiede, auch keine Rangunterschiede. Alles ist eins und zeigt sich in unendlich vielen Variationen.

Ohne Ausnahme ist alles ein Teil der großen Urenergie, welche die Maya Hunab Ku nennen. Die Pyramiden sind ein Ausdruck des Maya-Gottes. *Hunab* ist das Wort für die göttliche Energie und *Ku* bedeutet Pyramide. Hunab Ku ist der Urheber von Bewegung und Form, und sein Symbol, die Pyramide, ist ein Ausdruck der so genannten heiligen Geometrie.[24] Jedes Jahr, wenn die Tage wieder länger werden als die Nächte, beginnen die Maya mit der Vorbereitung auf die Wiederkehr des göttlichen Boten. Er ist in die Unterwelt hinabgestiegen, um das Licht zu befreien. Am Tag der Frühlings-Tagundnachtgleiche (Frühlings-Equinox) erschien er dann aus dieser Welt in Form einer Pyramide, den Kopf geschmückt mit langen, regenbogenfarbigen Federn zum Zeichen der Wiedergeburt des Lichtes. Deshalb bauten die Maya Pyramiden, daher beginnt auch für viele Mayavölker das neue Jahr am 21. März[25]. Da für die Maya die Menschen und das Göttliche immer eins sind, ist die Pyramide auch ein Symbol für den menschlichen Körper. Der Davidstern erinnert an diese Bedeutung: Die Pyramide des Körpers ragt mit der Spitze in die Dimension des Göttlichen, und das Göttliche durchdringt von oben diesen Körper und verankert ihn mit der Erde.

Hunab Ku ist für die Maya das göttliche Energiezentrum, von dem alles ausgeht. Andere Urvölker nennen es den Großen Geist. Alles, was ist, ist ein Teil davon und geht in einem ewigen Kreislauf von ihm aus und kehrt wieder zu ihm zurück. Und da dies im Prinzip für uns Menschen undenkbar und kaum nachvollziehbar ist, sprechen die Maya diesen Namen nur in heiligen Räumen und Zeremonien aus.

Auch bei den Maya gibt es einen wichtigen Propheten – vergleichbar mit Buddha, Jesus und Mohammed. Es ist dies *Quetzalcoátl* oder – von den Maya in Guatemala – auch *Kukulkán* genannt. Sein Name bedeutet übersetzt »*gefiederte Schlange*«. Er und jene, die seine Botschaft später weitergegeben haben, werden auf vielen Steinplatten und Bildern durch Federn in ihrem Energiefeld dargestellt, was der Ausdruck ist für ein Wesen, das ganz im Besitz seiner göttlichen Kraft ist.

Die Maya erwarteten seine Rückkehr, und als Hernán Cortéz im 16. Jahrhundert in Mexico eintraf, leistete der Aztekenkönig Montezuma II. keinen Widerstand, weil er und sein Volk meinten, dass der Bote ihres Propheten gekommen sei. Quetzalcoátl sollte einst unter den Ureinwohnern 52 Jahre lang geweilt haben, und er galt als großer Lehrer und Prophet. Er war geschmückt mit grünen Federn, und seine Symbole waren die Schlange und der Planet Venus. Eines Tages stieg er wie Rauch zum Himmel auf, und von da an zeigte er sich als leuchtender Morgenstern am Himmel.

In der Geschichte der Maya gibt es zwei Persönlichkeiten mit diesem Namen. Der Prophet selbst dürfte um etwa 3000 bis 2000 v. Chr. »aus dem Osten gekommen« und in den Mayaländern gelandet sein. Man vermutet anhand von Aufzeichnungen, dass er mit einem Schiff und eventuell aus Ägypten gekommen ist. Der zweite wird Quetzalcoátl I Reed genannt. Er dürfte ebenfalls 52 Jahre lang gelebt haben (vermutlich von 947 bis 999 n.Chr) und als König eines toltekischen Stammes mit einem Schiff Richtung Yucatán gefahren sein. Reed bedeutet dabei das Schilfrohr und ist ein Hinweis auf den ersten Propheten sowie eines der 20 Sonnensymbole, nämlich *Ben* – das Zeichen für den, der Himmel und Erde verbindet. Es wird gesagt, dass dieser Herrscher mit dem Titel Quetzalcoátl/Kukulkán der Erbauer jener Pyramide in Chichén Itzá (Yucatán) ist, die »Tempel des Kukulkán« genannt wird. An diesem Ort ist auch das Symbol der Schlange unübersehbar – als Zeichen des großen Propheten und seiner Allmacht.

Die Maya verehrten über lange Zeit den heute sehr seltenen Quetzál-Vogel – welcher seinen Namen von diesem Propheten hat – als Götterboten, und manche sahen in ihm das Inbild des Schönen und Göttlichen. Viele Priesterfürsten der Maya schmückten sich mit seinen langen, grünen Schwanzfedern, und sie galten als Zeichen der spirituellen Stärke. Es handelt sich hier um einen sehr sensiblen Vogel, der nur in Freiheit leben kann. Sperrt man ihn in einen Käfig, dann stirbt er.

Bezeichnenderweise hat der Quetzál in einem Land wie Guatemala, das von Kriegen und Terror geprägt ist, überall zentrale Bedeutung. Die Landeswährung trägt seinen Namen, und er wurde als Symbol für Freiheit und Unabhängigkeit in Nationalwappen und -hymne aufgenommen.

Gleichgewicht und Toleranz

6.
Ein Volk im Widerstand

1992 bekommt Rigoberta Menchú Tum aus Guatemala den Friedensnobelpreis überreicht – sie sieht ihn als Zeichen der Hoffnung und Anerkennung für ein Volk, das seit 500 Jahren im Widerstand lebt gegen eine Kultur, die nicht die seine ist.

Rigoberta Menchú hat den organisierten Widerstand gegen die Militärdiktaturen in ihrem Land mitgetragen. Wie viele andere Frauen auch, stand sie dabei oft mitten in den härtesten Auseinandersetzungen und wurde so zur Bewahrerin ihrer Kultur und ihres Volkes. Stolz tragen sie und alle Mayafrauen auch heute noch ihre Tracht, die ein Symbol ihres Selbstbewusstseins und ihres Zusammenhaltes ist. Und zugleich bedeutet sie Schutz vor den Zugriffen anderer Menschen – vor allem von Männern – außerhalb ihres Dorfes und Stammes. In der Zeit der allmählichen Eroberungen und später der Diktaturen galt die Tracht auch als mächtiges Zeichen des Widerstandes.

Die Maya, welche heute in den Ländern von Guatemala, Mexiko, Honduras und Belize leben, haben zum Großteil selbst ihre Geschichte und ihre Kultur vergessen – oder besser: vergessen müssen. Sie sind in ihrer Würde tief verletzt worden, seit die Spanier gemeinsam mit der Kirche ihnen alles entrissen haben und den Feldzug der Zerstörung gegen sie begonnen haben. Dennoch sind sie noch immer geprägt vom tiefen Stolz auf eine bedeutungsvolle Kultur, deren Zeit jetzt wieder gekommen scheint. Offiziell hat in Guatemala der Friedensprozess begonnen, und langsam zeigen sich auch schon erste Veränderungen ...

> **Das ist die Gegenwart der Maya.**
> **Es ist auch unsere Gegenwart.**

Rigoberta Menchú berichtet in einem Interview[26] von den unmenschlichen Bedingungen, unter denen sie und ihr Volk auf den Plantagen der Großgrundbesitzer arbeiten mussten und noch immer müssen. Und sie verweist dabei auf ihr erstes Buch *Rigoberta Menchú – Leben in Guatemala.*

Schon als Kind musste sie bei der Ernte mitarbeiten und an einem einzigen Tag etwa 20 kg Kaffee pflücken. Es war ein fünfzehnstündiger Arbeitstag, der in der Nacht begann und spät am Abend endete. Schaffte sie diese Anforderung nicht, dann wurde Geld vom Lohn abgezogen, und der war sowieso schon äußerst gering. Vierhundert oder mehr Menschen waren jeweils in kleinen Baracken monatelang zusammengepfercht. Waschraum und Toiletten gab es keine, die Ernährung war knapp gehalten und oft nicht besser als Abfall. Ständig wurden die Arbeiter um ihren Lohn betrogen, indem die Aufseher ihre Tagesernte mit gefälschten Gewichten maßen. Sie waren auch immer wieder den Pflanzenschutzmitteln ausgesetzt, die während des Pflückens mit Helikoptern über die Felder gesprüht wurden. Viele Kinder und Schwache starben dadurch – so auch Rigobertas jüngster Bruder.

Die meisten Arbeiter konnten sich zudem untereinander nicht verständigen, da sie alle eine andere Sprache hatten. Allein in Guatemala gibt es zweiundzwanzig verschiedene Mayasprachen.

Ein anderer Bruder Menchús wurde im Jahr 1979 im Alter von sechzehn Jahren mehrere Wochen lang gefoltert und dann – zusammen mit vielen anderen jungen Männern – ermordet. Die Verwandten wurden gezwungen, bei der Hinrichtung dabei zu sein. Man sagte ihnen, es sei nur ein Mittel zur Abschreckung für alle, die Widerstand leisten gegen das Regime. Dann wurde ihr Vater ermordet, als er und andere Bauern[27] die spanische Botschaft im Januar 1980 besetzt hatten. Schließlich wurde 1980 auch noch ihre Mutter verhaftet, grausam gefoltert und ermordet. Und – wie sie später erfuhr – fielen im selben Jahr auch noch ein anderer Bruder und dessen Frau den Gewalttaten der Militärregierung zum Opfer.

Rigoberta überlebte die Verfolgungen, aber sie musste für viele, viele Jahre ins Exil nach Mexiko gehen, weil sie die Arbeit ihres Vaters weitergeführt hat: nämlich den Widerstand ihres Volkes zu organisieren gegen die Brutalitäten des Militärregimes.

Heute lebt Rigoberta Menchú in Guatemala Ciudád, der Hauptstadt Guatemalas. Und sie sagt im Interview:

Manches Mal fühle ich mich hier sehr unsicher und habe Angst, dass die Auseinandersetzungen und der Hass wieder ausbrechen werden.

Aber Verbrechen und Unsicherheit gibt es nicht nur in Guatemala, die gibt es überall auf der Welt…. Es beginnt der Frieden hier, aber es gibt momentan große und bittere Armut im Land. Wir haben sehr viele Witwen und Waisen. Und viele Leute sind in schwierigen Situationen. Hier kann ich nicht zuschauen, sondern bin bereit, wieder die Initiative zu ergreifen. Ursprünglich war mein Traum, alle Maya-Völker zu befreien. Es kommt jedoch die Zeit, wo man die eigenen Grenzen anerkennen muss. Ich glaube aber, dass ich Guatemala und den Mayas zumindest ein wenig helfen konnte.

Ich bin viel gereist in dieser Welt und habe viel gelernt. Guatemala aber ist meine Heimat. Es ist eine andere Welt. Man spürt den Zauber hier, die Wolken sprechen zu uns, und wir fühlen den Geruch der Berge. Auch heute noch sprechen wir mit den Wesen, die diese Welt erfüllen. – Es gibt sehr viel zu tun für die nächsten Jahre, doch die kommenden 14 Jahre[28] sind wichtig, weil wir uns jetzt auf die neue Zeit vorbereiten müssen – und wir müssen uns sehr gut darauf vorbereiten. Wir können nicht von Utopie leben, sondern wir müssen Schritt für Schritt vorwärts gehen, um eine positive Wende herbeizuführen. Es kann und wird sehr viel geschehen, und es wird sich noch viel ändern bis zu diesem großen historischen Datum, welches das Leben der menschlichen Zivilisation betrifft.

Es liegt also noch ein weites Stück des Weges vor uns – wie Rigoberta Menchú meint. Denn wie in den Ländern der Maya, so sieht es auch in allen anderen Ländern Amerikas für die indianischen Völker aus:

– Noch immer gelten sie in manchen Ländern als rechtlich entmündigt, gleichgestellt mit Minderjährigen und geistig Behinderten.

- Noch immer zwingt Armut und Industrialisierung die indigene Bevölkerung zum Abwandern vom Land in die Großstädte.
- Noch immer sind sie in Nordamerika und Kanada zurückgedrängt in ihre Reservate.
- Noch immer scheint deshalb zu gelten, was eine amerikanische Wissenschaftlerin gegen Ende des letzten Jahrhunderts formuliert hat: »Jeder Mensch, der in dieses Land geboren wurde oder aus irgendeinem Winkel der Erde hier eingetroffen ist, kann vor unseren Gerichten Schutz finden – jeder, bis auf diejenigen, denen das Land einst gehörte.«[29]
- Und noch immer bedeutet Entwicklung für die westliche Welt, dass diese Völker ihre Herkunft ablegen sollten, um das zu übernehmen, was wir als zivilisiert bezeichnen.

Doch das Selbstbewusstsein der Urbevölkerung ist durch all das nicht zu Grunde gegangen, wie wir es vielleicht vermuten würden. Vielmehr ist es durch die Herausforderungen ihrer mächtigen Gegenspieler gewachsen, und es hat sich weiterentwickelt, der gegenwärtigen Zeit entsprechend. Die alten Völker beginnen sich wieder zu organisieren und für ihre Rechte einzutreten. Sie versuchen immer mehr aus eigenen Kräften in das Gleichgewicht mit ihrer Umwelt zu kommen und ihre ursprüngliche Spiritualität wieder zu entdecken.

Eine neue Spielweise scheint sich zunehmend zu verbreiten. Denn es zeigt sich, dass seit wenigen Jahren beide Spielparteien – die Vertreter der Urvölker und die westlichen Regierungen – bereit sind, sich an einen gemeinsamen Verhandlungstisch zu setzen, und es ist, als wäre ein Bann gebrochen. Einige Anzeichen sprechen dafür:

- Die Urbevölkerung verschiedener Länder bekommt immer mehr das Recht auf Selbstverwaltung – so wird das Bürgeramt in Guatemala seit 1993 erstmals häufiger von Maya als von Mestizen[30] bekleidet, und in Kolumbien und Brasilien hat die Urbevölkerung seit den 80er-Jahren Zugang zu politischen Ämtern.

– Immer häufiger kommt es auch zu beträchtlichen Rückzahlungen an einzelne Stämme und zu Wiedergutmachungen für Schäden, die durch die Auswirkungen der Industrie entstanden sind.

– Es gibt zudem auch erste Zugeständnisse in punkto Unabhängigkeit und Landrückgaben, wie z. B. in Kanada, wo um das Jahr 2000 größere Gebiete an die Inuit-People zurückgegeben werden sollen, und weit reichende Verträge mit den Nisga'a People, die in die vorläufig letzten Verhandlungsrunden gehen.

Das Jahr 1993 wurde von den Vereinten Nationen als das *Jahr der indigenen Völker* ausgerufen. Und 1995 begann das von den Vereinten Nationen ausgerufene *Jahrzehnt der indigenen Völker.* Bewusst oder unbewusst wurden hier Weichen gestellt, die viele indigene Völker als die Erfüllung ihrer Prophezeiungen sehen – jener Prophezeiungen, die von der Wiederkehr einer Zeit des Gleichgewichts sprechen.

Es bleibt eine Herausforderung für beide Spielparteien, die alten Denkmuster der letzten fünf Jahrhunderte bezüglich zivilisierter und indigener Kultur gemeinsam zu durchschauen und abzubauen, um so den Weg zu bahnen für eine gemeinsame Zukunft in einer Welt, die die gleichen Möglichkeiten für *alle* bietet.

Mystische Kraft und Vereinigung

7.
Die Spiritualität der Maya

Weil Hunab Ku, die Urenergie oder auch der Große Geist genannt, von uns Menschen überall und auf sehr verschiedene Weise wahrgenommen wird – sei es durch unsere fünf Sinnesorgane, durch unser Denken oder durch unsere Intuition – kann es vorkommen, dass wir ihn aus den Augen verlieren, weil er uns zu alltäglich erscheint. Aus diesem Grund gibt es in allen Kulturen Symbole, die wie ein Fenster zu dieser göttlichen Wirklichkeit sind. Wir nennen sie universelle Zeichen, weil sie überall gleich sind und im Menschen dieselbe Erinnerung auslösen. So ist zum Beispiel das Kreuz überall das Zeichen der Verbindung von oben und unten in der Welt des Menschen – es ist der Baum des Lebens.

Für die Maya sind – *neben den 20 Sonnensymbolen* – drei Zeichen[31] von großer Bedeutung. Sie gelten als Hinweis auf diese eine universelle oder auch göttliche Energie, und diese Zeichen finden sich in der Natur genauso wie in vielen ihrer Pyramidenbauten. Für die Maya sind sie jedoch mehr als bloße Zeichen, sie sind ein Klang der Schöpfung und ein Durchgangstor in die göttliche Welt.

Das erste Zeichen ist das G, auch ein umgekehrtes G oder eine doppelte Spirale, und es symbolisiert die Galaxie, die Milchstraße und den Ur-Schöpfer[32]. Es ist ein Zeichen für den Samen, aus dem alles Leben hervorgeht, und es stellt auch das universelle Bewusstsein dar. Deshalb ist es auch jenes Symbol, das den Pulsschlag von 13 Zahlen darstellt. Hunab Ku selbst ist repräsentiert durch die Null, welche sich in der Mitte dieses Symbols findet. Aus diesem Grund ist Mathematik für die Maya viel mehr als bloße Rechnerei, und die Erfindung der Null kommt somit direkt aus ihrem spirituellen Wissen. Die Null ist das, woraus die Bewegung des G hervorgeht. Die Null hat die Form eines Samens oder eines Eies, und sie wird in der Mayaschrift auch als Muschel dargestellt. Die Null ist also das Zentrum des G.

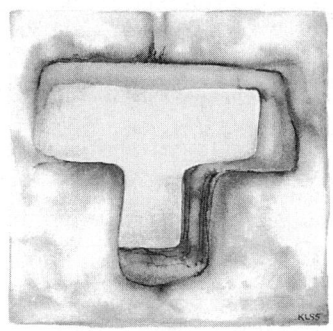

Ein weiteres wichtiges Symbol ist das T – Zeichen für den heiligen Baum sowie für den göttlichen Atem, der alles durchdringt[33]. Der Ceiba-Baum ist der heilige Baum der Maya. Einer ihrer wichtigen Grundsätze ist: »Suche die Wurzeln der Wahrheit«, und sie wussten, dass der Baum dabei ein mächtiger Helfer sein kann.

Das Kreuz des Baumes bedeutet für die Maya, dass wir durch den Baum zum Leben erwachen – der Baum hat viele Ähnlichkeiten mit dem menschlichen Organismus. Er ist verwurzelt in der Erde, genährt durch die Erde, er steht aufrecht, und er ragt mit seinen Ästen und Blättern in den Himmel. Genauso wie der Mensch ist er ein Symbol für die Verbindung zwischen Himmel und Erde. Bäume haben für die Maya – genauso wie alles andere – ein Bewusstsein, und deshalb sprechen sie auch vom »Geist des Baumes«. Er ist unser Verwandter, denn er hat Fähigkeiten, welche den Menschen stark beeinflussen können: so kann er durchaus jemanden in seinen Bann ziehen oder ihn beruhigen und erden. Wir können mit ihm in Verbindung treten, seine Energie spüren und seine Botschaft hören. Für alle Urvölker ist der Baum ein Lebewesen, mit dem wir sprechen können, weil es die Weisheit von Generationen und die Weisheit des Universums trägt. Und der »Geist des Baumes« ist nichts anderes als Hunab Ku, der Große Geist. Er ist gleichzeitig auch der »Geist des Menschen«.

Wir können die indianischen Völker heute als die *Wurzeln* des Lebensbaumes unseres Planeten betrachten, denn sie leben – so gut sie es können – noch immer die Verbindung mit ihrer »Mutter, der Erde« – wie sie sagen. *Wir* im Westen sind manchmal wie die *Blätter*, welche kommen und gehen, oder wie die Äste, die brechen oder die wir einfach abschneiden. Lange Zeit hat die westliche Kultur versucht, die Wurzeln auszureißen ... aber wenn die Wurzeln sterben, dann stirbt auch der Baum. Die Maya in Übereinstimmung mit allen Urvölkern erinnern uns jetzt wieder an unsere gemeinsamen Wurzeln.

Als drittes wichtiges Symbol gilt bei den Maya das O, und es bedeutet das Erwachen des Bewusstseins. Dieses Zeichen stellt einen Aufruf an uns Menschen dar, unser Bewusstsein zu erwecken und uns daran zu erinnern, wer wir wirklich sind. Was das bedeutet, kann am besten verdeutlicht werden durch den Schlüsselsatz der Maya: »Sich an die Vergangenheit erinnern heißt zu erwachen.« Die Maya tragen in sich das Wissen, dass die Menschheit in einen langen Schlaf gefallen ist. Sie sagen, dass diese Zeit nun zu Ende geht, und dass wir anfangen zu erwachen – und zwar zu dem, was wir wirklich sind. Es ist dies – so sagen alle Urvölker – die Zeit, wo wir erkennen werden, dass wir das göttliche Gesetz Hunab Ku in uns selbst tragen. Und wir werden erkennen, dass es unsere eigenen Gedanken sind, die uns von dieser ursprünglichen Energie getrennt haben.

Die Weisheit dieser drei Symbole und anderer Zeichen ist über viele Jahrhunderte nur als Geheimwissen durch die Maya-Priester weitergegeben worden, ähnlich wie auch in der westlichen Welt, wo Priestergenerationen, Alchemisten, Heilerinnen und Freimaurer heiliges, geheimes Wissen aufbewahrt haben. Die Maya nennen diese Form des Verbergens und Verschlüsselns von heiligem Wissen *Zuvuyua* (auch Suvuya). Wer die Zuvuya beherrscht, hat den Schlüssel zum Spiel des Universums und kennt die Quelle aller Energien, die keinen Anfang und kein Ende hat, die vorwärts und rückwärts fließt und die nur einen Namen hat: Hunab Ku – Großer Geist. Zuvuya heißt deshalb auch: *sich wieder daran erinnern.*

Die Zuvuya zeigt sich im Universum in Form von zwei verschiedenen Kreisläufen: Einer davon geht von der Quelle aus, der andere kehrt zu ihr zurück. Auch auf der Erde gibt es zwei unterschiedliche Zyklen, nämlich den des Sonnenjahres auf der Nordhalbkugel und den des Sonnenjahres auf der Südhalbkugel.[34] Daher sind Sommer- und Wintersonnenwende genau entgegengesetzt. Der Planet Erde steht auch unter dem Einfluss der so genannten Ein- und Ausatem-Phasen der Sonne, welche jeweils etwa 11,3 Jahre dauern. In all diesen Zyklen ist das Wissen des Universums verankert – sie sind Ausdruck der Zuvuya der drei Symbole und ein Mittel des Erinnerns.

Für die Maya ist es nicht genug, heiliges Wissen weiterzugeben und für gewisse Zeiten zu verschlüsseln. Sie sagen: »Dieses Wissen ist nutzlos, wenn es sich nicht im alltäglichen Leben zeigt, in unserem Verhalten und Denken zu Hause und in der Gesellschaft.« Sie haben daher eine generelle Regel, die vergleichbar ist mit dem Ballspielplatz, auf dem das Spiel des Universums gespielt wurde. Ohne Spielplatz gibt es kein Spiel, und ohne diese Regel gibt es kein Zusammenleben. Der Name dafür ist: »In Lake'ch«[35] – was so viel bedeutet wie: »*Ich bin ein anderes Du-selbst*« oder schlicht »*Ich bin du und du bist ich*«.[36] Die Maya machten daraus einen Gruss, der eine Ehrung füreinander ist und eine Erklärung der Einheit. Und er ist mehr als das: Es ist dies die Kunst, mit allem in Einheit zu leben – und zwar mit den verschiedensten Erscheinungsformen von Wirklichkeit und Leben auf diesem Planeten und im Kosmos. Die Maya meinen daher:

Wir können »In Lake'ch« zu allen sagen, zum Baum, zum Himmel, zu den Menschen, zu den Vögeln, zu den Sternen und zu Hunab Ku, dem Großen Geist. Damit ehren und anerkennen wir unsere innere Verbindung und unsere Einheit mit allem, was ist. Wenn wir »In Lake'ch« im Alltag leben, dann bedeutet das, dass wir alles zurückgeben, was wir bekommen haben. Wir geben auch an die spirituelle Welt etwas zurück, wenn wir sie um Einsicht und Führung bitten – wir geben ihr unser Herz, unsere Liebe und unsere Dankbarkeit. Die Welt des Großen Geistes ist die, aus der wir kommen und ohne die nichts ist. Erinnere dich: Du bist diese unsichtbare Welt, und diese Welt ist in dir. Wenn du also dieser unsichtbaren Welt etwas gibst, dann gibst du es dir selbst.

Harmonie und Resonanz

8.
Weber der Zeit

Wie zeigt sich also Hunab Ku, der Große Geist – die Urenergie – in unserer heutigen Welt, in unserem Leben? Können wir sie noch sehen? Können wir diese Energie noch spüren? Können wir sie noch wahrnehmen? Die Maya sagen:

Ja, aber wenn wir nur einen winzigen Teil unseres Bewusstseins verwenden, nämlich unser denkendes Gehirn, dann sind wir wie Ballspieler, die vor der Wand des Spielfeldes stehen, anstatt sich überallhin zu bewegen.

Dann starren wir auf den Spielring, der als Symbol für das Höchste steht und warten, bis der Ball kommt. Wir denken über den Ring nach und über den Ball. Wir denken darüber nach, wie wir die anderen besiegen können. Währenddessen geht hinter uns das Spiel weiter, und wir warten und lassen die anderen spielen. Wir sehen nicht die Fäden, durch die die Spieler verbunden sind, wir fühlen nicht die Begeisterung für die Bewegung der Sonne und der Gestirne, die durch den Ball dargestellt wird... wir warten und denken nach. Spielt jedoch eine Gruppe nur mit dem Gesicht zur Wand, dann kommt auch die andere aus dem Gleichgewicht. Das ist es, was sich momentan auf unserem Planeten Erde abspielt.

Und die Maya gehen noch weiter. Sie sagen:

Wir alle sind ein kleines Universum, das dieselben Eigenschaften trägt wie das große Universum, dieselben Verbindungen und Energien. Auch jede Körperzelle ist ein kleines Universum mit den Eigenschaften des ganzen Körpers. Wenn wir das Spiel des Lebens mit all unseren Fähigkeiten spielen, dann erschaffen wir um uns ein Spielfeld, das auch andere Spieler begeistert, weil es im Gleichgewicht ist und voller Lebendigkeit.

Wenn wir aber glauben, dass wir diese Fähigkeiten nicht haben, dann starren wir die Wand an und warten auf eine Antwort des Schicksals. Dann spüren wir auch nicht mehr, dass die Sonne auf das Spielfeld und auf alle Spieler scheint, egal ob sie spielen oder warten.

Für die Maya sind unsere Wissenschaftler und Archäologen wie Spieler, die nur die Wand sehen. Die großen Bedeutungen und Zusammenhänge können sie aber solange nicht erkennen, bis sie nicht mit all ihren Fähigkeiten in dieses Spiel einsteigen. Sie sind wie ein Zaungast bei den großen Kulturen der Welt und schauen durch ein Gitter, das sie sich selbst gemacht haben. Klar, dass sie damit nur einen Bruchteil sehen und das Ganze bestenfalls erahnen können.

Maya-Ballspieler aus der Priester- und Herrscherklasse mit Arm-, Brust- und Hüftschutz sowie mit einem Federkopfschmuck als Zeichen seiner Würde und der Heiligkeit des Spiels

Was aber ist das Geheimnis der Spieler? Was hält sie in Bewegung, und wie sehen sie aus? Wir haben schon von den 13 Zahlen gesprochen, die wie Wellen im Meer sind und sich unaufhörlich wiederholen. Sie halten alles in Bewegung, ohne Anfang und ohne Ende – so auch jeder Spieler. Die 20 Sonnensymbole hingegen können wir als die *Kennzeichen* der einzelnen Spieler betrachten. Sie zeigen, dass alle Spieler verschieden sind und dass jeder von ihnen besondere Fähigkeiten und Ausdrucksformen hat, durch die er sich auszeichnet. Jede Pflanze, jedes Tier, jeder Planet, alle haben Eigenschaften, die hervorragen und deshalb als unterschiedlich erscheinen. Und doch tragen sie gleichzeitig *alle* Eigenschaften, die es gibt, in sich.

Was hält nun einen Spieler in Bewegung? Wovon erhält er seine Energie und seine Stärke? Sind es seine Muskeln, sein Herz, sein Atem? Oder ist es vielleicht jene unsichtbare Kraft, die alles steuert und alles zusammenhält, und welche die Maya den Pulsschlag des Universums nennen? Es ist jener Rhythmus, der mit den Zahlen 1 bis 13 beschrieben ist – meinen die Maya. Er ist der verborgene Impulsgeber, ohne den nichts geschieht und aus dem alles entsteht: die Bewegung eines Spielers, ein Atemzug, ein neuer Gedanke und ein neues Lebewesen. Wie der Wellenschlag des Meeres pulsiert dieser Rhythmus durch alles, was geschaffen ist, es ist ein ständiges Auf und Ab, ein Werden und Vergehen – ohne Unterbrechung.

Das Ereignis der Entstehung und des Heranwachsens eines neuen Menschen ist ein Beispiel unter vielen für die Kraft dieses Pulsschlages, welcher sich für die Maya aus 13 verschiedenen Entwicklungsschritten zusammensetzt.

Ein Baby ist in der Tradition der Urvölker nicht – wie in unserem Verständnis – ein neuer Körper mit einem neuen Geist. Sie wissen, dass wir immer wieder aus der so genannten »anderen Welt« in diese Welt zurückkehren. Deshalb ist ein Neugeborenes für sie

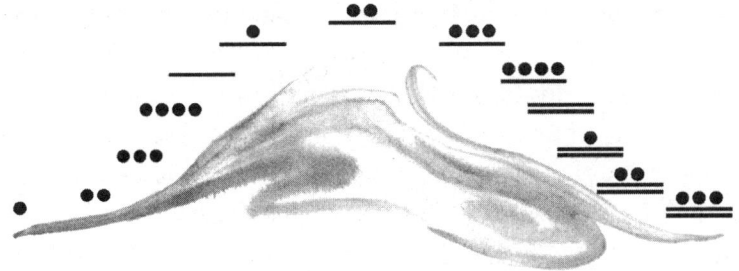

1 *Aus dem Einssein*
2 *zweier Menschen (Mann und Frau)*
3 *entsteht im Rhythmus der Liebe*
4 *ein neuer Körper, eine neue Ordnung,*
5 *die zum Mittelpunkt wird*
6 *im organischen Gleichgewicht einer Familie.*
7 *Ein Geheimnis der Schöpfung findet statt.*
8 *Die neue Energie schwingt in natürlicher Harmonie*
9 *und tritt ein in die größeren Zyklen des Lebens,*
10 *wo sie schließlich sichtbar wird*
als ein körperliches Wesen in einer physischen Welt.
11 *Im Schmerz der Geburt (Dissonanz)*
lässt es die Geborgenheit der Mutter los
12 *und tritt ein in sein eigenes Leben,*
um darin ein stabiles Gleichgewicht zu finden,
13 *mit dem Ziel der Erinnerung an seine Herkunft*
und der Rückkehr in die Bewegung des Universums.

stets ein alter Geist in einem neuen Körper. Es wird daher auch mit der ihm gebührenden Ehre empfangen, denn dieses Kind kommt aus dem Zentrum des Universums, und es steht daher mit dessen Weisheit noch tief in Verbindung. Auch die europäischen Kulturen hatten dieses Wissen und den Glauben an die Wiedergeburt, bevor die Kirche im 8. Jahrhundert darüber ein Verbot gelegt hat.

Die 13 Zahlen stellen also den Pulsschlag der Schöpfung dar, die Bewegung, die von der Ur-Energie ausgeht. Diese Bewegung geht auch von uns selbst aus und von allem was ist. Überall können wir dieses Pulsieren finden: in 13 Atemzügen, 13 Herzschlägen, 13 Tagen, 13 Wochen, Monaten oder Jahren. 13 Tage sind sozusagen eine Woche im Kalender der Maya. Sie brechen wie Wellen durch das 260-Tage-Muster des heiligen Kalenders – in einer unendlichen Bewegung.

Die 13 ist in unserem Kulturkreis eine Zahl, die geächtet worden ist, sie ist tabu und Gegenstand des Aberglaubens. Die Zahl 12 hat dagegen bei uns große Bedeutung:

– Die Zahl 12 symbolisiert unser Bewusstsein von Zeit als einer Linie. Wir sprechen von der Geburt als Beginn eines Menschenlebens und vom Tod als dessen Ende. Alles hat für uns einen sichtbaren Anfang und ein sichtbares Ende, und wir haben dabei die größeren Zusammenhänge aus den Augen verloren. Wir haben unsere Tage in zwei Mal 12 Stunden eingeteilt, und unser Jahr hat 12 Monate.

– Die Zahl 12 kann verglichen werden mit einer Welle, die keinen Brechpunkt hat. Das heisst, dass sie sich zwar in sechs Schritten nach oben bewegt, dann aber nicht die Kraft hat, um wieder in sechs Schritten nach unten zu fallen und zusammenzuschlagen. Es fehlt hier die Zahl 7 als Umkehrpunkt. Sieben ist die Zahl des Göttlichen in allen Religionen und galt vielfach als unberührbar heilig. Wenn jedoch dieser Punkt im Ablauf der Zeit fehlt, dann rast sie wie eine pfeilgerade Linie hinauf, ohne Rhythmus und ohne Lebendigkeit. Das Wissen um Kreisläufe und Zyklen geht dabei fast völlig verloren.

– Die jüdisch-christliche Religion spricht von zwölf Stämmen Israels und von zwölf Aposteln. Dass darin jedoch der Gott dieser 12 Stämme sowie Jesus jeweils den Dreizehnten darstellen, das

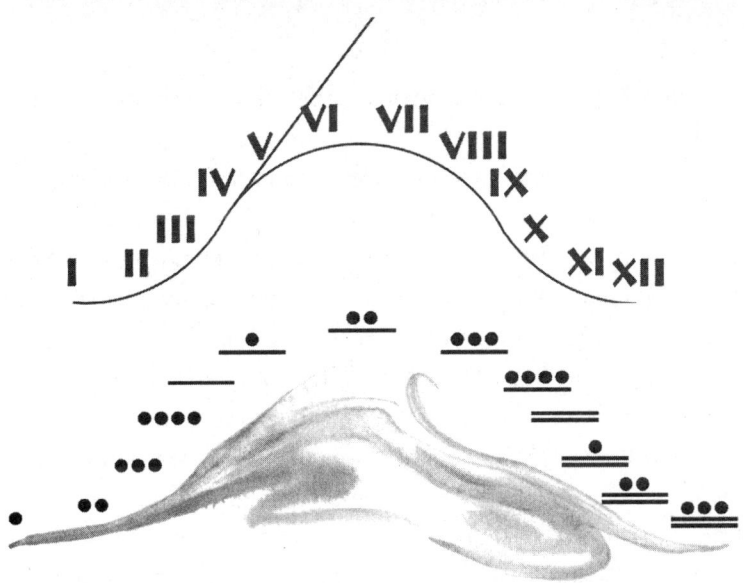

Während die Welle mit der Zahl 12 ohne Brechpunkt verläuft und deshalb eigentlich nach oben ausbrechen müsste, hat die 13-teilige Welle mit dem Brechpunkt 7 den Rhythmus einer Wellenbewegung.

haben wir vergessen. Die 13 wurde zur Zahl des Unberührbaren, zur Zahl der Hexen und Alchimisten, die verdammt und verbrannt wurden. Die dreizehnte weise Frau im Märchen vom »Dornröschen« kann deshalb auch nur jene sein, die den Fluch bringt, den Schlaf für hundert Jahre. Der Bann war also gesprochen und dem Aberglauben im Zusammenhang mit dieser Zahl Tor und Tür geöffnet. Es ist die wiederholte Warnung von männlich dominierten Gesellschaften, nie wieder vom »Baum der Erkenntnis« zu essen, nie wieder die Weisheit des Universums zu sehen. Denn die 13 ist die Zahl, die das Ewige und die Balance von weiblicher und männlicher Energie darstellt – der Kreislauf ohne Anfang und ohne Ende. Und wer diesen Rhythmus, diese Spielregeln kennt, hat Zugang zum Ganzen und damit die eigene innere Kraft gefunden.

Die Maya haben diese Weisheit gehütet. Sie wissen, dass sie aktive Teilnehmer sind am Spiel des Lebens und dass sie die Aufgabe haben, die ewigen Rhythmen des Universums zu finden und mit ihnen zu spielen. Sie wissen auch, dass die Zahl 12 alles zum Stillstand bringen wird, weil sie keinen Rhythmus hat. Denn 6 und 6 Spieler brauchen immer einen Mittelpunkt, der den Pulsschlag auslöst. Darum ist die Zahl 7 eine heilige Zahl in allen Kulturen, die unsichtbare Kraft allen Lebens. Es ist die Zahl für Gott, bei den Maya auch die Zahl der Pyramide. Symbolisiert wird diese Zahl durch die Sonne. Für alle alten Kulturvölker ist deshalb die Sonne der Mittelpunkt ihrer Verehrung, da sie stellvertretend steht für den höchsten Geist. Adler und Jaguar[37] gelten bei den Urvölkern Amerikas als die Tiergötter der Sonne, und sie werden daher besonders verehrt.

Die Maya haben ein und denselben Namen für die Sonne und für den Tag, nämlich KIN. Sonnenaufgang und Sonnenuntergang bezeichnen die Bewegung des großen Geistes Hunab Ku. Und da diese göttliche Urenergie verschiedene Eigenschaften hat, an die sich seine Geschöpfe erinnern sollen, haben die Maya den Tagen verschiedene Namen gegeben: insgesamt 20. Das sind die so genannten 20 Sonnensymbole. Jedes Symbol ist in allen anderen enthalten, jedes ist ein Teil des großen Ganzen. *Ein* einzelnes Zeichen repräsentiert daher immer eine Besonderheit des Ganzen und weist auf seine Vielfältigkeit hin. Die Maya sagen:

Es ist wichtig, dass wir uns mit der Bedeutung des Tages verbinden, weil wir dadurch in uns eine Saite zum Schwingen bringen können, die wir bisher vielleich noch nicht angeschlagen haben. Schwingen alle 20 Symbole in uns, dann sind wir fähig, mit dem Universum und mit allem, was um uns ist, in Harmonie zu sein. Wenn wir das nicht tun, dann werden wir krank, dann beginnen auch die Menschen, Tiere und Pflanzen um uns herum zu leiden — und schließlich wird auch unsere Mutter, die Erde, krank. Die Sonne sieht unser Unglück, und weil sie aus demselben Stoff ist wie wir, wird sie ebenfalls aus dem Gleichgewicht fallen. Das geschieht, wenn wir das Muster des Lebens nicht beachten.

Die Maya haben dieses Wissen in all ihren Tempeln und Pyramiden sowie auf unzähligen Steinplatten[38] eingraviert, und seine Bedeutung war uns für lange Zeit verborgen. Doch es sieht so aus, als wäre die Zeit gekommen, in der wir uns wieder daran erinnern können. Die 20 Sonnenzeichen gemeinsam mit den 13 Zahlen sind wie eine Landkarte unserer inneren Landschaft, welche uns eine klare Orientierung ermöglicht.

Was die Chinesen als die Wandlungsphasen des Lebens bezeichnen, das sehen die Maya als die verschiedenen Ebenen des kosmischen Bewusstseins. Jeweils fünf der zwanzig Zeichen gehören zu einer bestimmten Ebene unseres Bewusstseins, und wenn diese Bereiche miteinander verbunden sind, dann verläuft das Leben in einem natürlichen Gleichgewicht. Es gibt vier Bewusstseinsebenen:
– Ich
– Wir
– Bewusstsein von der Erde als Lebewesen und
– Universelles Bewusstsein

Im Verlauf von zwanzig Tagen gehen wir – wenn wir uns am Kalender der Maya orientieren – durch alle Zeichen und alle vier Bewusstseinsebenen hindurch. Wir treten dadurch mit den tiefsten Wirklichkeiten unserer selbst in Verbindung. Im Verlauf unseres gesamten Lebens durchlaufen wir ebenfalls alle Phasen, welche von diesen 20 Sonnensymbolen repräsentiert werden. Allerdings sind die Zeiträume viel größer, und es ist daher leichter, die Zusammenhänge im Ablauf von zwanzig Tagen zu entdecken. Durch die dau-

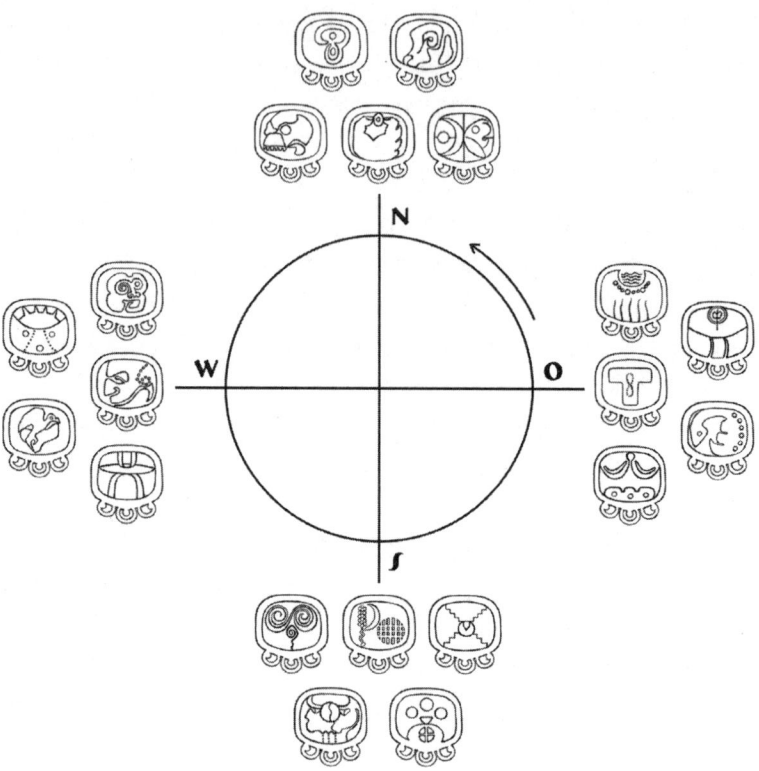

ernde Wiederholung in diesen kurzen Zeitabständen können wir ein neues Bewusstsein von Zeit und Wirklichkeit entwickeln. Was wir dabei wiederholen, sind nur die Bedeutungen der Tage, nicht jedoch unsere Entwicklung. Denn mit jedem Durchlauf durch zwanzig Tage mit ihren verschiedenen Energien entwickeln wir uns stufenweise weiter.

Wie bereits angedeutet, kann das gesamte Erdenleben eines Menschen auf dem Hintergrund des 20-Sonnenzeichen-Musters betrachtet werden ebenso wie alle großen und kleinen Bereiche unseres Alltags. Die folgende Darstellung ist wie immer nur *eine* Möglichkeit unter vielen.[39]

Die ersten fünf Symbole zeigen die Entwicklung der Persönlichkeit und der körperlichen Ebene auf.

- *Imix* (sprich: »ímiiisch«) stellt den (Meeres-) Drachen dar, die Urmutter, die Urnahrung. Das Kind, das im Mutterleib heranwächst, fühlt sich verbunden und weiß sich genährt. Es lebt im Gefühl des Urvertrauens, im Wasser des Nährens und Genährtwerdens.
- *Ik* (sprich: »ik«) stellt den Wind, den (göttlichen) Atem dar. Nach der Geburt beginnt das Baby zu atmen, es wird inspiriert von allem, was sich rundherum abspielt.
- *Akbal* (sprich: »ák'bal«) bedeutet Nacht und Traumzeit. Das Kind hat die Fähigkeit, einfach so zu sein, wie es ist. Und seine Traumzeit ist noch nicht verschieden von der Zeit, in der es wach ist, in der es isst und spielt.
- *Kan* (sprich: »kaan«) ist das Samenkorn. Immer mehr entwickelt das Kind die Fähigkeit, seine eigenen Ideen umzusetzen und Neues zu schaffen, indem es die Talente aktiviert, die in ihm ruhen.
- *Chicchan* (sprich: »tschiktschán«) ist das Zeichen der Schlange. Das Kind entwickelt nun immer mehr die Weisheit seines Körpers, seine Leidenschaft und seine Kreativität – eine Stufe, die sehr wichtig ist für seine zukünftigen Entscheidungen bezüglich Partnerschaft, Beruf und Weltsicht.

Die folgenden fünf Zeichen sprechen von der Beziehung des einzelnen Lebewesens zu anderen Menschen und vom Leben in der Gemeinschaft mit anderen.

– *Cimi* (sprich: »kími«) bedeutet Tod oder auch Weltenüberbrücker. Der heranwachsende Mensch lernt seine Grenzen kennen und das Loslassen von Dingen, die ihm nicht mehr nützen sowie das Loslassen von Personen, die weggehen oder sterben.

– *Manik* (sprich: »mánik«) bedeutet Hand und Hirsch. Indem der junge Mensch hineinwächst in die Zusammenhänge von Familie und Gesellschaft, beginnt er Aufgaben zu übernehmen und zu vollenden, und er weiß, wie er sich für das Wohl aller am besten einsetzen kann.

– *Lamat* (sprich: »lámat«) ist das Zeichen für den Mond und das Kaninchen. Der junge Mensch kennt die Regeln, die er beachten muss, um Gleichgewicht und Harmonie zu schaffen – für sich selbst und für die anderen.

– *Muluc* (sprich: »múluk«) ist das Symbol für Wasser und Mond. Der junge Mensch erkennt die Rhythmen von Leben und Wachstum, und er be(ob)achtet sie, um mit ihnen in Einklang zu sein.

– *Oc* (sprich: »ook«) bedeutet Hund. Der junge Mensch findet Gefährten, die ihm Schutz und Weisung geben, und er verbindet sich mit einem Menschen, um mit ihm gemeinsam den Weg des Heilens und des Heilseins zu gehen.

Die nächsten fünf Zeichen spiegeln unser Bewusstsein von der Erde, auf der wir leben. Die Art, wie wir leben, prägt unser globales Denken – Weltwirtschaft, Erziehung, Medien, Politik, Religion etc. sind davon direkt beeinflusst. Und die Qualität dieser Systeme und der Weltordnung wiederum beeinflusst unser privates Denken und Handeln. Es ist ein Kreislauf der Wechselseitigkeit.

- *Chuen* (sprich: »tschúen«) ist das Zeichen für den Affen. Der Mensch, der gesund und ausgeglichen zu leben vermag, ist fähig, Humor zu versprühen und spontan zu sein; er kann das Leben auf dieser Erde spielerisch durchlaufen, und sein Leben bekommt eine gewisse Leichtigkeit.
- *Eb* (sprich: »eb«) bedeutet Mensch und Schädel. Der Mensch, der fähig ist, das zu sehen, was ihm und anderen Menschen Freude und Erfüllung, Harmonie und Frieden bringt, wird zu einer Quelle der Erneuerung dieser Erde.
- *Ben* (sprich: »ben«) bedeutet Himmelswanderer oder Schilfrohr. Der Mensch, der mit beiden Beinen im Leben steht, übernimmt neue Aufgaben, und er stellt sich allen Herausforderungen im Bewusstsein, dass er *seinen* Beitrag leisten wird für die Entwicklung auf diesem Planeten.
- *Ix* (sprich: »iisch«) symbolisiert den Magier oder auch den Jaguar. Der Mensch entwickelt nun immer mehr Offenheit für die größeren Zusammenhänge seines Daseins, und er beginnt, auf die Weisheit, die in seinem Inneren ruht, zu hören.
- *Men* (sprich: »men«) ist das Zeichen für den Adler. Der Mensch wird nun fähig, sein Bewusstsein mit dem des Planeten in Einklang zu bringen, indem er seine Träume und Visionen zu leben beginnt.

Die letzten fünf Zeichen symbolisieren die Kräfte, die alles im Universum miteinander verbinden:
- *Cib* (sprich: »kib«) ist das Zeichen der Eule und des Condors[40]. Der Mensch sieht nun, dass er immer schon mit allem verbun-

den ist und dass seine Beziehung zur inneren Kraft sein bester Kompass ist im Leben. Für ihn öffnet sich jetzt das Tor zum Eintritt in das Wissen des Universums.

- *Caban* (sprich: »kában«) bedeutet Erde und Erdbeben. Der weise Mensch lebt im Hier und im Jetzt. Zeit wird für ihn nun grenzenlos, und er lebt seine Aufgabe, die er für das Leben in dieser Zeit und auf dieser Erde gewählt hat.
- *Etznab* (sprich: »éznab«) ist das Schwert und auch der Spiegel. Der weise Mensch erkennt die Illusionen des Lebens und sieht offenen Auges den Spiegel, welchen ihm die Dinge und Menschen, die ihm begegnen, entgegenhalten.
- *Cauac* (sprich: »káuak«) ist das Zeichen für den Sturm. Immer mehr fühlt der weise Mensch sich frei von allen begrenzenden und einschränkenden Gedanken und Gefühlen. Er ist ganz in sich selbst verankert mit den Mustern der universellen Energie, die durch in fließen. Er weiß, dass das Gefühl des Getrenntseins eine große Illusion ist.
- *Ahau* (sprich: »aháu«) ist das Zeichen der höchsten Sonne und der Vollendung. Der weise Mensch bewegt sich nun ganz in den rhythmischen Pulsschlägen der Schöpfung. Und was er weitergibt, ist frei von Urteilen und Erwartungen. Es ist seine bedingungslose Liebe, die ihn als vollkommenes Wesen auszeichnet.

Wir können die 20 Sonnenzeichen als Grundlage aller Prozesse sehen – sie sind sozusagen der Stoff, aus dem alles gemacht wird. Und die Wellen von 13 Zahlen sind darin die Bewegung, die alles miteinander verbindet und verwebt. Die 20 Sonnenzeichen sind Ausdruck für die Eigenschaften all dessen, was existiert. Sie spiegeln sich in unserem Aussehen, in unserer Gestalt, unserem Auftreten, unserem Charakter. Dasselbe gilt auch für jedes Tier, für jede Pflanze, für jeden Stein, für jeden Stern – für das ganze Universum, dessen Teil wir sind. Verwoben mit dem Impuls der 13 Zahlen bilden die 20 Zeichen das persönliche Muster, welches uns auszeichnet. Wir tragen dafür die Verantwortung, und wir können uns jeden Tag neu entscheiden, wie es aussehen sollte.

Das ist das Wissen der Maya:
Es ist jetzt auch unser gemeinsames Wissen.

Die Maya sagen:

Die 20 Sonnensymbole kehren immer wieder, ohne Anfang und ohne Ende. Jener Sonnentag, an dem wir geboren wurden, hat jedoch eine besondere Bedeutung für uns, denn er ist unser Standpunkt im Leben, und er verbindet uns mit allen anderen, die dasselbe Zeichen tragen. Alle 20 Tage werden wir wieder daran erinnert. Alle 20 Tage können wir diese Bedeutung in das Spiel des Lebens hineinbringen.

Durch diesen Ablauf von 20 Sonnentagen pulsiert unaufhörlich der Rhythmus der 13 Bewegungen, der 13 Zahlen. Bis schließlich nach 260 Tagen wieder die erste Zahl mit dem ersten Sonnenzeichen zusammentrifft: die Zahl Eins mit Imix, dem Ursprung, der Urmutter. Das ist der Punkt, wo alles wieder von neuem beginnt.

Für die Maya ist das der Tzolkin, der heilige Kalender. Sein Name bedeutet, dass wir »alle Teile der Sonne (welche Hunab Ku symbolisiert) kennen lernen«, also alles, was dieses Universum zusammenhält. Er wurde und wird von den Maya vordergründig nicht

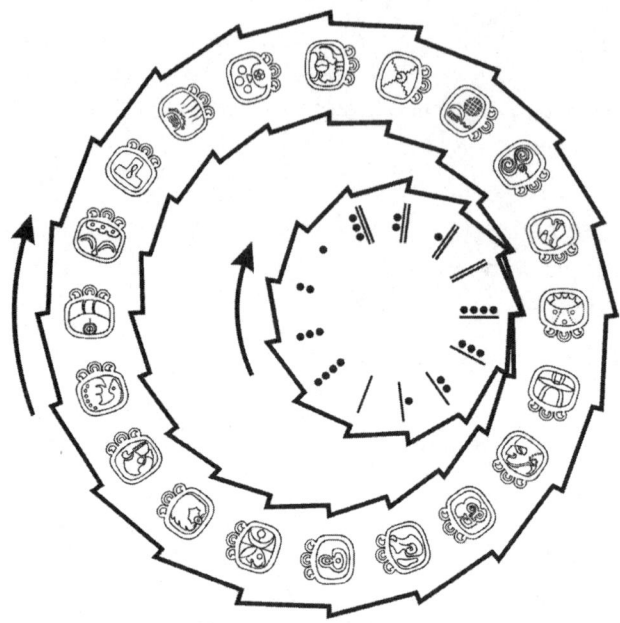

zum Zählen der Tage und zum Messen der Zeit verwendet. Vielmehr haben sie ihn – neben seiner Verwendung im ganz alltäglichen Leben – in ihren Jahreskalender hineinverwoben, um dem Planeten Erde zu helfen, seine unregelmäßige und viel zu schnelle Bewegung zu verändern, um so wieder in ein Gleichgewicht zu kommen. Der Tzolkin funktioniert hier also wie ein Schrittmacher, welcher der Erde und den Menschen hilft, sich wieder am Rhythmus des Universums zu orientieren. Somit ist der Tzolkin ein Instrument, das wir *jetzt* in die Hand bekommen haben – zu einem Zeitpunkt, wo das Gleichgewicht und die Harmonie unseres Planeten und unserer selbst gerade am stärksten bedroht sind.

Für die Maya leben wir heute in einem Rhythmus, der sich weit von der Natur entfernt hat und der sich in den Zahlen 12 und 60

Der Tzolkin, der heilige Kalender der Maya >>

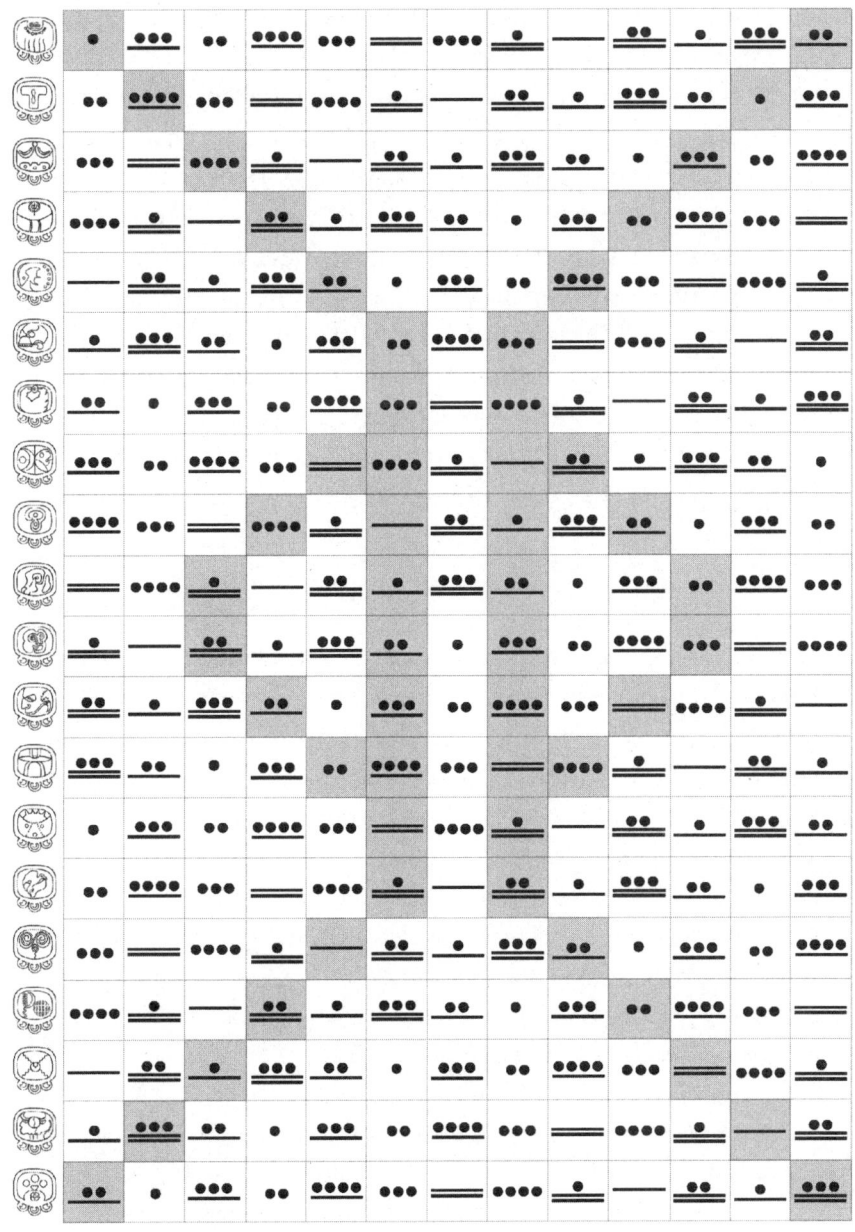

ausdrückt. 12 Stunden, 12 Monate, 60 Minuten pro Stunde, 60 Sekunden pro Minute. Damit sind wir aus dem Gleichgewicht geraten, und das wird uns immer stärker bewusst. Wir haben unsere Spielregeln über lange Zeit nur darauf aufgebaut, was sichtbar ist, also auf materielle Dinge. Dadurch haben wir unser Denken in eine enge Welt hineingepresst und dabei unsere Gefühle, unsere Intuition und – wie die Maya es ausdrücken – unser Herz verloren.

Es gibt heute weltweit Bestrebungen und Gespräche zwischen Regierungen und Religionen, den Kalender und damit die Zeitrechnung auf einen anderen Rhythmus umzustellen. Selbst der Vatikan, als Bewahrer des bisherigen gregorianischen Kalenders, ist bereit, diese Veränderungen mitzutragen. Dieser Kalender ist Symbol einer Zeit, die nun zu Ende geht – für die indigenen Völker das »Baktun der 9 Höllen«.

Zeitzyklen und Vollendung

9.
Der Weg zurück in die Zukunft

In den nächsten Jahren gehen Zeiträume zu Ende, die von den Maya und anderen Völkern als Entwicklungszyklen für den Planeten Erde und die Menschheit berechnet worden sind, gemäß den Gegebenheiten im gesamten Universum. Es sind dies Jahre der großen Veränderungen und der Reinigung, und die Maya sagen: »Wir sind bereits mitten drin.«

Die Maya verwendeten für ihre Berechnungen mehr als zwanzig verschiedene Kalendersysteme. Die beiden wichtigsten, die auch heute noch angewendet werden, sind:

1 – POP	2 – UO	3 – ZIP	4 – ZOTZ
5 – ZEC	6 – XUL	7 – YAXKIN	8 – MOL
9 – CHEN	10 – YAX	11 – ZAC	12 – CEH
13 – MAC	14 – KANKIN	15 – MOAN	16 – PAX

17 – KAYAB

18 – CUMKU

19 – UAYEB

– der Tzolkin, der uns – wie sie sagen – mit dem Universum verbindet und

– der Haab, der uns mit der Erde verbindet.

Der Tzolkin ist die Grundlage für alle Berechnungen; er ist der Bau-
stein für die anderen Kalender. Die Zahlen 13, 20 und 260 kehren in
allen Zählungen wieder. Der Haab dagegen ist ein geschichtlich
jüngerer Kalender, und er entspricht dem Sonnenzyklus der Erde.
Dieser Kalender ist wie der Tzolkin ebenfalls in Abschnitte von
20 Tagen eingeteilt, die sich 18-mal wiederholen. Das ergibt 360 Tage. Die 20 Tage beginnen jeweils mit dem Tag 0 und enden mit dem
Tag 19. Für die 18 so genannten Monate (die Maya nennen sie Uinal) gibt es wiederum Namen und Symbole mit besonderer Bedeutung. Die fünf restlichen Tage bilden ebenfalls einen Monat, genannt Uayeb[41]. Das ist die Zeit, in der alles, was das Jahr mitge-
bracht hat, zur Ruhe kommt und sodann das vorbereitet wird, was
für das nächste Jahr entscheidend ist. Diese fünf Tage können aber
auch eine Zeit des Chaos und des Umsturzes sein, und sie werden
deshalb bei den Maya mit besonderem Respekt behandelt.

Es gibt unter den Völkern der Maya heute verschiedene Daten für
den Neujahrsbeginn: So beginnen einige Stämme in Belize ihre Zählung mit dem 1.1., die Maya in Yucatán beginnen mit dem 21.3. (der
Frühlingsequinox), andere wiederum mit dem 23.9., dem 21.12. oder
mit dem 26.7.

Alle 52 Jahre laufen die Räder des Tzolkin und des Haab zusammen, das ergibt 18 980 verschiedene Tage und Möglichkeiten. Interessant ist hier, dass in den indianischen Kulturen Amerikas Frauen
und Männer, die das 52. Lebensjahr erreichen, als Älteste bezeichnet werden. Sie haben nämlich alle möglichen Kombinationen der
beiden Kalender durchlaufen und bringen nun die Erfahrung und
Weisheit dieser 18 980 Tage in die Gemeinschaft ein.

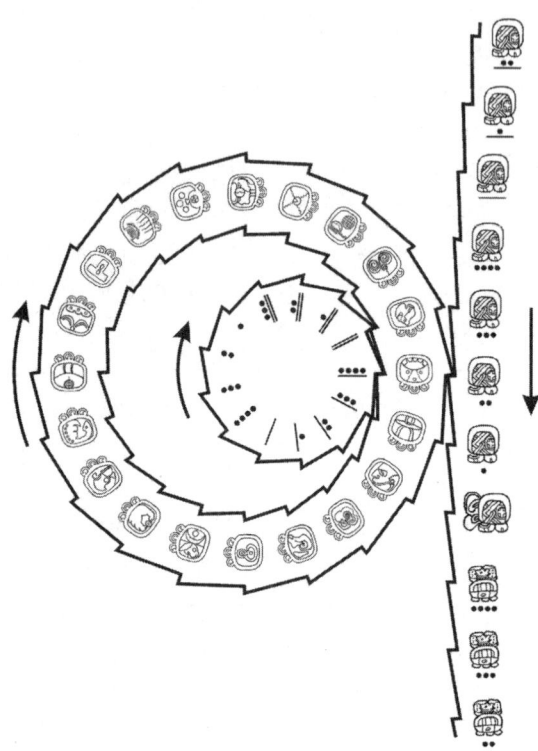

Zahlen und Symbole, Monate und Tage – Tzolkin und Haab – drehen gemeinsam und niemals endend in einer aufsteigenden Spirale der Entwicklung. Sie arbeiten zusammen wie Räder einer Uhr und erschaffen das Gewebe des Lebens, wie wir es auf dieser Erde erfahren. Diese Kalender werden von den Maya verwendet, um die Position der Erde im Universum zu verstehen und die Entwicklungsebene, auf der sie sich jeweils befindet.

Die Maya sagen: »Die Bedeutung dieser Kalender liegt darin, dass sie eine Erinnerung in uns auslösen, sobald wir uns mit ihrem Wissen verbinden[42], eine Erinnerung, die tief in unserem Erbgut (DNS) verschlossen ist.« Indem wir die Zyklen der Zeit verstehen lernen, haben wir die Gelegenheit, wieder mit dem Wissen aller Zeiten und aller Kulturen in Kontakt zu treten. Die Maya kannten die Zusammenhänge zwischen dem Planeten Erde und den anderen Gestirnen genauso gut wie die tiefsten Verbindungen zwischen Menschen und Universum. Und was lange Zeit ihr Geheimnis war, das geben sie heute als heiliges Wissen an die Menschheit weiter...

> **Das ist die Wirklichkeit der Maya:**
> **Es ist dies unsere gemeinsame Wirklichkeit.**

Nicht umsonst wurden die Maya als die Ägypter oder die Griechen der neuen Zeit bezeichnet, und sie gelten auch als die Meister von Zeit und Wirklichkeit. Und das sind sie wahrlich, denn sie haben Millionen von Jahren genauso präzise gemessen wie kleinere Zeiträume. Sie kannten die so genannten »langen Zählungen« von mehreren Millionen Jahren bis zu einem Zyklus von 104 000 Jahren mit Abschnitten von 26 000 Jahren. Wenn in den nächsten Jahren mit dem fünften 26 000-Jahre-Zyklus ein Zeitraum von 104 000 Jahren zu Ende geht, dann ist das für die Maya und viele Urvölker mehr als bloß ein großer Zeitraum. Für sie waren es fünf verschiedene Zeitalter, in denen die Menschheit sowie der Planet Erde jeweils ganz bestimmte Entwicklungsschritte machten. Es war eine Entwicklung, die ihrer Meinung nach notwendig war und die jetzt in ein anderes Zeitalter führen wird.

Der letzte 5200-Jahre-Zyklus war im Wissen aller indianischen Völker ein für diesen Planeten wichtiger Zeitraum. Es war dies die Zeit, in der die Menschheit enorme technische und wissenschaftliche Fortschritte gemacht hat. Was am 13. August 3113 vor Christus begonnen hat, wird in wenigen Jahren – nämlich am 21. Dezember 2012 zu Ende gehen. Die Maya haben zum Darstellen dieser langen

Zeit eine spezielle Schreibweise verwendet. Der 13. August 3113 hatte das Datum 0.0.0.0.0. Die Nullen stellen von links nach rechts die verschiedenen Zeiträume dar:

- Baktun – Zeitraum von 400 Jahren (insgesamt 13)
- Katun – Zeitraum von 20 Jahren (insgesamt 20 pro Baktun)
- Tun – ein Jahr
- Uinal – ein Haab-Monat
- Kin – ein Tag

Baktun 0 bezeichnet die ersten 400 Jahre des 5200-Jahre-Zeitraumes, Katun 0 die ersten 20 Jahre innerhalb dieser 400 Jahre, Tun 0 das erste Jahr innerhalb der ersten 20 Jahre, usw. Jetzt, kurz vor dem Ende dieses Zyklus, schreiben wir das Datum 12.19.8.0.0. Wir befinden uns im Letzten von 13 Baktuns zu je 400 Jahren, im 19., also im Letzten von 20 Katuns und im 8. von 20 Tuns, wenn wir vom Jahr 2000 ausgehen. Mit dem 21.12.2012 unserer Zeitrechnung kehren wir dann wieder zurück zum Datum 0.0.0.0.0.

Aus der Sicht der Maya-Astronomie war der letzte 5200-Jahr-Zyklus auch jene Zeit, in welcher der Planet Venus »am Horizont der Erde«, das heißt: als Morgen- und Abendstern sichtbar war. In den nächsten 5200 Jahren wird das Sternbild der Pleiaden in den Mittelpunkt des Geschehens auf dieser Erde rücken. Ein solcher Wechsel ist für die indigenen Völker immer der direkte Hinweis auf den Beginn des neuen Zeitalters. Viele Botschafter der Maya sagen, dass der Tzolkin, der heilige Kalender, das Symbol der Pleiaden ist oder auch umgekehrt. Somit wird verständlich, dass er für die Maya das wichtigste Instrument für die Vorbereitung auf die neue Zeit ist.

Die Venus wird von den Maya als Zwillingsplanet der Erde verstanden. Die Erde – welche sie auch »Mutter Erde« nennen – symbolisiert dabei den weiblichen, empfangenden Teil, während der Planet Venus (im Gegensatz zu westlichen Deutungen) für die

Maya die männliche Seite und daher alles repräsentiert, was Planung, Tatkraft und Umsetzung fordert. Sie sagen, dass ein Teil unseres Seins hier auf Erden ist und dass ein anderer Teil, nämlich das Herz, verbunden ist mit der Venus. Das, so sagen die Maya, sei die tiefe Verbindung zu diesem Planeten. Der Planet Venus ist auch der Planet Quetzalcoátls oder Kukulkáns, des Propheten der Maya.[43] Viele Frontseiten von Pyramiden wurden ausgerichtet auf die Bewegung von Sonne und Venus, den beiden dominanten Himmelslichtern. Symbol dafür ist das so genannte »kosmische Monster«[44] mit zwei Köpfen jeweils am Ende seines Körpers. Sie repräsentieren Sonne und Venus, wobei die Venus zu bestimmten Zeiten die Sonne aus der Unterwelt herausführt (am Morgen) und sie wieder dorthin zurückführt (am Abend). Die Maya kannten den Rhythmus der Venus sehr genau, und er scheint verbunden zu sein mit den Bewegungen der beiden Kalender Tzolkin und Haab. Alle 584 Tage erscheint die Venus als Morgenstern.

---

5 Venuszyklen = 2920 Tage 5 x 584 = 8 Jahre
8 Haabzyklen = 2920 Tage 8 x 365 = 8 Jahre
Nach 8 Jahren beginnen beide Zyklen wieder von vorne.

Venus-Haab-Zyklus

Tzolkin: 73 x 260 Tage = 18 980 Tage = 52 Jahre
Haab: 52 x 365 Tage = 18 980 Tage = 52 Jahre
Nach 52 Jahren beginnen beide Zyklen wieder von vorne.

Tzolkin-Haab-Zyklus

Und alle drei Zählungen – Tzolkin, Haab und Venuszyklus – ergeben folgendes Zahlenspiel:

> Tzolkin: 146 x 260 Tage = 37 960 Tage = 104 Jahre
> Haab: 104 x 365 Tage = 37 960 Tage = 104 Jahre
> Venus: 65 x 584 Tage = 37 960 Tage = 104 Jahre
> Nach 104 Jahren oder 2 x 52 Jahren beginnen alle drei
> Zyklen wieder von vorne.

Tzolkin-Haab-Venus-Zyklus

Diese Zählungen sind mathematisch verbunden und hatten für die Maya vermutlich große Bedeutung. Vom Zusammenhang des Venuszyklus mit den beiden Kalendern haben wir heute allerdings nur wenig Wissen.

Wie bereits erwähnt, spielen die Pleiaden für die Maya eine erhebliche Rolle beim Übergang vom gegenwärtigen in das neue Zeitalter. Ihre Bedeutung leiten sie vor allem aus ihren genauen astronomischen Beobachtungen ab, und sie steht auch in Verbindung mit ihren Prophezeiungen. Schon immer waren die Pleiaden wichtig im Zusammenhang mit den Equinoxen (Tagundnachtgleichen) und Sonnenwenden. In beiden Amerikas gehen zur Sommersonnenwende die Pleiaden gerade auf, bevor sie dann im Licht der Morgendämmerung unsichtbar werden. Zur Herbst-Equinox gehen die Pleiaden um Mitternacht auf, und zur Wintersonnenwende werden sie gerade nach Einbruch der Dunkelheit sichtbar. Zur Frühlings-Equinox dagegen gehen sie mit der Sonne und sind daher nicht sichtbar.

Bei den Maya sind die Pleiaden bekannt als die »Muchuchumil«, und die Maya-Ältesten berichten, dass für sie das Universum aus dieser Sternenkonstellation entstanden ist. Vor wenigen Jahren haben Wissenschaftler herausgefunden, dass es dort wirklich eine spiralförmige Bewegung gibt, aus der laufend neue Sterne hervorgehen. Rund um die Spirale aber sei der Raum völlig leer. Tikal, die

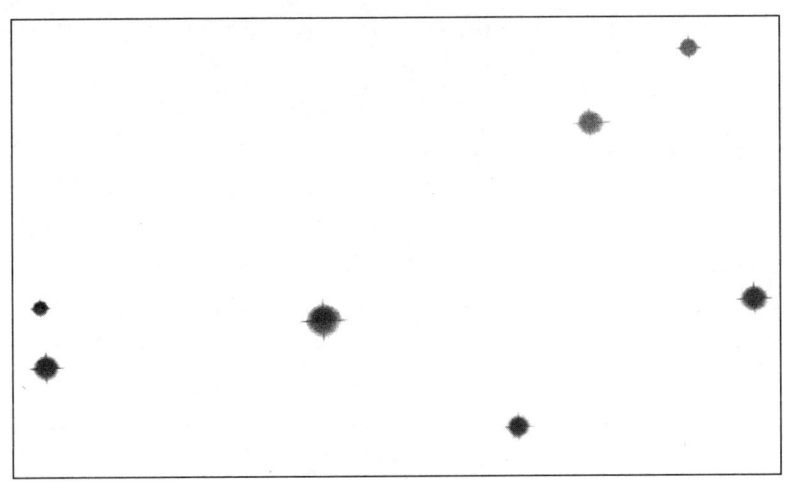

Sternbild der Pleiaden

zentrale Pyramidenstätte der Maya in Guatemala, repräsentiert mit der Anordnung seiner Pyramiden die Konstellation der Pleiaden. Auch die Pyramide des Kukulkán in Chichén Itzá[45] (Yucatán/Mexiko) weist auf die Synchronisation der Erde mit den Pleiaden hin, welche dort alle 52 Jahre am 20. Mai stattfindet. Das ist für die Maya ein wichtiges Datum bei der Bewegung der Erde zurück in das Zentrum der Galaxie.

Da die Astronomie bei den Maya keine bloße wissenschaftliche Tätigkeit, sondern immer sehr stark verbunden war mit ihrer Spiritualität, haben sie die Bedeutung von Sonne, Venus und Pleiaden für die Erde in ihren mythologischen Geschichten erzählt. Das Weisheitsbuch *Popol Vuh* führt uns zur folgenden Deutung:

Eins Hunahpú (Symbol für die Venus) und Sieben Hunahpú (Symbol für Jupiter) sind »Eins im Geist« und symbolisieren damit Sommer- und Wintersonnenwende. Sie werden getötet von den Herren der Unterwelt, und der Schädel von Eins Hunahpú wird auf einen Baum gehängt (Baum der Milchstraße). Als die Tochter eines

Herren der Unterwelt – »Blutmondin« – vorbeikommt, wird sie auf geheimnisvolle Weise vom Samen dieser Schädel geschwängert, und sie bringt Zwillinge zur Welt: Hunahpú und Ixbalanqué (Symbol für die Frühlings- und Herbst-Equinoxen). Sie sind Meister im Ballspiel und besiegen durch verschiedene Heldentaten nach langer Zeit die dunklen Mächte, bis sie schließlich den Tod wieder zurück zum Leben bringen. Nun kann ihr Vater Eins Hunahpú wieder aus der Unterwelt zurückkehren als Einheit der vier gegensätzlichen Kräfte, der Equinoxen und Sonnenwenden – und sein Symbol sind seither die Pleiaden.

Diese Erzählung ist von großer mythologischer Bedeutung für die von den Mayas berechnete Zeit, welche nach unserem Kalender dem Datum 21. Dezember 2012 entspricht – dem Beginn des neuen Zeitalters. Und hier bahnt sich ein Ereignis an, das die Maya und andere Völker schon seit Jahrtausenden kennen: Es ist der Tag, an dem die Sonne in das Zentrum unserer Galaxie gelangt – ein Ereignis, das es nur alle 26 000 Jahre gibt. Was geschieht an diesem Tag?

Es ist der Tag der Wintersonnenwende im Jahr 2012, an dem die Sonne nach einem riesigen Zeitabschnitt wieder dort sein wird, wo die Umlaufbahnen von Sonne, Erde und Planeten die Milchstraße kreuzen. Die Maya sagen, dass die Milchstraße an diesem Kreuzungspunkt mit den Umlaufbahnen ein Kreuz bildet, und sie nennen ihn deshalb auch den »heiligen Baum« oder die »Wegkreuzung«. Die Milchstraße symbolisiert für sie den kosmischen Baumstamm. Wir nähern uns jetzt bereits diesem Zentrum auf dem so genannten »schwarzen Weg«, welcher ein Teil der Milchstraße ist. In diesem Bereich befinden sich nur wenige Sternenkonstellationen, dafür aber viele Sternen-Staubwolken. Dieser »dunkle Weg« ist für die Maya der Weg zur Unterwelt, zu Xibalbá[46]. Das ist der Ort, wo alles Alte beendet und Neues geboren wird. Diese Unterwelt ist zugleich das Zentrum unserer Galaxie oder auch – wie die Maya sagen – die kosmische Gebärmutter, aus der alles entsteht: die Sterne, die Menschen ... ALLES.

Wenn wir nun auf unserer Umlaufbahn gemeinsam mit Sonne und Planeten in dieses galaktische Zentrum geraten, dann – so sagen die Maya – werden wir davon sehr stark beeinflusst werden. Die Maya und andere Urvölker sprechen von einer Wiedergeburt der Erde. Genauso wie die mythischen Zwillinge, die geboren wurden und dann durch die Unterwelt gingen, damit das Licht wiederkehren kann, so wird auch die Erde nach ihrem langen Weg zurück in das Zentrum nach 26 000 Jahren wiedergeboren werden. »Wenn am 21. Dezember 2012 die Sonne im Zentrum unserer Galaxie stehen wird, dann sind wir im Zentrum der Zeit angelangt«, sagen die Maya.

Dennoch muss hier betont werden, dass die Vorstellung von Zeit bei den Maya eine ganz andere ist als die unsere. Sie lässt sich kaum auf ein bestimmtes Datum fixieren, sondern entspricht mehr der zeit- und raumlosen Wirklichkeit der so genannten Traumwelt oder des »Webmusters des Universums« in ihrer endlosen spiralförmigen Drehbewegung, die vom Zentrum ausgeht und zum Zentrum zurückkehrt. Unsere lineare Zeitvorstellung steht dazu in einem völligen Gegensatz, weshalb auch dieses »Enddatum« der Maya nicht wirklich einem bestimten Zeitpunkt, sondern vielmehr einem Wechsel in eine andere Wirklichkeits- und Bewusstseinsebene entspricht.

Die letzten neun Zyklen von 52 Jahren waren für die Urvölker die Zeit der »neun Höllen« – sie sind jedoch bereits beendet. Jetzt befinden wir uns in der Zeit des Übergangs, wo alte Muster sich auflösen, damit Neues entstehen kann. Es ist dies eine Zeit der Unsicherheit, und viele Menschen haben Angst, weil sie nicht wissen, was vor sich geht. Was die Maya und die Urvölker dieser Erde betrifft, so kennen sie den Grund für die Veränderungen und haben deshalb mit den Vorbereitungen auf die neue Zeit bereits begonnen:

Als sich nämlich gegen Ende dieser dunklen Zeit die Weisen aller Völker wieder zum »Großen Rat der Hüter des Wissens« versammelten, waren die Pyramiden umgeben von dichten Wolken.

Sie eröffneten die Versammlung mit dem Tanz der vier Himmelsrichtungen, erneuerten das Band mit Mutter Erde und Vater Himmel.
Und als sie das Lied für den Großen Geist anstimmten, hoben sich
plötzlich die Wolken weg vom Dach der Pyramiden, und sie konnten
die Lichter der Sternenvölker sehen.

Stille trat ein, völlige Ruhe. Sie horchten hinein in die Unendlichkeit
des Universums. Da erhob sich ein Wind, und aus seinem Rauschen
ertönte eine Stimme, die sagte: »ERINNERT EUCH wieder, WER ihr
seid, und erinnert alle auf diesem Planeten daran. Denn die Zeit ist
gekommen...« — es war die Stimme der Ahnen.

Manifestation und Absicht

KLSS

10.
Zeitenwechsel

»Die Zeit der Veränderung ist da«, sagen heute die Propheten und Schamanen der Urvölker der ganzen Welt, und sie hat bereits begonnen. Überall auf der Welt können wir beobachten, wie seit einigen Jahren die Weisen der Völker wieder an die Öffentlichkeit treten und zu sprechen beginnen über die Veränderungen, die dem Planeten Erde jetzt bevorstehen. »Es ist Zeit, unsere Stimmen zu erheben«, sagen die indianischen Völker, und ob aus Nord-, Zentral-

und Südamerika oder aus Tibet, aus Australien, Neuseeland und Afrika – von überallher kehren sie zurück, und sie sind verwundert, dass wir im Westen von dieser Botschaft noch so wenig wissen. Sie sagen:

Es sind nur noch wenige Jahre bis zum Jahr 2012, jener Zeit, wo alle großen Zyklen zu Ende gehen – und dann wird sich unser Planet von all dem gereinigt haben, was wir zerstört, verschmutzt und ausgenutzt haben. Nur noch wenige Jahre, und dann wird sich unser Bewusstsein verändert haben. Das alte Wissen der Kulturen dieser Welt kehrt jetzt wieder, denn es ist die Weisheit des Universums.

Alles, was dem Menschen und der Erde Schaden zufügt, kann nicht bestehen bleiben. Deshalb ist jetzt die Zeit der Reinigung gekommen. Die Menschen werden jetzt erkennen, in welch schwierigen Zeiten sie leben, und es sind nur noch wenige Jahre übrig. Wir müssen uns jetzt vereinen und einem gemeinsamen Ziel folgen. Nur so können wir verhindern, dass die kommende Zeit katastrophal wird. Es liegt an uns, wie wir diese Veränderungen durchführen. Dabei ist es nicht wichtig, wie wir das machen – wichtig ist nur, dass wir uns wieder zusammenfinden und dass wir es mit großer spiritueller Kraft tun. Wir haben es in der Hand, wie die kommende Zeit für uns sein wird. Es liegt an uns, dass die bevorstehenden Veränderungen uns nicht zerstören. Für unseren Verstand klingt das fast völlig unmöglich. Doch es ist das Wissen des Herzens, das jetzt wichtig wird.

Diese Aussagen sind eine Herausforderung für uns, da wir davon zumeist nichts zu ahnen scheinen. Noch erstaunlicher aber ist die Tatsache, dass alle diese Völker – die Maya (Zentralamerika), die Inka (Südamerika), die Hopi, die Cherokee, die Irokesen, die Lakota (USA), die Tibeter, die Maori (Neuseeland), die Dagara (Afrika), die Nisga'a (Kanada) – schon lange Bescheid wissen. Sie wissen, dass diese Zeit kommen wird, und sie wissen auch, warum sie kommen wird. Sie erzählen darüber verschiedene Geschichten, doch ihre Bedeutung ist immer die gleiche. Sie sagen:

Unsere Vorfahren haben uns erzählt, dass einst aus dem Osten weiße Menschen in großen Kanus kommen werden, angetrieben von riesigen weißen Schwingen. Wenn sie dann unser Land betreten, werden wir sehen, dass sie hinken, weil sie mit zwei verschiedenen Beinen gehen. Das eine Bein ist wie die sanfte Tatze eines Löwen, und das andere sieht aus wie die Kralle eines Raubvogels.

Beide Füße haben eine Bedeutung für uns. Die Tatze des Löwen ver-
weist auf die Sanftheit und Liebe ihrer neuen Religion, während die
Kralle die Gier nach materiellem Besitz und nach kriegerischer Macht
darstellt. Mit diesem Bein werden sie kräftig auftreten, während das
andere verwundet ist – denn sie werden viel über die neue Religion
reden, aber sie werden kaum danach leben. Stattdessen schärfen sie
ihre Krallen und strecken sie nach den farbigen Völkern aus, um sie
zu berauben, zu versklaven und zu töten.

Unsere Vorfahren haben gesagt: Die alten Völker werden Wider-
stand leisten, und es wird eine Zeit kommen, wo sie auch das nicht
mehr tun können, weil sie vom Kummer über die Missachtung der Er-
de schwach und krank geworden sind. Das ist die Zeit, wo man ihnen
das Land wegnehmen wird und wo sie eingesperrt werden in Reser-
vate und kontrollierte Dörfer. Sie werden dann ihren Kindern von der
Schönheit des Lebens auf Mutter Erde nicht mehr erzählen können,
und es wird ein großes Vergessen kommen. Die Völker werden glau-
ben, dass nun ihr Ende gekommen ist.

Und dann – so haben unsere Vorfahren gesagt – wird die Zeit
kommen, wo die Erde sehr krank geworden ist, und die Spuren der
Krallen werden überall sichtbar werden. Die Flüsse werden aussehen
wie dunkler, zäher Schleim, randvoll gefüllt mit Schmutz und Giften,
die Luft wird getrübt sein, und das Atmen fällt schwer. Unsere Brüder,
die Bäume, sterben dahin, und die Erde wird sich nicht mehr reinigen
können, weil schmutziger Regen ihre Poren verstopft. Es wird dies die
Zeit sein, wo die Vögel vom Himmel fallen, die Fische mit den Bäuchen
nach oben schwimmen und die ganze Natur in Schmerzen ist.

Nach dieser Zeit des Chaos und der großen Veränderungen – so
haben uns unsere Vorfahren gesagt – wird eine neue Sonne im Os-
ten aufgehen, und die alten Völker werden ihre Kraft, ihre Weisheit
und ihren Stolz wiederfinden. Dann werden auch viele Nachfahren
der weißen Eroberer zu uns kommen, um mit uns einen neuen Weg

*zu finden, und sie werden sagen: »Wir brauchen eure Hilfe wie Brot
für unseren Hunger, denn wir haben unsere Lebensgrundlagen beinahe zerstört.«*

*Schließlich kommt die Zeit — so sagten uns unsere Vorfahren — wo
ihr alle nach großer Mühe und Anstrengung die Heilung der Menschen und die Reinigung von Mutter Erde beendet habt. Es ist dies die
Zeit, in der alle Kreaturen wieder in Harmonie miteinander zu leben
beginnen. Dann wird das neue Zeitalter des Friedens und der Liebe
Wirklichkeit werden.*

**Das ist die Botschaft der Maya:
Es ist eine Botschaft an uns alle.**

Dissonanz und Wandel

11.
Die Erde ist in Gefahr

Die Maya sagen: *Wir sind zurückgekehrt und mit uns die Weisen der Völker, denn die Vorfahren haben uns gerufen – unsere Ahnen und eure. Wir bringen jetzt mit uns das Instrument der Warnungen. Aber sie sind nicht dazu da, um Verunsicherung zu verbreiten und Angst zu schüren. Vielmehr sind sie ein Aufruf an uns alle, die Angst zu beenden. Und das ist unsere erste Warnung: Wenn wir in der Angst verharren und wenn alles, was wir tun, auf Angst aufgebaut ist – Angst um unsere Kinder, Angst um den Verlust von Gesundheit und Beruf, Angst vor dem Untergang der Welt... – dann können wir die Erde nicht verändern. Angst ist die Ursache für den jetzigen Zustand der Erde. Angst nimmt der Erde und uns allen die wärmenden Strahlen des Lichts. Und dann beginnt alles zu welken.*

Dann sprechen die Maya über ihre Beobachtungen, und sie sagen:

Die Welt ist heute in einen Zustand der Verwahrlosung verfallen. Aber die Mehrheit der Menschen ist ahnungslos und will die Veränderungen nicht wahrhaben, die sich bereits überall zeigen. Das aber kann ziemlich verhängnisvoll für uns werden. Daher ist es notwendig, dass aus allen Himmelsrichtungen die Menschen heute zusammenkommen, dass sie eine neue Beziehung zur Natur finden – zu Bruder und Schwester Baum, zu den Tieren und zu Mutter Erde.
    Es ist wichtig, dass wir der Erde wieder unsere Dankbarkeit zeigen. Sie liebt uns wie eine Mutter und nährt uns mit allem, was wir brauchen – obwohl wir sie verwüstet und beinahe zerstört haben. Und auch die Sonne scheint für uns alle – ganz egal, wie wir aussehen und welches Leben wir führen. Wenn viele Menschen das zu begreifen beginnen und auch danach handeln, dann werden sie die Veränderungen der nächsten Jahre wirklich beeinflussen.

Die Menschheit von heute ist in Gefahr, denn die Kultur, die die Europäer gebracht haben, ist nicht gut für die Menschen. Es gibt dort keine Achtung mehr vor vielen Dingen. Es existiert auch keine Achtung mehr füreinander, denn, so sagen die Maya:

– Eure Kinder dürfen nicht mehr einzigartig sein. In der Schule, vom Fernsehen, ... überall lernen sie, dass sie sich so verhalten müssen wie alle anderen und dass sie nichts mitzuteilen hätten.

– Eure Frauen dürfen ihre schöpferischen Kräfte nicht mehr anwenden, sie werden in Kunststoffkleidung gezwungen, sodass ihre Poren nicht mehr atmen können. Sie müssen aus wertloser Nahrung das Essen zubereiten, und anstatt der lebendigen Hitze des Feuers verwenden sie Strahlen, die zerstörerisch sind. Und die Religion sagt ihnen, dass sie zu schweigen haben. Doch wenn die Kraft der Frauen krank ist, dann ist die ganze Gesellschaft krank.

– Eure alten Leute haben keine Bedeutung mehr. Sobald sie aufhören zu arbeiten, fragt niemand mehr nach ihrer Weisheit. Sie müssen in fremdartigen Häusern leben, so als wäre Alter eine Krankheit.

– Eure kranken Menschen werden durch die erbarmungslosen Räder der Medizin geschickt, denn Krankheit ist bei euch etwas, das es zu bekämpfen gilt.

– All das geschieht deshalb, weil eure Gesellschaft auf der zerstörerischen Grundlage der Gier nach immer mehr und immer besserem aufgebaut ist. Dafür gebt ihr euer Leben – ihr arbeitet, bis ihr tot umfallt.

Es ist jetzt die Zeit der Beschleunigung, und ihr seid angetrieben von der Hektik des täglichen Schaffens. Genauso verhaltet ihr euch gegenüber der Erde, ihr zieht sie in die Spirale der unkontrollierten Beschleunigung. Je rastloser ihr werdet, desto rastloser wird auch sie, denn sie ist wie ihr ein Wesen von Intelligenz und Schönheit.

Das und noch vieles mehr sagen die Maya und die Urvölker heute. In einem erstaunlichen Ausmaß wissen sie Bescheid über alles, was sich auf dem gesamten Planeten abspielt. Sie kennen unsere Geschichte genauso wie jene der anderen Kulturen der Welt, sie kennen die Ergebnisse unserer Wissenschaft, sie kennen alle Religionen – sie wissen Bescheid, und sie achten alle diese Zusammen-

hänge. Es gibt für sie dabei keine vorrangige Kultur, sondern sie er-
achten jede einzelne davon als einen Teil des großen Spiels auf dieser Erde. Sie beginnen heute wieder zu sprechen, weil sie durch dieses Wissen sehen, dass die Erde und die Menschheit in großer Gefahr sind. Sie sagen:

Wir befinden uns in einer Zeit des Überganges. Deshalb müssen wir jetzt einige sehr schwierige und wichtige Entscheidungen treffen. Die Menschheit hat die Wahl, in welche Richtung sie gehen will. Wir stehen jetzt an einer Wegkreuzung. Über lange Zeit haben wir die falsche Richtung eingeschlagen und haben dabei unseren Weg verloren, aber es bietet sich uns jetzt die letzte und endgültige Wahl, welchen Weg wir als nächsten einschlagen wollen. Jede Entscheidung wird dabei unterschiedliche Folgen haben. Wir können natürlich so weitermachen wie bisher. Doch wir können uns auch für einen neuen Weg entscheiden und für eine neue Rolle, die wir auf dieser Erde spielen wollen. Daher kommen wir Maya und unsere Schwestern und Brüder der alten Völker zurück, weil das tiefe Wissen uns gerufen hat. Möge das Echo unserer Warnungen tief in die Zellen der Menschheit eindringen. Und das ist unsere Botschaft:

- *Ein deutliches Zeichen des Umbruchs sind die Veränderungen der Wettermuster. Sie geraten völlig aus dem Gleichgewicht, und extreme Temperaturen werden sich zeigen. Auch die Regenfälle werden sich ändern. Wenn wir diese Zeichen sehen, müssen wir in Aktion treten.*

- *Wenn wir uns nicht ändern, wird das schwer wiegende Folgen haben. Die meisten Leute haben noch nicht verstanden, dass wir nur noch bis 2012 Zeit haben, um alles in die rechten Wege zu leiten. Und wenn wir es richtig machen, dann wird diese Welt der Trennung beendet sein, und wir werden hineingehen in den Beginn einer neuen Welt der Zusammenarbeit und des Friedens.*

- *Wir müssen die Verschmutzung stoppen und vor allem die Verschmutzung durch negative Gedanken und durch Angst und Sorgen, denn wir haben damit die Erde in eine Müllhalde verwandelt — und die Fabriken, die Müllberge, die toten Gewässer und krank machende Nahrung sind nur der sichtbare Ausdruck davon. Wenn wir aufhören zu lieben, dann verschmutzen wir uns selbst,*

und unser Denken und Tun verdunkeln sich. Wir haben uns da-
durch die reine Luft zum Atmen genommen. Das ist der Grund für
den Zustand unserer Erde. Wir müssen aufhören damit, weil wir
sonst ernsthaft den nächsten großen Zyklus der Zeit gefährden.
— Wir brauchen jetzt die Hilfe aller Menschen, aller Kulturen, aller
Religionen und aller Nationen. Wir müssen aufhören, unsere
Brüder und Schwestern auf diesem Planeten zu hassen und zu tö-
ten — bevor es zu spät ist. Wenn wir so weitermachen, wird der
jetzige Zyklus der Zeit einfach aufhören. Dann wird mit dem
Jahr 2012 die Dämmerung kommen, und ein neuer Tag wird nicht
mehr anbrechen.

– Wenn Völker aus dem Tritt geraten und nicht mehr in Übereinstimmung mit der Natur leben – dann wird für sie das Ende auf dieser Erde kommen. Das ist das göttliche und natürliche Gesetz.

– Wenn sich die Menschheit entscheidet, so weiterzumachen wie bisher und nicht anfängt, sich zu ändern in diesen Jahren, dann wird die Erde sterben. Das hat bereits begonnen, und es wird noch stärker werden: Flutkatastrophen und Dürren werden kommen, die gesamte Wirtschaft wird zusammenbrechen, es wird Hungersnöte geben, Vulkanausbrüche und große Verwüstungen werden kommen. Wenn der Wunsch nach materiellem Reichtum anhält, dann werden wir durch unsere eigene Gier getötet werden.

> **Das sind die Prophezeiungen der Maya:**
> **Es sind dies die Prophezeiungen für uns alle.**

Und sie sagen: *Hört auf diese Worte: Jede negative Prophezeiung, die in Erfüllung geht, ist eine fehlgeschlagene Prophezeiung. Denn sie ist einzig dazu da, uns zu warnen. Sie ist eine Aufforderung, dass wir uns dazu entscheiden, sie nicht Wirklichkeit werden zu lassen. Wir sind dafür verantwortlich, und wir haben die Wahl – wir alle, du und ich! Es kommt auf jede und jeden von uns an, und wir alle haben die Fähigkeit und die Stärke dazu!*

Stabilität und Ausdehnung

12.
Trennungen beenden

Die Botschafter der Maya und der anderen Völker sagen: *Schon immer, seit die Europäer hier angekommen sind, haben unsere Leute den weißen Mann[47] beobachtet und auch seine Wege. Er hat uns gezwungen, seinem Willen zu folgen und seine Vorstellungen zu teilen. Wir haben ihn in aller Stille beobachtet, und wir haben lange nicht darüber gesprochen.*

In der Schule wurde uns allen der Weg der Trennung und der Herrschaft der Menschheit über die Erde gelehrt. Das sind nicht un-

*sere Wege, aber unsere Leute haben zugehört – und sie haben ge-
schwiegen. Denn sie haben gelernt, dass sie sterben würden, wenn
sie die vorherrschende Gesellschaft herausfordern. Jetzt aber ist die
Zeit gekommen, wo wir nicht mehr länger schweigen können. Wir
wissen, dass es Zeit ist, die Trennungen zu beenden und die Wahrheit
unserer Herzen zu teilen.*

*Der weiße Mann hat uns gelehrt, dass Gott getrennt ist von uns,
dass er in der Kirche verehrt werden muss und dass der Kontakt mit
Gott nur durch organisierte Religionen möglich ist. Wir zeigen unseren Kindern, dass Gott überall ist, in jedem Baum, in jedem Blatt, in
jeder Wolke, in jedem Berg. Jede Blume hat den Geist in sich, das Bewusstsein des Schöpfers.*

*Wir haben gelernt, dass der weiße Mann seine Religion keineswegs
ernster genommen hat als seine Gesetze: Beide benützt er nur als Instrument, um auf andere Völker und Menschen Druck ausüben zu
können. Bis heute hat er nicht erkannt, dass er sich damit nur selbst
betrogen hat. Und überall, wo der weiße Mann die Erde berührt hat,
ist sie verwundet. Wir lehren unsere Kinder, die Gesetze der Natur
und des Lebens zu beachten. Sie lernen, dass sie auf die Zeichen von
Mutter Erde achten und dass sie ihr alles zurückgeben, was sie von
ihr erhalten. Sie lernen, allein auf ihre innere Stimme zu hören und
so ihren Weg zu gehen.*

*Der weiße Mann hat uns gesagt, dass es nur eine Art gibt, den Gro-
ßen Geist anzubeten und ihm zu dienen. Wir haben nie verstehen
können, warum er dann die Menschen so verschieden behandelt.
Unsere Kinder wissen, dass sie ein Ausdruck des Großen Geistes sind.
Er ist das, was sie sind, und sie sind das, was er ist. Er tut, denkt und
fühlt – was sie denken und fühlen und umgekehrt. Sie wissen, dass
sie wertvoll sind, wie sie sind. Und sie wissen, dass sie wichtig sind und
dass ihr Leben ein besonderer Beitrag ist für den Frieden unter den
Menschen auf Mutter Erde.*

Wir haben beobachtet, dass die weißen Menschen ihren Kindern sagen, dass sie von nichts eine Ahnung haben und dass deshalb ihr ganzes Leben zum Lernen da ist. In den Schulen sagen sie ihnen, dass sie hier für das Leben lernen, und wenn danach vielleicht das Leben anfängt, dann müssen sie noch immer lernen. Wir sagen unseren Kindern, dass sie das große Wissen in sich tragen und dass jeder Tag dazu da ist, um daraus zu schöpfen und dabei sich selbst sowie die Welt ständig neu zu erschaffen.

Wir haben gesehen, dass es für die weißen Völker sehr wichtig ist, Entdeckungen zu machen. Sie haben die Wissenschaft erfunden, weil sie glauben, dass sie nichts wissen. Darin aber liegt die Ursache ihrer Angst. Und wo Angst ist, dort ist Zerstörung. Unsere Kinder erfahren, dass das große Wissen in ihnen selbst liegt, weil jede Zelle ihres Körpers die Erinnerung an alles trägt. Und wenn sie auf die Natur, auf Bruder Baum und auf die Tiere hören, dann fühlen sie sich mit allem verbunden, was ist. Daher können sie ihr Leben unbeschwert leben, weil es ihnen an nichts fehlt. Sie haben gelernt, dass es nur eines gibt, was wirklich zählt: nämlich dass sie sich schöpferisch am Spiel des Lebens beteiligen.

Wenn wir Menschen aus dem Westen heute mit den Schamanen, Propheten und Heilern der Maya und der anderen Urvölker zusammenkommen, dann geht es dabei in erster Linie um ihre Botschaft an uns im Westen und um die Achtung vor dem großen Wissen des Westens.

Sie sagen: »Wir brauchen euch, und ihr braucht uns. Denn wenn ein Teil von uns krank ist, dann ist der gesamte Organismus in Mitleidenschaft gezogen.« Sie sagen auch:

Wir haben die Weltsicht des Westens studiert und haben entdeckt, dass sie ein großes Problem hat: Sie trennt die Menschen von der Natur. Dann können die Menschen die Natur nur noch als Gegenstand sehen und nicht mehr ihre Seele begreifen. Und von diesem Abgeschnittensein von der Natur — von den Sternen, den Tieren und Pflanzen — kommt ihre große Einsamkeit. Diese Trennung bedeutet, dass viele nicht mehr die Freude genießen können, die ihnen die Natur bietet.

Die Weltsicht eurer Wissenschaftler ist nur eine unter vielen, und sie ist sehr eng. Deshalb können sie auch nicht wirklich die Zusammenhänge dieser Welt erklären. Sie können die Pyramidenbauten nicht erklären, ob hier bei uns oder in Ägypten. Sie können auch die Weisheit dieser Kulturen nicht erklären. Ob das Inka-Imperium oder Stonehenge in England — das alles wird für sie ein Rätsel bleiben. Und ihre Frage, wie einfache Menschen fähig waren, solche Steine zu bewegen, um diese perfekten Bauwerke zu schaffen, bleibt unbeantwortet.

Der Oberste des Weisenrates aller Urvölker auf dem Kontinent Amerika, Don Alejandro Cirilo, meint dazu[48]:

Ihr vom Westen habt uns großes Wissen gebracht — und wir haben eine andere Wissenschaft. Es ist die Wissenschaft, die wir jetzt brauchen werden. Wir nennen sie die Wissenschaft des Herzens. Wissenschaft ohne Verständnis des Schöpfers ist zerstörerisch. Nur das Wissen, das die universelle göttliche Kraft mit einbezieht, hat keine Grenzen. Das ist es, was wir brauchen, damit die Kraft der Schöpfung in uns allen wieder zu leben beginnt. Hört auf euer Herz. Mutter Erde ruft euch. Sie ruft jeden von uns, damit wir sie heilen und dabei auch uns selbst. Es ist jetzt Zeit, dass wir auf Mutter Erde hören. Es ist jetzt Zeit, unsere Art zu denken, zu leben und zu sein zu ändern — bevor es zu spät ist.

Die Erde ist nicht unser Besitz, und wir können mit ihr nicht machen, was wir wollen. Die Herrscher der Welt beginnen zu spüren, dass ihre Macht zu Ende geht. Wir benötigen jetzt die Macht der Menschen, die fähig sind, einen neuen Weg zu gehen. Und es steht geschrieben, dass die alten Völker diesen Weg des Friedens bewahrt haben.

**Das ist der Aufruf der Maya:
Es ist dies ein Aufruf an uns alle.**

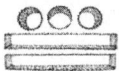

Universal-Bewegung und Rückkehr

13.
Traumzeit

Für die Maya geht nun die Zeit der »neun Höllen« zu Ende, und mit ihr enden auch viele andere große und kleine Zyklen im Rhythmus des Universums. Was dann beginnen wird, nennen sie den Zyklus der »dreizehn Himmel«. Wenn sie vom Anfang oder Ende von Zeiträumen sprechen, dann meinen sie damit jedoch etwas grundsätzlich Verschiedenes von dem, was wir darunter verstehen. Für sie geht es deshalb nicht um die Frage eines bestimmten Datums oder eines Zeitenwechsels als vielmehr um die *Veränderung unseres Bewusstseins* – und dieses ist zutiefst mit der zeitlosen Wirklichkeit verbunden. Nur in einem veränderten Bewusstsein werden wir erkennen, dass Zeit eine Illusion ist[49] und dass die »Traumzeit« jene Wirklichkeit ist, die wir in Wahrheit nie verlassen haben. Veränderungen, wie sie sich jetzt überall zeigen, kommen daher nicht von außen, sondern sind die Folge eines erneuerten Bewusstseins von einzelnen Menschen, die sich untereinander zu einem Netz verwoben und so mit unaufhaltbarer Kraft die veralteten Strukturen in Bewegung gesetzt haben.

Eine so genannte neue Zeit braucht andere Spielregeln, andere Verhaltens- und Denkmuster und eine neue Art des Zusammenlebens auf diesem Planeten. Die »dreizehn Himmel« sind daher das Symbol für eine Zeit, in der die Menschen ihr Bewusstsein zur vollen Entfaltung gebracht haben, indem sie ihr Augenmerk nicht mehr allein auf die Fähigkeit des Denkens beschränken, sondern auch alle anderen Bereiche ihres Seins – die Gefühle, die Intuition, die Träume, das Unbewusste, ihre Bestimmung ... – zum Ausdruck bringen. »Diese Zeit ist gekommen«, sagen die Maya, »und es ist wichtig, dass wir darauf vorbereitet sind. Die Veränderungen beginnen jedoch einzig und allein in uns selbst.« Und sie sagen: »Erinnert euch an eure Quelle. Erinnert euch, wer ihr seid und woher ihr kommt.«

Die Maya, die Inka, die Maori, die Navajo, die Sioux, die Tibeter, die Lakota, die Aborigines und viele andere Urvölker sagen, dass wir von den Sternen kommen genauso wie von dieser Erde. Sie alle sagen: »Erinnert euch! Wir sind spirituelle Wesen in physischen Körpern. Wir müssen jetzt *aufwachen* zum Wissen von unserer Verbindung mit allen Dingen, mit allen Lebewesen und mit Mutter Erde, die uns ernährt – dieses Wissen liegt nicht irgendwo, sondern es ist in uns selbst zu finden. Wir können *jetzt* anfangen, diese Verbindung wiederherzustellen und das Leben zu feiern. Die Zeit ist da.« Und dann erzählen sie vom großen Traum, von der Vision unserer Vorfahren:

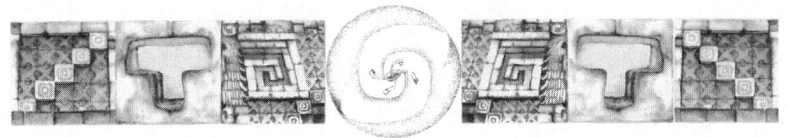

Wir sehen die Welt
wie ein schillerndes Netz,
in dem alles mit allem verbunden ist.

Wir sehen einen Planeten,
der zivilisiert ist und der bewohnt ist
   von Menschen,
die sich ihrer schöpferischen Kräfte
   voll bewusst sind,
die in Weisheit handeln, weil sie wissen,
dass sie die Schöpfer ihrer Wirklichkeit sind.

Wir sehen eine Erde,
auf der die Menschen
keine Gesetze[50] mehr brauchen,
um sich voreinander zu schützen.
Allein das Gesetz der gegenseitigen Achtung
wird zwischen den Menschen
und allen Lebewesen gelten.

Wir sehen eine Erde,
auf der es keine Trennungen mehr gibt
auf Grund von Gier und Verurteilungen.
Es ist die Zeit,
wo das Netz der gesamten Lebensenergien
wieder in Betrieb genommen wird.

Wir sehen eine neue Erde,
auf der die Menschen sich selbst führen
und der Antrieb für all ihr Handeln und Denken
allein aus dem Wissen ihres Herzens kommt.

Wir sehen eine neue Mutter Erde,
die in Einklang lebt mit ihren Geschöpfen,
die genährt ist und nährt,
die atmet und Atem gibt,
die Wärme empfängt und Wärme verströmt.
Es ist dies eine Erde,
die sich im Rhythmus des Universums bewegt.

Es liegt an uns, diese Vision jetzt Wirklichkeit werden zu lassen. Wichtig ist, dass wir nicht abwarten, bis andere es tun, und dass wir uns nicht darum kümmern, was andere Menschen darüber denken und sagen. Vielmehr werden sie sich mit uns verändern, sobald wir den Anfang gemacht haben. Wie der Flügelschlag eines Schmetterlings einen Sturm auslösen kann, so wird auch eine bewusste Veränderung in einem einfachen Menschenleben ungeahnte Entwicklungen und Veränderungen mit sich bringen.

Ein Maya oder ein Weiser zu sein hat deshalb heute nicht unbedingt damit zu tun, wo wir geboren sind und welche Hautfarbe wir haben. Es können alle Menschen sein, die diese Botschaft hören und sie ernst nehmen. Denn Maya zu sein heißt: Hüter der Erde und des Universums zu sein.

Dazu meint der Oberste des Weisenrates: »Unsere Vorfahren haben gesagt: Wir sind die Kinder der Sonne, wir sind die Kinder der Zeit und Reisende des Raumes. Mögen alle Lieder erwachen, mögen alle Tänzer erwachen. Mögen alle Menschen und Dinge in Frieden leben. Denn ihr seid die Berge, ihr seid die Bäume, und ihr seid die Luft, die ihr atmet.«

Und das sind die Worte unserer Großmütter und Großväter von den Sternen: Wir sind alle EINS. JETZT ist die Zeit, wo die Weisen zurückkehren – und die WEISEN, das ist JEDE und JEDER von uns, das sind WIR ALLE!

> **Das ist die Vision der Maya:**
> **Es ist eine Vision von uns allen.**

Teil II
Web-Künstler im Universum

1.
Der Tzolkin – der heilige Kalender der Maya

Die Maya besitzen ein sehr kraftvolles Instrument, das ihnen Zugang gewährt zum Netz des Universums – und sie nennen es den »heiligen Kalender« oder *Tzolkin*.[51] Sie verstehen ihn weniger als Kalender in unserem Sinn. Vielmehr ist er ein Werkzeug, womit sie das Muster von Zeit, Universum und Schöpfer – welche alle EINS sind – ausdrücken und verstehen. Die Maya nennen die 20 Symbole dieses Kalenders auch »Sonnen«, denn die Sonne ist für sie das große Symbol für den Schöpfer.

Die als Relativitätstheorie bekannte Entdeckung von Albert Einstein und weitere Einsichten, die die Wissenschaft in diesem Jahrhundert in die Beziehungen von Raum und Zeit gewonnen hat – die Tatsache also, dass es Zeit nur dort gibt, wo es einen dreidimensionalen Raum gibt (wie in unserer Wirklichkeit auf der Erde) – all das hat unser Bewusstsein in den letzten Jahrzehnten einschneidend verändert. Für die Maya waren diese Zusammenhänge jedoch keine Besonderheit, sondern eine alltägliche Selbstverständlichkeit. Der Kalender der 20 Sonnenzeichen und 13 Zahlen drückt beispielhaft das Wissen der Maya aus, dass das Universum – und somit auch unser Leben – viel mehr Ebenen hat, als wir bisher zur Kenntnis genommen haben.

– Die 20 *Sonnenzeichen* sind für die Maya die Tore zur göttlichen Ur-Energie, und jedes von ihnen zeigt eine besondere Qualität des Schöpfers, des Universums und der Zeit. Indem wir durch sie hindurchgehen, verbinden wir uns mit allem, was ist, und somit kommen wir direkt zu uns selbst zurück.

– Die 13 *Zahlen* oder *Töne* stellen in diesem Muster die Kraft dar, welche alles in Bewegung hält – sozusagen der Motor des Universums. Die Maya haben erkannt, dass alles Lebendige in dreizehn Stufen entsteht und dass jede weitere Entwicklung ebenso viele Schritte benötigt.

Diesen heiligen Kalender – den sie in allen Bereichen ihres Lebens verwenden – haben die Maya in den Kalender eines Sonnenjahres eingefügt, damit die Menschen den Ablauf dieses 260 Tage-Musters auch im Rad der vier Jahreszeiten erfahren können. Erst nach 52 Jahren beginnen der heilige Kalender und der Sonnenjahr-Kalender wieder mit denselben Symbolen und Zahlen.

Wie alle »Instrumente« uns dazu dienen, dass wir uns selbst und die Welt entdecken, so ist auch der Tzolkin ein Wegweiser, den wir erst lesen und verstehen lernen müssen. Das bedarf unserer Aufmerksamkeit, unserer Zeit und meistens auch ein wenig Geduld. Es ist wie das Lernen einer neuen Sprache, die wir erst nach einer gewissen Zeit so beherrschen, dass wir uns auch verständigen können. Bis zu diesem Punkt kann es jedoch sehr herausfordernd sein, auf dem Weg zu bleiben und nicht aufzugeben.

Ein Gleichnis aus dem Buddhismus macht deutlich, dass ein Instrument wichtig sein kann, damit wir etwas erreichen. Es ist aber nicht dazu da, dass wir es zum Mittelpunkt unseres Lebens machen. So sagte Buddha zu seinem Schüler Ananda, nachdem er ihn alles gelehrt hatte, was notwendig war: »Verwende alles, was du von mir gehört hast, wie ein Floß, das dich ans andere Ufer bringt. Drüben aber lass es hinter dir, und gehe deinen eigenen Weg.« Ebenso wird einmal die Zeit kommen, in der wir allein unseren Weg finden, weil wir das Muster des Lebens, der Zeit und des Universums verstanden und mit ihm zu spielen gelernt haben. Jetzt aber ist die Zeit des Entdeckens unseres uralten Wissens gekommen, das wir einst alle hatten und das tief in uns verborgen liegt.

Wie können wir nun den Umgang mit diesem Kalender lernen, und wie können wir ihn verstehen? In den letzten Jahren ist vieles über den Kalender und die Maya geschrieben worden, das meiste davon sehr wissenschaftlich und deshalb oft sehr kompliziert. Es haben sich seit der Entschlüsselung des Mayakalenders (ab Ende des letzten Jahrhunderts) auch viele verschiedene »Lehrmeinungen« entwickelt, die heute miteinander konkurrieren und sich voneinander abgrenzen, indem sie meinen, dass ihre Zählung die jeweils »wahre Zählung« sei.

Für die Maya wäre das von keiner besonderen Bedeutung, denn vermutlich haben sie selbst verschiedene Zählungen gekannt, die nebeneinander bestanden haben. Das Entscheidende war und ist jedoch für sie weniger das Zählen von Zeiteinheiten (Stunden, Tage, Jahre ...) als vielmehr die *Bedeutung* der Zeit, die sozusagen die Eintrittskarte in das Netz des Universums darstellt. Die einfachste Weise, wie wir deshalb die Symbole und damit den Kalender verstehen können ist, mit ihm zu *spielen*. Das ist jedenfalls, was die Maya gemacht haben.

Und wer gelernt hat, in das Netz des Universums zu tauchen und darin zu spielen, für den ist die Zählung nebensächlich geworden, weil er weiß, dass Zeit rückwärts und vorwärts läuft und dass es unendlich viele Eingänge und Zugänge zu diesem Netz der Wirklichkeit gibt. Für manche mag dies der Kalender der Maya sein, für andere das I Ging oder ein anderes archetypisches Symbolsystem, das die Bereiche der tiefer liegenden Wirklichkeiten darzustellen vermag.

Die Maya haben die 20 Sonnensymbole auch als göttliche Wesen[52] – nämlich als Teile des Großen Geistes, Hunab Ku – gesehen, die eine bestimmte Kraft haben und mit denen man in Verbindung treten kann, um mit ihnen zu sprechen, sie um Rat zu fragen. Sie haben sie deshalb auch die *Tagehüter* genannt. Und sie haben auch diejenigen, die gelernt haben, die Bedeutung der Tage zu verstehen, »Tagehüter« genannt.

Können also auch wir ein »Tagehüter« oder eine »Tagehüterin« sein? »Freilich«, sagen die Maya. »Denn die Maya, das sind wir alle. Und im Grunde genommen ist uns das Netz des Universums nicht so fremd, wie wir denken. Wir haben es bloß für eine Weile vergessen.«

Wir können also den Kalender als großes Spiel betrachten. Wir können mit den Zahlen und Symbolen auf Entdeckungsreise gehen und nach und nach ein Puzzleteil nach dem anderen zusammensetzen, bis wir schließlich entdecken, dass dies ein unendliches Spiel ist, welches schon immer begonnen hat und nie zu Ende geht. Es ist ein faszinierend lebendiges Spiel, weil es kein Richtig oder

Falsch, kein Gut oder Schlecht, keinen Anfang und kein Ende kennt. Und wir sind die Spieler darin, niemand sonst – und jeder Spieler ist wichtig.

Wie beginnen wir nun aber am besten?

Wir haben bereits gehört, aus welchen Teilen der heilige Kalender der Maya besteht: Es sind 20 Sonnensymbole und 13 Zahlen. Am Ende dieses Buches befindet sich ein Kalender für die Jahre 2001–2003 (siehe Anhang). Darin ist jedes Datum mit dem Sonnensymbol und der Zahl des jeweiligen Tages zu finden.

Hier sind einige Beispiele, wie wir uns diesem Wissen annähern können:

– Symbole sind wie eine besondere Linse, durch die wir beispielsweise einen Tag betrachten können. Wir können das Symbol betrachten und meditieren und seine Kraft erspüren.

– Wir können über die Bedeutung des Symbols nachlesen und uns zum Beispiel am Morgen schon darauf einstimmen. Wir können aber auch am Abend in der Rückschau auf den Tag herausfinden, ob es Zusammenhänge mit dem Symbol gibt.

– Wir können Notizen machen über Ereignisse, Begegnungen des Tages, die mit dieser Bedeutung im Zusammenhang stehen. Das kann uns persönlich betreffen, unsere Familie, unsere Freunde oder die Welt. Wenn sich dasselbe Symbol in 20 Tagen wiederholt, können wir vergleichen und Zusammenhänge feststellen.

– Je mehr wir im Umgang mit den Sonnensymbolen geübt sind, desto besser können wir wichtige Tage, Situationen und Aufgaben darauf abstimmen. Denn es ist oft die Qualität eines Tages, die das Gelingen von bestimmten Dingen bewirkt oder zumindest beeinflusst.

– Wir können anhand der Anleitung in diesem Buch unser Geburtszeichen herausfinden. Jeder Tag mit demselben Zeichen hat dann eine besondere Bedeutung und Kraft für uns. Auch Zeichen und Zahl des jeweiligen Geburtstages (vier verschiedene Zeichen wechseln sich jährlich ab) haben eine große Bedeutung für das neue Lebensjahr.

- Die 20 Sonnenzeichen sind mit den 13 Zahlen auch als Kartenset erhältlich und können somit auch wie ein »Orakel« zu verschiedenen Fragen verwendet werden.

Je länger wir mit dem Kalender arbeiten, desto mehr kann und wird sich in unserem Leben verändern: Unsere Traumerlebnisse werden vielleicht intensiver werden, und auch unsere Wahrnehmung wird sich stark verändern, weil wir durch neue Linsen schauen. Es kann sein, dass unser Alltag in vielen Bereichen klarer wird, denn alle Dinge, mit denen wir uns beschäftigen, geben uns eine neue Wirklichkeitssicht und lassen uns dadurch anders handeln.

Grundsätzlich genügt es, sich mit dem Symbol eines jeweiligen Tages zu beschäftigen. Doch wird es noch spannender, wenn wir nach einiger Zeit entdecken, dass auch die Zahl das Sonnensymbol stark beeinflusst. Es ist ein Unterschied, ob ein Symbol mit der Zahl 1 (und damit mit dem Thema »EINHEIT«) oder mit der Zahl 10 (und damit mit dem Thema »MANIFESTATION«) kombiniert ist. Aber das werden wir spielerisch und wie von selbst entdecken, wenn wir nach einiger Zeit über die erste Verwirrung – angesichts dieser großen Fülle von Wissen – hinausgekommen sind.

Dieser Kalender sollte für uns ein Spiel sein, das uns herauslockt aus einem Alltag, den wir oft viel zu ernst nehmen. Wir werden entdecken, dass die Weisheit dieses Kalenders sehr tief mit uns und unserem Leben in dieser Welt verbunden ist. Und wenn wir lernen, uns damit zu verbinden, dann werden wir die Freude daran entdecken, »Weber der Zeit« und »Spieler des Universums« zu sein.

2.
Die 20 Sonnensymbole

Bevor wir uns in das Abenteuer stürzen, ist es notwendig, noch *einen* Punkt festzuhalten: Es ist sehr wichtig, uns zu erinnern, dass es *keine guten oder weniger guten Zeichen gibt, und dass alle Zeichen von gleicher Bedeutung und Wichtigkeit* sind. Gerät eines davon aus dem Gleichgewicht, so beeinflusst das auch die anderen. Jedes Zeichen hat die Kraft aller anderen Zeichen in sich, und jeder Mensch hat die Kraft ALLER Symbole in sich.

In den Ländern der Maya – und mittlerweile auch in der westlichen Welt – gibt es viele verschiedene Bezeichnungen für die 20 Sonnensymbole, unterschiedlich sind auch die Symbole selbst und ihre Deutung. Die einzelnen Volksgruppen in Guatemala, Mexiko, Honduras und Belize haben zudem auch sehr unterschiedliche Zählweisen. Das kann sehr verwirrend sein, hat aber seine Ursache einerseits darin, dass es in diesen Ländern immer schon viele verschiedene Traditionen und auch Zählweisen gegeben hat, da sich die einzelnen Stämme stark bewegt haben und die bestehenden Deutungen sehr oft mit den anderen vermischt worden sind. Andererseits entstammen die Unterschiede auch der 500 Jahre dauernden Unterdrückung, in welcher viele dieser Traditionen verloren gegangen sind. Und erst langsam erinnern sich viele Stämme wieder an ihr Erbe.

Vielleicht ist für uns aber gerade die Tatsache dieser Unterschiedlichkeit von großer Bedeutung, damit wir mehr und mehr erkennen, dass die Zeit eine unendliche Spirale ist – wie die alten Völker sagen – oder dass sie, wie andere Kulturen und die moderne Physik erkannt haben, sogar eine Illusion ist.

Um die Verwirrung möglichst gering zu halten, habe ich mich hier für jene Zählung entschieden, die auch im Westen weit verbreitet ist. Das neue Jahr beginnt dabei mit dem 21. März – also mit der Frühlingstagundnachtgleiche. Das ist jene Zeit, in der für viele Maya-Stämme die Energie auf dem Erdball ihre größtmögliche Balance erreicht. Dasselbe geschieht am 23. September, dem Jahresbeginn für manche Völker auf der südlichen Erdhälfte. Schaltjahre werden in dieser Zählung beim Tzolkin – dem 260-Tage-Kalender – nicht mitgezählt[53], wohl aber im Haab, im Sonnenjahr-Kalender. In manchen Mayatraditionen wurden dann nach 52 Jahren im Rahmen einer großen Feuerzeremonie die fehlenden 13 Tage eingefügt.

Es ist auch wichtig zu wissen, dass die Maya die Namen der Sonnenzeichen normalerweise nicht öffentlich aussprechen, da sie jeweils eine besondere Seite von Hunab Ku darstellen, und deshalb nur in einem heiligen Rahmen und in ehrfürchtiger Haltung genannt werden dürfen.

Bei der Darstellung der Symbole habe ich versucht, einen Brückenschlag zwischen abstrakten Zeichen und den Geschichten aus der Maya-Mythologie zu machen. Ihre dreidimensionale Darstellung soll uns einen einfachen Zugang zu dieser Wirklichkeit finden lassen. Denn die Maya haben die 20 Sonnensymbole als Tore zur Sonne und damit zum Großen Geist (Hunab Ku) verstanden, und die 13 Zahlen waren für sie der Antrieb, um durch diese Tore gelangen zu können. Wenn wir also durch diese Eingänge gehen, gelangen wir in unsere eigene, tiefste Wirklichkeit – zu unserer spirituellen Herkunft. Der Umgang mit dem Maya-Kalender ist somit auch unser Zugang zur »Wissenschaft des Herzens«, wie die alten Völker sie nennen.

Die Tabelle auf Seite 162 gibt einen Überblick über die oft sehr unterschiedlichen Darstellungsweisen der 20 Sonnenzeichen. Verschiedene Traditionen und künstlerische Ausdrucksweisen der einzelnen Mayastämme haben ihren Einfluss darauf ausgeübt.

Anschließend sind die 20 Sonnensymbole abgebildet und beschrieben, und zwar nach folgendem Muster:

– *Überblick:* Zuerst sind die wichtigsten Zusammenhänge und Deutungen in Kurzform dargestellt. Dabei ist zu erwähnen, dass die Mythologie und Gottheiten der Maya nicht in allen Details bekannt und überliefert sind. Dasselbe gilt auch für die Zeichendeutungen.

– Die *allgemeine Deutung* beschreibt den mythologischen Hintergrund des Symbols und seine Bedeutung für das Leben auf der

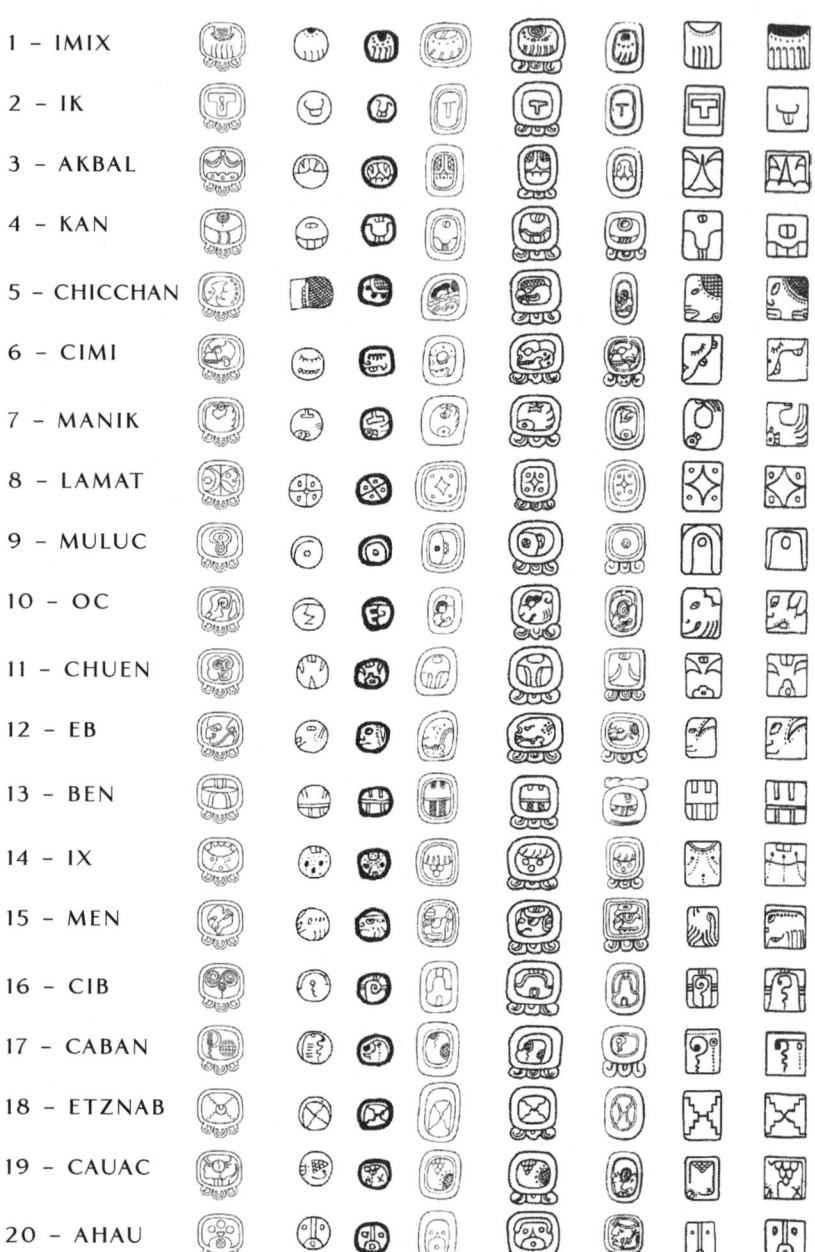

1 – IMIX							
2 – IK							
3 – AKBAL							
4 – KAN							
5 – CHICCHAN							
6 – CIMI							
7 – MANIK							
8 – LAMAT							
9 – MULUC							
10 – OC							
11 – CHUEN							
12 – EB							
13 – BEN							
14 – IX							
15 – MEN							
16 – CIB							
17 – CABAN							
18 – ETZNAB							
19 – CAUAC							
20 – AHAU							

Erde. Zudem wird der Zusammenhang zwischen den einzelnen Zeichen beschrieben, sodass der Zyklus der 20 Tage als einheitliches Geschehen verstanden werden kann.

– Die *Tages-Deutung* zeigt Möglichkeiten auf, wie sich die Energie des jeweiligen Symbols in unserem Alltag zeigen kann – bei uns selbst oder im Zusammenhang mit anderen sowie mit weltweiten Fragen und Themen.

– Die *persönliche Deutung* bezieht sich vor allem auf das Geburtssymbol, womit wir uns im Abschnitt 4 beschäftigen werden. Ist zum Beispiel ein Mensch im Zeichen von »Imix« geboren, dann kann diese Deutung Aufschluss geben über bestimmte persönliche Themen und so zu einem besseren Verständnis von uns selbst als auch von anderen beitragen.

– *Anregungen:* Hier werden Fragen gestellt, die uns helfen können, unser Leben oder einzelne Tage durch die Linse diese Zeichens besser zu verstehen.

IMIX

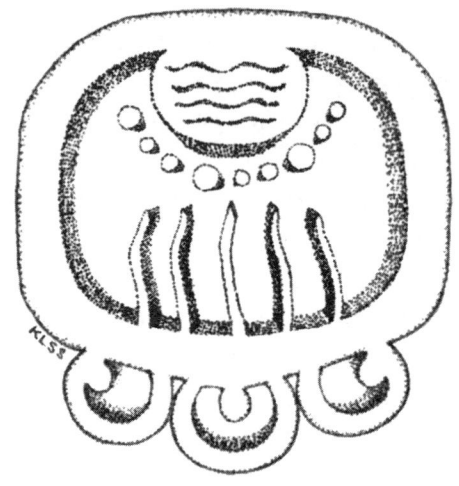

Zahl: 1

Aussprache: »i'miisch«

Bedeutung: (Meeres-)Drache, Meer, Krokodil

Energie: Kraft der Schöpfung

Eigenschaften:
Urmutter, Urvertrauen und Urnahrung, Empfänglichkeit; Einheit
von allem, was ist; kollektives Unterbewusstsein, Einheit mit der
Quelle des Lebens, Mutterprinzip, weibliche Kraft, Kreativität

Himmelsrichtung: Osten

Farbe: Rot

Element: Erde (in manchen Deutungen auch Wasser)

Planet: Neptun

Chakra: Kehlkopf-Chakra

Herausforderung: Themen des Urvertrauens und des Überlebens, zu wenig haben, Probleme mit der Mutterenergie, sich dem Göttlichen gegenüber unwürdig fühlen; sich aufopfern, ohne von anderen etwas annehmen zu können, aus dem emotionalen Gleichgewicht geraten, egoistisches Verhalten, sich in der materiellen Welt verlieren

Harmonie: Vertrauen in das Leben und in die eigenen Kräfte entwickeln, Geben und Nehmen im Gleichgewicht halten, sich selbst gut nähren, Selbstvertrauen aufbauen

Zeichenbedeutung: Die große Öffnung führt in die Tiefe des Ur-Ozeans, in die kosmische Gebärmutter – alles ist noch ungestaltet und wartet auf die »Hand der Schöpfung« (symbolisiert durch 5 Längsbalken). Das Wasser bewegt alles sanft, bis es an die Oberfläche steigt und sich als materielle Wirklichkeit zeigt.

Mythologie: Jede Schöpfung – so auch der Zyklus von 20 Sonnentagen – beginnt im gestaltlosen, dunklen Wasser. Noch schläft der Drache der Schöpfung, nichts bewegt sich. Alles geht von diesem Wasser aus, und alles wird dorthin wieder zurückkehren.

Gottheit: Drachen- und Urmutter *Mam*, eine der bedeutendsten weiblichen Gottheiten der Maya

IMIX ist das Krokodil oder der Drache. Es handelt sich hier um jenes mütterliche Wesen, welches in allen Mythen die Ur-Anfänge der Welt symbolisiert, indem es das Feuer der Schöpfung in sich trägt, bis es die Welt und alles, was lebt, gebiert. Imix ist die Urmutter, die alle und alles liebt, ohne dabei Unterschiede zu machen. Nachdem AHAU den Kreislauf der 20 Symbole vollendet hat, beginnt nun wieder eine neue Schöpfung und neues Leben.

Mit IMIX können wir lernen, dass Leben und Vergehen, Geben und Nehmen, weiblich und männlich – und alles, was wir manchmal als scheinbare Gegensätze erfahren – zusammengehören. Es ist wichtig, beides im Gleichgewicht zu halten. Gelingt uns dies, so erfahren wir in uns selbst, dass wir allem vertrauen können, weil es in Wirklichkeit keine Trennung gibt. Wir fühlen uns dadurch genährt und geborgen, in welchen Umständen und Situationen wir auch immer uns befinden.

Tages-Deutung

Die Energie dieses Tages kann heute dein grundsätzliches Vertrauen herausfordern – sei es durch Personen oder Situationen. Es kann sein, dass du mit Themen zu tun hast, die deine emotionale, deine finanzielle oder insgesamt deine persönliche Sicherheit betreffen. Vielleicht erkennst du, dass du dich nicht genügend genährt und unterstützt fühlst und dass deshalb Überlebensängste auftauchen. IMIX lädt dich ein, in ihre Tiefen zu steigen und dort auszuruhen. Es ist alles da, was du brauchst – vertraue!

Persönliche Deutung

Das Grundthema von IMIX ist die Sehnsucht, in die Geborgenheit des Mutterschoßes zurückzukehren. Das erzeugt für die betreffenden Menschen oft das Gefühl von Hilflosigkeit und Verlorensein. Sie sind deshalb sehr emotional, aber auch voll Fantasie und Tatkraft. Da sie zudem energiegeladen und kreativ sind, beginnen sie leidenschaftlich gern neue und unbekannte Dinge und Projekte. Dabei legen sie oft auch erstaunliche künstlerische Fähigkeiten an den Tag. Ihre tiefe Sehnsucht nach Geborgenheit und Schutz macht sie sehr sensibel, wodurch sie sich gut in andere hineinversetzen können. Therapeutische oder pädagogische Berufe sind deshalb für sie besonders geeignet. Familie und Kinder sind ein wichtiges Thema für Menschen im Zeichen IMIX, denn sie sind sehr beschützend und fürsorglich. Manchmal arbeiten sie zu hart und fangen viele Projekte an, ohne sie zu beenden. Da sie starke emotionale Sicherheit brauchen, steigern sie sich gerne in ihre Arbeit hinein. Weil sie sich dann kaum mehr Entspannung gönnen, können sie leicht ihr emotionales Gleichgewicht verlieren. Das äußert sich oft auch darin, dass sie sich von der Welt abwenden und die Freude am Gestalten der materiellen Wirklichkeit verlieren.

Anregungen

- Vertraue ich darauf – was immer auch geschieht in meinem Leben –, dass alles gut ist, so wie es ist?
- Gibt es Ereignisse und Situationen, die mich (heute) mit dem Thema des Vertrauens und Loslassens konfrontiert haben?
- Fühle ich mich genährt durch mein Leben, meine Gefühle, meine Gedanken und Handlungen?
- Habe ich die Fähigkeit, von anderen auch etwas anzunehmen (mir etwas schenken zu lassen) oder unterliege ich dem Zwang, anderen nur zu geben?
- Wodurch fühle ich mich getrennt von meinem inneren Wissen, meiner inneren Quelle?
- Treffe ich Entscheidungen nur, wenn sie rundherum abgesichert sind?
- Gönne ich mir selber Zeiten der Ruhe und Entspannung, um in mir die Quelle meiner Sicherheit zu finden?

IK

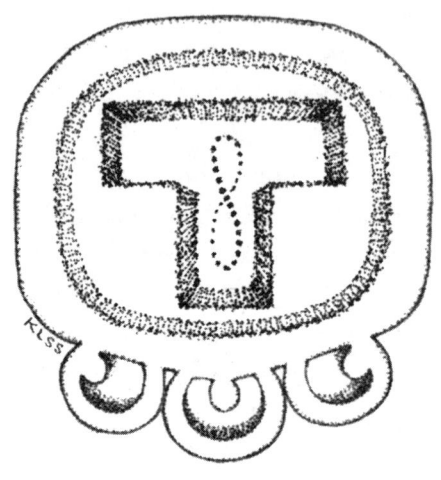

Zahl: 2

Aussprache: »iik«

Bedeutung: Wind, Luft, Geist

Energie: Kraft des Geistes

Eigenschaften:
Inspiration, Kommunikation, Wahrheit, Atem, Gegenwärtigsein,
Zeugung, Mitschöpfer der Wirklichkeit, Einfachheit, unsichtbare
Kräfte, Vereinen von Gegensätzen, Vaterprinzip, männliche Kraft,
heilige Zwillinge, geistige Reife und Klarheit, Kraft der Veränderung

Himmelsrichtung: Norden

Farbe: Weiß

Element: Luft

Planet: Uranus

Chakra: Herz-Chakra

Herausforderung: Themen der Trennung, Zweifel an der Gott-Verbundenheit, zu sehr im Denken verharren, Probleme mit der väterlichen Energie, Unbeherrschtheit, Kommunikationsprobleme

Harmonie: Handeln gemäß der eigenen Inspiration und Intuition, Verwirklichen von kreativen Ideen, Entwickeln geistiger Klarheit, Kommunikationsmuster bewusst entwickeln, Verbindung zur eigenen Quelle herstellen, Geist und Gefühle in Einklang bringen

Zeichenbedeutung: Das »T« symbolisiert den Baum des Lebens, der mit seinen Wurzeln in die Tiefen des Urmeeres (Bereich des Unbewussten) ragt und mit seiner Krone den Himmel berührt. Gleichzeitig ist das »T« die Öffnung eines Fensters in die Welt des Geistes, der die Materie und alle anderen Wirklichkeiten schafft. Die Acht ist Zeichen für die Unendlichkeit dieser schöpferischen Kraft des Geistes.

Mythologie: Wenn der Wind des Geistes in das ruhende Ur-Meer bläst, dann bedeutet das den Beginn der Schöpfung. Männliche und weibliche Energie befruchten einander – eine neue Wirklichkeit entsteht durch die Vereinigung der Gegensätze.

Gottheit: Windgott Ik

IK ist der Wind und der Geist – der göttliche Hauch, der neue Ideen hervorbringt. Das ruhende Urmeer von IMIX wird nun durch den Wind in Bewegung gesetzt. Für die Maya ist IK auch der Baum, der den Menschen und den Lebewesen die Luft und damit den göttlichen Atem gibt. Wenn wir »die Wurzeln der Wahrheit suchen«, dann bedeutet das für die Maya, dass wir alle Gegensätze überwinden, weil wir entdecken, dass es in Wirklichkeit keine Trennung gibt. Manchmal ist IK auch dargestellt als lachende Zunge, ein Hinweis auf die göttliche Freude über die Schöpfung einer inspirierenden Idee.

Tages-Deutung

IK lädt dich heute ein, die Freiheit deines Geistes zu genießen und die Trennungen, die du in deinem Denken vorgenommen hast, zu überwinden. IK kann dich mit Zweifeln konfrontieren, die deine spirituelle Herkunft betreffen. Sie drücken sich aus in einem Gefühl der Trennung vom Geist. Du kannst am besten damit umgehen, wenn du lernst, deiner eigenen Schöpferkraft zu vertrauen und dich von ihr inspirieren zu lassen. Wichtig ist dabei, dass du ganz in der Gegenwart lebst.

Persönliche Deutung

Das Grundthema von IK ist der Drang, seine Umwelt durch schöpferische Ideen und Taten zu beeinflussen und zu verändern. Dieses Zeichen ist stürmisch, nüchtern, sehr körperbetont und gleichzeitig auch inspiriert durch Geist und Denken. Menschen in diesem Zeichen sind vielfältig, einfallsreich, oft künstlerisch begabt und von hohem Bewusstsein, und sie sind ebenso idealistisch wie romantisch. IK ist ein guter Kommunikator und ist fähig, komplizierte Dinge oder auch unsichtbare Zusammenhänge auf einfache Weise auszudrücken, sodass alle sie verstehen können. Wichtig ist es für IK-Menschen, die Verbindung zum Unbewussten und zu ihren Gefühlen aufrechtzuerhalten, da sie sonst in Gefahr sind, ihre Kopflastigkeit durch unbeherrschte Aktionen und Ausschweifungen auszugleichen. IK kann schwer mit Einschränkungen jeglicher Art umgehen und hat oft Probleme, Verpflichtungen einzugehen und Entscheidungen zu treffen. Ihre Angst vor Verantwortung können IK-Menschen am besten durch Bildung und persönliches Engagement überwinden.

Anregungen

- Kann ich mich auf meine Intuition verlassen und mich so durch meinen Geist inspirieren lassen?
- Was verursacht in mir das Gefühl der Trennung?
- Was macht mir Angst, und wie kann ich sie zum Umsetzen meiner Ideen und Visionen nutzen?
- Auf welche Art und Weise bin ich eine Inspiration für andere? Wie begeistere ich sie?
- Lebe ich ganz in der Gegenwart, oder bin ich gefangen von vergangenen Ereignissen oder zukünftigen Herausforderungen?
- Wo bin ich gefragt, Verantwortung zu übernehmen?
- Welche Entscheidungen muss ich treffen, damit ich die Freiheit meines Geistes voll zum Ausdruck bringen kann?

AKBAL

Zahl: 3

Aussprache: »akbal«

Bedeutung: Nacht, Unterwelt, Traumwelt, Haus

Energie: Kraft der Idee

Eigenschaften:
Intuition, Träumen, Abgrund, Mysterium, Heiterkeit, Reise ins
Selbst, bewusste Traumzeit, Stille, Blick nach innen, Erweiterung
des Bewusstseins

Himmelsrichtung: Westen

Farbe: Blau

Element: Wasser

Planet: Saturn

Chakra: Solarplexus-Chakra

Herausforderung: Sehr innerliche und subjektive Einstellung, Depression, Selbstverurteilung, Angst vor Veränderungen, Angst vor den eigenen inneren Tiefen

Harmonie: Stille, Fülle, Kreativität, Überfluss, Abstand nehmen von Selbstkritik und Selbstverurteilung, akzeptieren der eigenen Schattenbereiche, bewusste Aufmerksamkeit

Zeichenbedeutung: Was manche Kulturen als den »Rachen der Unterwelt« bezeichnen, gilt für andere wiederum als Traumzeit-Netz oder als fruchtbarer Boden, in welchem sich neue Wirklichkeiten bilden und nach oben öffnen. Ein Vorhang liegt schützend über diesem Traum-Polster – Zeichen einerseits für den »Schleier des Vergessens« und andererseits dafür, dass jene hinter der sichtbaren Welt liegende Wirklichkeit einen anderen Zugang hat als die Alltagswelt. Hier Eingang zu finden heißt: alle Ebenen des Seins – nämlich Körper – Geist – Seele oder auch Bewusstsein – Unterbewusstsein – Körper (im Zeichen symbolisiert durch die drei Öffnungen) – im Alltag zu vereinen.

Mythologie: In der Vorstellung der alten Völker liegt die ozeanische Urwelt unterhalb der Erde. Aus ihr geht alles hervor, und zu ihr geht auch alles zurück. Mit AKBAL zeigt sich im gestaltlosen Ur-Ozean nun durch die Inspiration des Geistes (IK) die Welt aller Möglichkeiten. Das ist der Stoff, aus dem die Schöpfung hervorgehen wird. Aus Möglichkeit wird Wirklichkeit, aus dem Ungeformten entsteht nun die sichtbare Welt der Materie. Die Geburtswehen haben bereits eingesetzt.

Gottheit: Götter der Unterwelt gemeinsam mit Urgöttin Mam

AKBAL bedeutet Nacht, und es ist die Dunkelheit, in der sich nun die weibliche Energie von IMIX und die männliche Kraft von IK vereinen, damit Neues entsteht. Es geht hier um das Hinabsteigen in die Traumzeit, wie wir sie aus den Mythen der australischen Aborigines kennen. AKBAL ist die Reise in unser Selbst. Das ist jener Ort, an den wir uns jederzeit zurückziehen können. Es ist das Feld der grenzenlosen Möglichkeiten, das sich unterhalb der Tiefen menschlicher Emotionen und Gefühle findet. Jeder Unterschied zwischen Damals und Jetzt, wirklich und möglich, Traum und Träumer ist hier aufgehoben. Hier ist alles eins, und unser Bewusstsein dehnt sich aus in die Unendlichkeit.

Tages-Deutung

Du bist mit AKBAL eingeladen, wieder bewusst zu träumen und die unerschöpflichen Möglichkeiten deiner Traumwelt in deine alltägliche Wirklichkeit zu bringen. Alles, was du dafür benötigst, ist das Loslassen deiner Angst vor den unbekannten Tiefen in dir. Wenn wir still werden, dann spüren wir oft das Unbehagen vor der Dunkelheit in uns selbst. Wenn wir jedoch in diesen Tunnel hineingehen, dann werden wir entdecken, dass genau hier der Stoff zu finden ist, aus dem wir unsere Wirklichkeit weben. Tritt heraus aus den Wirbeln des Lebens und nähre dich *durch* deine und *in* deiner Traumwelt!

Persönliche Deutung

AKBALs Grundthema ist das Gleichgewicht zwischen bewusster und unbewusster Welt. Kennzeichnend ist hier der Reichtum des Unter- oder Unbewussten. Da Menschen unter diesem Zeichen oft wenig körperliche Kraft aufweisen, streben sie gerne nach geistiger und körperlicher Stabilität durch ein abgesichertes Leben zu Hause, in der Familie und im Beruf. Ihre energetischen Schwächen gleichen sie jedoch oft durch ein hohes Maß an Kreativität und Intuition aus. Meist sind sie konservative und zurückgezogene Menschen mit erstaunlicher Logik und organisatorischem Talent. Häufig besitzen sie Tiefe, sind nachdenklich und in sich gekehrt. Sie zeichnen sich aus durch gutes Durchhaltevermögen und können sehr hart arbeiten. Wenn sie unausgeglichen sind, dann kommt es bei diesen Menschen häufig zu mentaler Starrheit und harter Selbstkritik bis hin zu schweren emotionalen Blockaden mit depressiver Grundstimmung – zumeist verursacht durch Gefühle von Hilflosigkeit und Sinnlosigkeit. Sie ziehen sich dann gerne zurück und geben sich ihrer Sehnsucht nach der Rückkehr in die archaische Traumzeit hin. Dadurch verlieren sie leicht die Fähigkeit, sich mitzuteilen oder generell etwas mit anderen zu teilen. Es ist für AKBAL-Menschen wichtig, bei allem was sie tun, sichere Grundlagen zu finden. Dies kann besonders unterstützt werden durch die Schaffung eines ruhigen und friedvollen inneren Platzes. Ihre tiefe Verbundenheit mit dem Netz der Traumwelt und ihr Einfühlungsvermögen befähigt sie – wie kein anderes Zeichen – für soziale und heilende Berufe und zur intuitiven Vorausschau von Ereignissen.

Anregungen

- Wie sieht meine Traumwelt aus? Ist sie reich und voll von Bildern, oder mache ich davon keinerlei Gebrauch?
- Kann ich bewusst träumen, um daraus meinen Alltag zu gestalten, oder träume ich, um aus dem Leben zu flüchten?
- Habe ich den Platz in mir gefunden, der mich nährt und mir neue Ideen gibt?
- Was ist die Ursache für meine Angst vor Veränderungen?
- Anerkenne ich meine tiefen Emotionen als wichtigen Teil meiner selbst?
- Fühle ich mich in mir selbst zu Hause?
- Wodurch kann ich meine zerstörerische Selbstkritik ersetzen?
- Betrachte ich mein Leben und meine Welt als unerschöpfliche Quelle von Möglichkeiten, aus der ich selbst meine Wirklichkeiten schaffe?

KAN

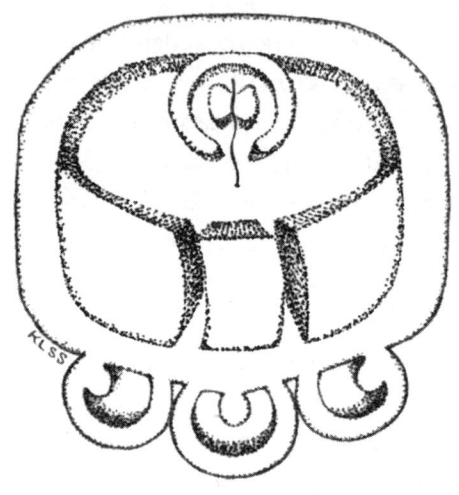

Zahl: 4

Aussprache: »kan«

Bedeutung: Samenkorn, Mais, Reife, Eidechse

Energie: Kraft des Erblühens

Eigenschaften:
Samen, Keimen, Schöpfung, Talente, fruchtbarer Boden,
Schwangerschaft, Reifung, Entwicklung

Himmelsrichtung: Süden

Farbe: Gelb

Element: Feuer

Planet: Jupiter

Chakra: Wurzel-Chakra

Herausforderung: Begrenzung neuer Möglichkeiten, Bevorzugung von Sicherheit anstatt von Wachstum und Erwachen, Möglichkeiten ungenutzt lassen, in die vorbewusste Ebene zurückfallen, die eigenen Talente und Fähigkeiten brachliegen lassen

Harmonie: Zielgerichtetheit entwickeln, an der Fruchtbarkeit des eigenen Lebens arbeiten, die ordnende Kraft des Wachstums nutzen, persönliche Ziele tatkräftig umsetzen

Zeichenbedeutung: Der Boden ist schon aufbereitet, sodass die ersten Samenkörner mit all ihren Möglichkeiten gesät werden können. Die Saat fällt von oben in die Tiefe des Erdbodens. Zu ihrer Reifung benötigt sie die Kräfte des Himmels – Regen, Sonne, Wind – ebenso wie den dunklen, nährhaften Boden der Erde.

Mythologie: Die Zeit des Gestaltens und Schaffens ist gekommen, da alle Voraussetzungen erfüllt sind. Die Kräfte der Unterwelt sind vorläufig noch immer die gestaltenden Elemente, und Urgöttin Mam hat ihren Rachen geöffnet, damit das gestaltlose Wasser nun langsam Formen annehmen kann. Die Samenkörner tragen das Leben bereits in sich. Aber wie ein Kind brauchen sie Zeit, um zur vollen Reife kommen zu können. Es ist noch ein weiter Weg bis zur Entwicklung von Säugetieren und Menschen aus den ersten einfachen Lebensformen heraus.

Gottheit: Urgöttin Mam

KAN ist der Samen, der in den fruchtbaren Erdboden gesät wird, welcher durch AKBAL aufbereitet wurde – das Samenkorn wird etwas Neues zum Aufkeimen bringen. KAN ist das sorgfältige Pflanzen neuer Möglichkeiten, die uns nähren können und uns den Ort unserer Bestimmung zeigen. KAN ist zum einen die tatkräftige Handlung des Aussäens (unserer Ideen, Wünsche, Projekte, Träume), und zum anderen ist es auch die Empfänglichkeit der fruchtbaren Erde, in welche die Saatkörner fallen. Es ist das Gleichgewicht von Tun und Sein, von Aktivität und Passivität.

Tages-Deutung

Vielleicht bist du heute konfrontiert mit Dingen, Situationen und Personen, die dich unsicher gemacht haben, weil sie deine selbst gesetzten Grenzen und Sicherheiten in Frage gestellt haben. Sie haben deine wunden Punkte getroffen, wobei es sich um Überzeugungen, Lebensgrundsätze, Urteile oder Verhaltensmuster handeln kann. Wenn du dadurch dein Wachstum begrenzt hast, dann ist es vielleicht an der Zeit, die Erde neu aufzubereiten und offen zu werden für das Pflanzen neuer Möglichkeiten. Deine Träume und Ideen ruhen in dir, sie warten nur noch darauf, dass du sie aussäst.

Persönliche Deutung

KAN ist sehr erdverbunden und verfügt über die Fähigkeit, tiefe Gefühle und Erfahrungen – am besten künstlerisch (durch Musik, Tanz, Malerei usw.) – zum Ausdruck zu bringen. KAN-Menschen tun dies mit viel Begeisterung ebenso wie mit einem Hauch von Humor. Eine andere Ausdrucksmöglichkeit ihres tiefen Wissens liegt in ihrer umfassenden Menschenkenntnis und in ihrem Einfühlungsvermögen, was sie fähig macht, anderen mit Rat und Tat zur Seite zu stehen. Da sie sehr in ihrem Gefühlsbereich leben, zeigen sie manchmal wenig Antriebskraft und erscheinen passiv. Wenn sie nicht im Gleichgewicht sind, kann es sein, dass sie Illusionen hinterherlaufen und dabei ihre Lebensaufgabe vergessen. KAN-Menschen nehmen das Leben oft überaus ernst, was sie deprimiert und hoffnungslos machen kann. Wenn sie es verstehen, aus der Sicherheitsschale des Samenkorns auszubrechen, dann finden sie schnell großartige Möglichkeiten für Wachstum und Entfaltung.

Anregungen

- Habe ich meine Herzenswünsche schon gesät?
- Habe ich dafür gesorgt, dass die Erde, in die sie fallen, auch wirklich fruchtbar ist?
- Kenne ich meine persönliche Aufgabe im Leben, und weiß ich auch, dass sie wichtig ist?
- Wo begrenze ich mein eigenes Wachstum durch alte, festgefahrene Meinungen und Verhaltensmuster?
- Brauche ich den Panzer der Sicherheiten noch weiterhin, oder kann ich ihn ablegen, weil ich in mir selbst die Sicherheit des Wachstums geschaffen habe?
- Wo bin ich herausgefordert, zu säen, und wo ist es wichtig, empfangsbereit zu sein, um das Saatkorn zu empfangen?
- Ist mir bewusst, dass ich selber meine eigenen Träume und Möglichkeiten erwecken muss?
- Weiß ich, dass ich meine eigene Wirklichkeit selber schaffe und deshalb dafür die Verantwortung trage?

CHICCHAN

Zahl: 5

Aussprache: »tschik´tschan«

Bedeutung: Schlange, Milchstraße

Energie: Kraft der Lebensenergie

Eigenschaften:
Vitalität, Leidenschaft, Körperweisheit, Kreativität, Instinkt,
Kundalini, Läuterung, Integration, Intimität, Einheit der
Gegensätze

Himmelsrichtung: Osten

Farbe: Rot

Element: Erde

Planet: Asteroiden-Gürtel

Chakra: Kronen-Chakra

Herausforderung: Überbewertung körperlicher und sinnlicher Wünsche, fehlende Selbst-Liebe, starke Ego-Betonung, Konflikten ausweichen

Harmonie: Betonung von Lebensfreude, von Zeit zu Zeit bewusste Änderungen im Leben herbeiführen, Ausgleich von Gegensätzen, den Alltag leidenschaftlich gestalten

Zeichenbedeutung: Die gefiederte Himmelsschlange ist das Zeichen für den göttlichen Maya-Gesandten Quetzalcoátl/Kukulkán, dessen Wiederkunft von den Maya erwartet wurde. Die Schlange gilt auch als die Kraft, die unsere Energiezentren – die 7 Chakren – durchpulst, und die in vielen Kulturen *Kundalini* genannt wird. Das Warten der Maya auf den Himmelsgesandten entspricht der Entwicklung der bei der Geburt eingerollt in der menschlichen Wirbelsäule ruhenden Kundalini-Energie. Ein Mensch gilt als erwacht und erleuchtet, wenn diese Energie zur vollen Entfaltung gekommen ist.

Mythologie: Die Maya betonen immer wieder, dass im Universum alles *eins* ist. Diese Einheit besteht aus der Balance von gegensätzlichen Kräften, die einander anziehen und wieder abstoßen. Auch die Urgöttin Mam hat somit eine männliche Seite, deren Name Quetzalcoátl/Kukulkán ist. Er ist der Himmelsgott und damit der Gegenpol zur Unterwelt, deren Gleichgewicht in der Mitte – also auf der Erde (der Mittelwelt) – gefunden werden muss.

Gottheit: Quetzalcoátl in Mexiko; *Kukulkán* in Guatemala

CHICCHAN ist die Schlange. Sie ist Symbol für Leidenschaft und Körperlichkeit. Beide sind notwendig, um das Samenkorn (KAN) zum Keimen zu bringen. Zugleich ist CHICCHAN auch der Inbegriff von Heilung, Verwandlung und Ganzheit. Chicchan verbindet die scheinbaren Gegensätze (weiblich – männlich, Samenkorn – fruchtbarer Boden usw.) und stellt die Verbindung zwischen intensiven körperlich-ekstatischen Erfahrungen und der Welt des höheren Bewusstseins her. Vervollständigung und Erleuchtung finden *durch* den Körper und die Sinne statt und nicht durch deren Verneinung. Erst wenn sich die Schlange häutet, indem sie Gewohnheiten und Sicherheitsbedürfnisse abstreift, kann sie sich der lebendigen Kraft ihrer Intuition und ihrer Instinkte bedienen.

Tages-Deutung

Vielleicht weist CHICCHAN dich heute darauf hin, dass du zu sehr in körperlichen Bedürfnissen (Sicherheit, Genuss ...) verharrst und dadurch eine gute Gelegenheit zur Veränderung übersehen kannst. Oder du bist übermäßig in alltäglichen Problemen und Sorgen verstrickt, sodass du die Signale deines Körpers nicht mehr hören kannst. Wenn du lernst, völlig im Augenblick zu leben und dabei auf deine Sinne und inneren Signale hörst, dann wird CHICCHAN dir helfen, deine starke Leidenschaft für das Leben zu entwickeln. Denn Vitalität und Leidenschaft sind wichtig für das Gelingen unserer Lebenspläne.

Persönliche Deutung

CHICCHAN ist durch die starken Kräfte, die es in sich trägt, körperlich und geistig meist sehr gut entwickelt. CHICCHAN-Menschen können leidenschaftliche Emotionen und Gefühle zeigen, die andere mitreißen. Das umgibt sie mit einem Flair des Außergewöhnlichen. Sie ziehen andere an, ohne sie jedoch nahe an sich herankommen zu lassen. Es scheint ihnen immer alles zu gelingen, doch wissen sie meist selbst nicht, warum. Oft folgen CHICCHAN-Menschen ihren sehr starken Ego-Prinzipien, was sie daran hindert, wirkliche Selbst-Liebe zu entwickeln. Harmonie ist ihnen überaus wichtig, und deshalb schlägt ihre Sehnsucht nach Überwindung aller Trennungen leicht in die krankhafte Sucht nach absoluter Harmonie um. Um vorübergehende Sicherheit zu erreichen, können CHICCHAN-Menschen deshalb sehr exzessiv sein. Dann sind sie in Gefahr, der Genusssucht zu verfallen und auch normale, alltägliche Notwendigkeiten völlig zu vergessen. CHICCHAN ist herausgefordert, seinen Instinkten zu folgen, sich selbst zu lieben und Konflikten mit offenen Augen zu begegnen. Am besten gelingt dies, wenn diese Menschen Aufgaben finden, die der Versöhnung von Gegensätzen gewidmet sind und ihnen intensive Lebensfreude vermitteln.

Anregungen

- Lebe ich ganz im gegenwärtigen Augenblick?
- Sind es meine Instinkte und meine Intuition, aus denen ich meine Entscheidungen treffe, oder verlasse ich mich nur auf meine Vernunft?
- Kann ich meine Körperlichkeit ohne Einschränkung genießen?
- Bin ich getrieben von meinen Süchten (Ess-, Sex-, Spielsucht...), oder bin ich selbst der Motor meines Lebens?
- Wie drückt sich meine Leidenschaft für das Leben aus?
- Wie nähre ich meine Lebenskraft, und wo finde ich tiefe Lebensfreude?

CIMI

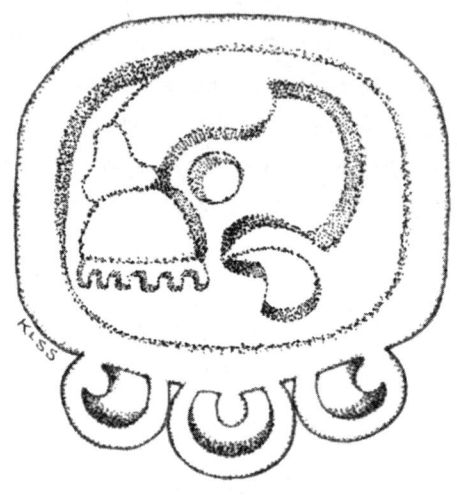

Zahl: 6

Aussprache: »kimi«

Bedeutung: Weltenüberbrücker, Tod

Energie: Kraft des Ausgleichens

Eigenschaften:
Ergebung, Befreiung, Tod, Vergebung, Demut, Loslassen, neue
Entwicklungen, Vollendung, wirkliches Leben, Transformation

Himmelsrichtung: Norden

Farbe: Weiß

Element: Luft

Planet: Mars

Chakra: Kehlkopf-Chakra

Herausforderung: Todesfurcht, innerer Zwang zur ständigen Kontrolle, Kampf und Widerstand, Niedergeschlagenheit, Freudlosigkeit, Erstarrung in alten Mustern

Harmonie: Veränderung als Chance annehmen, die befreiende Kraft der Sterblichkeit entdecken, Loslassen und Tod als Brücke zu anderen Welten entdecken

Zeichenbedeutung: Die Zeugung eines Lebewesens ist der Beginn seines Todes. Das Leben schleudert es aus seiner ursprünglichen Einheit heraus, und es beginnt die Suche nach der Einheit in der Welt der Gegensätze von Raum und Zeit. Erst im Tod kehrt es zum Leben in der totalen Vereinigung zurück.

Mythologie: Tod und Leben sind ein ewiger Kreislauf bei der Erschaffung neuer Welten, Lebewesen und Wirklichkeiten. Alles, was aus der Unterwelt Xibalbá hervorgeht und geboren wird, muss dorthin auch wieder zurückkehren. Die Unterwelt ist die »kosmische Gebärmutter« der Maya – ein Ort der Sanftheit, des Ausruhens und des Sammelns von Kräften für ein neues Leben.

Gottheit: Todesgott *Ahpuch* in der Unterwelt Xibalbá

CIMI ist der Weltenüberbrücker, der auch Tod genannt wird. Sein Wesenskern ist die Sanftheit, durch die er alles Festgehaltene und Kontrollierte befreit. CIMI ist die Umarmung all dessen, was nicht mehr länger dem Leben dient. Wahre Leidenschaft, wie sie durch CHICCHAN entfacht wurde, braucht Hingabe. Und Hingabe ist Ergebung in die größere Freiheit, was wir auch als Tod bezeichnen. Tod ist das Loslassen dessen, was vorüber ist und die Öffnung für das Neue. Da Loslassen oft von starken Ängsten begleitet ist, bringt CIMI die Ermutigung, auf das zuzugehen, was als großes Unbekanntes vor uns liegt. CIMI ist somit in Wirklichkeit der Lebensbringer. Wie in vielen anderen Kulturen, so liegen auch bei den Maya Eros (Chicchan) und Tod (Cimi) direkt nebeneinander.

Tages-Deutung

An CIMI-Tagen kannst du in Situationen geraten, die dir zeigen, wie sehr du – aus Angst vor Veränderung – alles unter Kontrolle hältst. Vielleicht sind es Menschen, die dir zeigen, dass sie nicht mehr länger unter deiner Kontrolle stehen wollen. Oder es sind Ereignisse, in denen du jemanden oder etwas (den Beruf ...) plötzlich loslassen musst. Vielleicht spürst du aber auch in dir selbst, dass es notwendig ist, sich wieder einmal von etwas Gewohntem oder lieb Gewordenem zu lösen. Oder es bietet sich dir heute eine Gelegenheit, mittels derer du in tiefere Bereiche deines Lebens hineinsehen kannst und dabei erkennst, dass du sehr lange bloß an der Oberfläche, in der Welt der materiellen Dinge, gelebt hast.

Persönliche Deutung

CIMI ist geprägt von der Fähigkeit, alte Muster loszulassen und mit Leichtigkeit, die gepaart ist mit einem hohen Sicherheitsbewusstsein, den verschiedenen Stufen seiner Entwicklung zu folgen. Wenn CIMI-Menschen jedoch diese Leichtigkeit verlieren, fallen sie oft in Resignation, Melancholie bis hin zur Depression und sehen nur noch die Tragik des menschlichen Lebens. Sie leiden dann unter der Angst vor jeglicher Art von Veränderung, hängen an materiellen Dingen und erstarren in leblosen Mustern. Grundsätzlich sind CIMI-Menschen sehr fürsorglich und hilfsbereit. Ihr gezielter Einsatz für das Wohlbefinden ihrer Familie und der Gemeinschaft, in der sie leben, kann ihnen aus ihrem Kummer über die Vergänglichkeit des Lebens heraushelfen. CIMIs Interessen gehen sehr oft in den Bereich von Philosophie, Religion und Spiritualität. Wenn Menschen dieses Zeichens hier ihre beruflichen Interessen und ihre Lebensvision in Übereinstimmung bringen können, dann erschaffen sie sich meist ein sehr kreatives Tätigkeitsfeld, für das sie gerne ein großes Maß an Verantwortung übernehmen. Dadurch können sie auch das nötige Vertrauen in die größeren Zusammenhänge des Lebens gewinnen, was sie wiederum befähigt, sich als aktive Gestalter und nicht als Opfer des Lebens zu betrachten.

Anregungen

- Was ängstigt mich, wenn ich Worte wie Tod, Loslassen, Ergebung höre?
- Kann ich den Tod (auch als Symbol in meinem Leben) als Mittel zur umfassenderen Befreiung sehen?
- Bekommt der Tod eine positive Gestalt, wenn ich ihn als Weltenüberbrücker betrachte – als jemand, der die Welten in mir (körperliche, geistige, emotionale, spirituelle) verbindet?
- In welchen Bereichen bin ich gefordert loszulassen, um mich selber zu befreien von den Mauern, die ich – aus Angst vor Veränderung – um mich gebildet habe?
- Sind diese Mauern vielleicht die Ursache für meine Schwermut?
- Was geschieht, wenn die Mauern fallen? Sterbe ich dann? Oder tut sich ein neuer Horizont vor mir auf?

MANIK

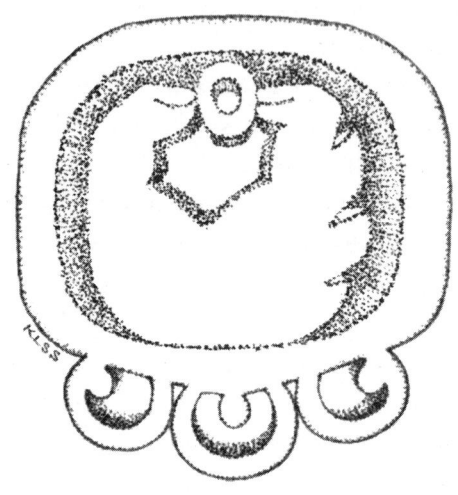

Zahl: 7

Aussprache: »manik«

Bedeutung: Hand, Hirsch

Energie: Kraft der Vollendung

Eigenschaften:
Schöpferkraft und unerschöpfliche Tatkraft, Vervollkommnung,
Öffnung, Tanz, Wissen, Identifikation, Schönheit, Heilen, innerer
Arzt, Täuschung, Manipulation, Temperament, Fülle

Himmelsrichtung: Westen

Farbe: Blau

Element: Wasser

Planet: Erde

Chakra: Herz-Chakra

Herausforderung: Dinge nicht beenden können, zu viel reden, zerstreut und gehetzt sein, etwas anderes vorgeben, als man ist, auf sich selbst hereinfallen, andere verführen, sich dem inneren Heilungsprozess widersetzen

Harmonie: Sich Ablenkungen bewusst machen, die vitale Kraft des Körpers nutzbar machen, Begonnenes zur Vollendung bringen, den Wissensdurst stillen, die inneren Selbstheilungskräfte freisetzen, dem (oft künstlerischen) Hang zur Schönheit nachgeben und ihn produktiv umsetzen, zum tiefen inneren Wissen Zugang bekommen

Zeichenbedeutung: Die Hand ist das Werkzeug, welches den Menschen auszeichnet. Mit ihr gestaltet und berührt, heilt und gestikuliert er. Die Hand muss leer sein, damit sie gefüllt werden und sich öffnen kann für den Dienst an Menschheit und Planeten. Erst durch die kreative Verwendung seiner Hand gelangt der Mensch zum wahren Wissen, welches die Maya mit dem »O«[55] bezeichnen. Es ist dies das Zeichen für ein vollendetes schöpferisches Bewusstsein.

Mythologie: Die Zeit ist gekommen, in der die Erschaffer – wie das *Popol Vuh* berichtet – den Menschen aus Mais bilden. Dies gelingt so vollkommen, dass die Götter anfangen, die Perfektion ihrer Schöpfung bedenklich zu finden. Der Hauptschöpfer Itzamná/Kukulkán erscheint in der Gestalt des mächtigen Hirschgottes Tohil, der zuerst – wie Prometheus – den Menschen das Feuer der Götter bringt, und der sodann wegen seiner Macht immer wieder die Menschen erschreckt.

Gottheit: Itzamná/Kukulkán in der Erscheinung als der Donner-Gott *Tohil* (Hirschgott)

MANIK ist die Hand, die empfängt und weitergibt. Nachdem CIMI die Hände geleert hat von allem Unnötigen und Leblosen, können sie nun offen ausgestreckt werden, um Neues entgegenzunehmen. Es gilt hier, tiefes Wissen um die Geheimnisse des Lebens und Werkzeuge des Heilens und der Heilung in Empfang zu nehmen. MANIK öffnet das Tor für neues Wachstum, lehrt uns die Handhabung der neuen Werkzeuge und führt uns so hin zu unserem wahren Wesenskern.

Für die Maya bedeutet MANIK auch den Hirsch, nämlich den mächtigen Hirschgott Tohil. Er ist der liebevolle selbst-bewusste Führer, der mit List und Täuschung verführt und mit seiner sprühenden Geisteskraft neue Möglichkeiten öffnet sowie Unbekanntes enthüllt. Wie eine Woge rollt er über alle hinweg, die in seine Nähe kommen.

Tages-Deutung

MANIK-Tage können dir viele neue Möglichkeiten eröffnen. Halte Ausschau danach, und versichere dich, dass du mit leeren Händen kommst, denn volle Hände können nicht mit Neuem gefüllt werden. Manchmal sind es Glaubenssysteme, Rollen, Vorbilder oder auch irgendwelche Werkzeuge (wie Horoskope, Bücher usw.), an denen wir zu sehr hängen, und die uns dann den Weg verstellen. Dieser Tag kann dich herausfordern, dass du dir bewusst machst, dass allein DU selbst das Werkzeug bist, das du benötigst. Alles andere sind nur Hilfsmittel. Vielleicht merkst du heute auch, dass du zu viel auf deine Schultern geladen und deshalb so manches angefangen, doch wenig beendet hast. Unbeendete Dinge aber können verhindern, dass du dich für neue Schritte öffnest.

Persönliche Deutung

MANIK zeigt oft ein unwahrscheinliches Ausmaß an Energie und (körperlicher) Kraft und entwickelt meist eine einzigartige Individualität. Temperament, künstlerisches Talent sowie starke heilerische

Fähigkeiten sind ebenfalls kennzeichnend. MANIK-Menschen sind meist sehr naturbezogen und großzügig, und durch ihre Leidenschaft für das tiefe innere Wissen in sich selbst wirken sie auf andere zumeist sehr anziehend. Das ist auch der Grund, warum sie bei anderen – ebenso wie für sich selbst – die inneren Selbstheilungskräfte motivieren können. MANIK-Menschen sind einerseits Einzelgänger, zum anderen engagieren sie sich aber auch gern für die Gesellschaft. Damit sie ihr inneres Gleichgewicht halten können, ist es meist wichtig, dass sie in einer Partnerschaft leben. MA-NIK-Menschen sind somit herausgefordert, einen Ausgleich zwischen ihren persönlichen Bedürfnissen und den Bedürfnissen anderer zu finden. Oft stellen sie sich dieser Herausforderung mit dem ihnen innewohnenden Hang zur Schönheit.

Anregungen

- In welchen Bereichen in meinem Leben setze ich mich unter Druck und lade mir zu viel auf?
- Was hindert mich daran, Dinge, die ich beginne, abzuschließen? Wodurch lasse ich mich ablenken?
- Vertraue ich zu sehr auf die Macht von Hilfsmitteln anstatt meiner eigenen Kraft?
- Sind meine Beziehungen so gestaltet, dass ich darin auch meine persönliche Freiheit leben kann?
- Kenne ich meine Bestimmung in diesem Leben, und habe ich die dazu passenden Talente und Werkzeuge in mir zur Entfaltung gebracht?
- Gibt es einen Bereich in meinem Leben, der meiner Liebe zum Schönen, zum Tänzerischen und Ekstatischen gewidmet ist?

LAMAT

Zahl: 8

Aussprache: »la mat«

Bedeutung: Kaninchen, Mond, Himmelslichter

Energie: Kraft der Anmut

Eigenschaften:
Harmonie, Wegweiser, klare Perspektive, List, Überwindung
der Unterwelt, Sternensaat, Mondlicht, Sinnlichkeit, Gemeinschaft,
Intuition, Liebe

Himmelsrichtung: Süden

Farbe: Gelb

Element: Feuer

Planet: Venus

Chakra: Solarplexus-Chakra

Herausforderung: Selbstzweifel, Hilflosigkeit gegenüber Situationen der Disharmonie, Gefühl der Trennung vom Göttlichen, Angst vor der Macht des Unterbewusstseins

Harmonie: Sich in Harmonie üben, Disharmonie durch Liebe beenden, vollständig in sich selbst gegenwärtig sein, gezielten Zugang zum eigenen Unterbewusstsein lernen, Körperweisheit nutzen

Zeichenbedeutung: Das Kreuz teilt dieses Zeichen in vier Teile und verweist so auf die Einheit von »oben« und »unten« ebenso wie auf die vier Himmelsrichtungen, welche in unserem Bewusstsein die Gesetze des Universums verankern. Der Mond garantiert den natürlichen Rhythmus von Werden und Vergehen auf unserem Planeten, die runde Öffnung verweist auf den Zugang zu den Sternen – für die Maya der »Ort« unserer Herkunft. Das Kaninchen ist als Symbol der Mondgöttin eng verbunden mit dem Mond, welcher Menschen und Erde in den natürlichen Rhythmen bewegt und den ewigen Kreislauf des Lebens aufrechterhält.

Mythologie: Das *Popol Vuh* berichtet, dass die Menschen ihre Weisheit vergessen haben, weil die Götter einen Schleier darüber gelegt haben. Das Spiel zwischen Göttern und Menschen geht aber weiter, und Menschen und Götter fordern sich gegenseitig heraus. Die Menschen werden von den Heldenzwillingen Hunahpú und Ixbalanqué vertreten. Sie entwickeln eine List, damit sie beim Ballspiel den von den Herren der Unterwelt abgeschlagenen Kopf von Hunahpú wieder zurückgewinnen. Statt nun den Schädel über den Ballspielplatz zu schießen, nehmen sie einen Kürbiskopf und werfen ihn zu jenem Baum, hinter dem ein Kaninchen wartet. Die Herren der Unterwelt fallen darauf herein und jagen dem Kaninchen nach. Die List hat zur Folge, dass nun die Himmelslichter angehen.

Gottheit: Junge Mondgöttin *Ixchél* (*Ixquic*) mit Kaninchen als Schutztier (*Nagual*)

LAMAT ist die Überwindung der »Unterwelt«, der Schattenseiten unseres Lebens. Ausgestattet mit dem neuen Handwerkszeug von MANIK kommen wir nun zurück zum Zentrum unseres Lebens. Wir beginnen, unsere Bestimmung – die wir vielleicht für lange Zeit vergessen haben – wieder zu entdecken. Der nächtliche Himmel ist dabei Ausdruck von Harmonie, Liebe und erweiterter Sichtweise. Wir sind bisher den Weg der Erde gegangen, jetzt aber erinnern wir uns – wie die Maya sagen – dass wir auch von den Sternen kommen. Der Durchgang durch die Sternenpforte bedeutet deshalb, dass wir unsere erdbegrenzte Sicht nun erweitern werden – hinein in die Unendlichkeit des Alls und des Lebens.

Tages-Deutung

Ein LAMAT-Tag kann dein Selbstbewusstsein herausfordern, indem du siehst, dass du durch bestimmte Situationen und Personen immer wieder in ein Gefühl der Angst und der Unterlegenheit hineingerätst. Vielleicht fühlst du dich durch derlei Selbstzweifel völlig getrennt von deinem inneren Selbst, was dann dazu führt, dass du noch mehr Disharmonie erlebst. LAMAT wird dich bei der Entwicklung eines gesunden und starken Selbstbewusstseins unterstützen, und dann wirst du entdecken, dass du den Situationen und Personen jene Übermacht nehmen kannst, die du ihnen selbst zugeschrieben hast. Wenn du in dir selbst voll Harmonie bist, werden auch andere Menschen dir so begegnen.

Persönliche Deutung

LAMAT ist gekennzeichnet durch listiges, kluges Denken und Handeln. Die diesen Menschen innewohnende natürliche Körperweisheit gibt ihnen sowohl sinnlich-künstlerische als auch heilerische Fähigkeiten. Können sie diese jedoch nicht entfalten, dann stürzen sie sich gerne in übermäßige Arbeit (bis hin zur Arbeitssucht) und versuchen so, die fehlende Harmonie auszugleichen. Wenn sie Aufgaben nicht zu Ende führen können, dann sind LAMAT-Menschen leicht in der Gefahr, total aus der Kontrolle zu geraten. Sie verlieren jegliches Selbstbewusstsein und sehen sich konfrontiert mit den tiefen natürlichen und unbewussten Ebenen ihres menschlichen Seins. Völlige Ablehnung ihrer Triebkräfte, großes Misstrauen oder extreme Ausschweifungen können dann die Folge sein. Wenn Menschen dieses Zeichens es jedoch schaffen, die tiefe Weisheit ihres Körpers und ihrer Gefühle in ihr tägliches Leben zu integrieren und spontan auszudrücken, dann können sie solche Extreme vermeiden. Sie strahlen dann meist große Ruhe aus und sind fähig, Außergewöhnliches zu erreichen.

Anregungen

– Gibt es Menschen und Situationen, die ich gefühlsmäßig als zu übermächtig erlebe, um mich mit ihnen auseinander setzen zu können?
– Welche Situationen und Menschen sind es, die mich leicht aus meiner Balance werfen?
– Kann ich mich so ausdrücken, wie ich wirklich bin, oder verstecke ich mich hinter einer Fassade?
– Begrenze ich mich selbst, indem ich meine Fähigkeiten verstecke?
– Brauche ich Exzesse, um die rigorose Kontrolle über mich (und andere) aufgeben zu können?
– Welche Bereiche in meinem Leben brauchen Harmonie, sodass ich mich darin wohl fühlen kann?

MULUC

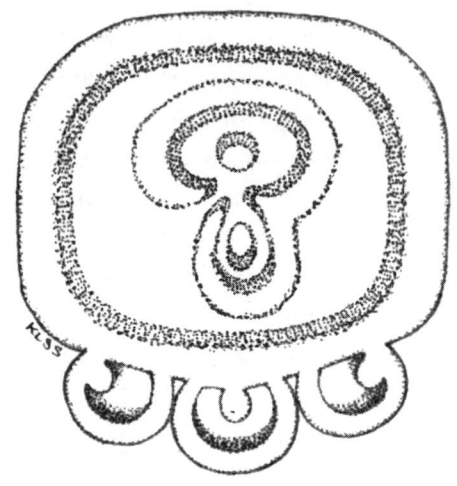

Zahl: 9

Aussprache: »mu'luk«

Bedeutung: Wasser, Regentropfen, Mondrhythmen, Fisch

Energie: Kraft der Selbsterinnerung

Eigenschaften:
Fließen, reinigen, Aufmerksamkeit, Aussaat, Bewusstwerden,
Identität, Signale des Universums, Offenheit, Mondrhythmen,
Gezeiten

Himmelsrichtung: Osten

Farbe: Rot

Element: Erde

Planet: Merkur

Chakra: Kronen-Chakra

Herausforderung: Selbstzerstörung und Selbstablehnung; vergessen, wer man ist; negative Selbstgespräche, eigene Talente verstecken, lähmende Routine, aufgestaute Emotionen

Harmonie: Sich des eigenen Lebensplanes erinnern; ins Unterbewusstsein eintauchen, mit Menschen leben, die das Wiedererin-
nern fördern; die Zeichen des Universums verstehen lernen

Zeichenbedeutung: Das Gewölbe des Himmels legt sich schützend
über die Erde, deren Boden bereit ist, den reinigenden und näh-
renden Regen und das Licht von oben zu empfangen. Was in der
Tiefe der Erde heranwächst, braucht den Austausch mit den gestaltenden, fördernden Kräften von oben. Doch auch der Funke
des Geistes von oben braucht die Tiefe des schützenden Bodens,
um zur völligen Reife zu gelangen.

Mythologie: Nachdem nun am Himmel Sonne und Mond ihren Lauf
genommen haben, wird es für die Menschen Zeit, den Ackerboden fruchtbar zu machen und gezielt für ihre Nahrung zu sorgen. Der Regengott unterstützt dieses Unterfangen tatkräftig,
und er lässt gemeinsam mit anderen Göttern Wassertropfen und
zusätzliche Überraschungen in den aufbereiteten Boden fallen.
Später dann, wenn alles reif ist (siehe BEN), finden die Menschen
im schlammigen Boden nicht nur die Maispflanzen, sondern
auch eine unendliche Fülle von Fischen.

Gottheit: Regengott *Chac* und Urgöttin *Mam*

MULUC ist der Regentropfen oder auch das Wasser der Gezeiten.
Der Boden ist geleert, gereinigt und durch LAMAT schließlich aufbereitet worden. Jetzt finden sich bereits erste Zeichen, dass die
Saat aufgeht, wozu der Regen und der Rhythmus des Mondes notwendig sind. MULUC zeigt uns, wie wir für die jungen Pflanzen Sorge tragen und uns wieder erinnern können an die reiche Saat, die
in uns selbst verborgen ist. Sie ist vor langer Zeit gesät worden,

und *jetzt* ist die Zeit, wo sie aufblüht. Wenn wir die Verantwortung für die Sprösslinge übernehmen, dann werden sie optimal gedeihen. Der Regen, der herunterfließt und die Erde tränkt, unterstützt uns dabei. Er ist ein Symbol für das Eintauchen in die Erinnerung dessen, wer wir sind und wofür wir hier sind. Er ist die Verbindung zwischen dem Himmel, aus dem wir kommen und der Erde, auf der wir leben. Seine reinigende Kraft ist für die Luft und den Erdboden unentbehrlich.

Tages-Deutung

Wenn du dich immer wieder dabei beobachtest, dass du dich selbst verurteilst oder dass du negative Selbstgespräche führst, dann kann MULUC dich heute in solche Situationen führen, damit du erkennst, dass du mehr bist, als du von dir selber hältst. Vielleicht entstammt dein Verhalten negativen Erfahrungen in der Kindheit, welche dich nicht loslassen, obwohl du jetzt erwachsen bist und längst andere Erfahrungen gemacht hast. Vielleicht sind es deine eigenen Kinder, die dich darauf aufmerksam machen. Oder es ist ein kleines Wort von deinem Partner oder von Kollegen und Freunden, welches dich dazu treibt, dich selbst abzulehnen. Versuche, ein Gleichgewicht zu finden zwischen deinem Denken, deinen Gefühlen, deinen körperlichen Bedürfnissen und deiner Seele. Es kann heute auch darum gehen, dass du für eine bestimmte Sache Ausdauer aufbringst und dass du in gewissen Situationen überlegt reagierst, anstatt bloß aus dem Bauch heraus.

Persönliche Deutung

MULUC zeichnet sich durch klare Vernunft und eine intensive Gefühlswelt aus. Menschen dieses Zeichens scheinen alle Situationen durch ihren ordnenden Verstand spielend in den Griff zu bekommen. Sie sind voll Fantasie und mitreißender, revolutionärer Ideen, sehr selbstständig und unabhängig, und sie scheinen oft von jeglichen Veränderungen völlig unbeeinflusst zu sein. Tatsächlich sind hohe Flexibilität sowie die Fähigkeit, sich auf Rhythmen und Kreisläufe einzustellen, Kennzeichen von MULUC. Dazu kommen noch visionäre und auch übersinnlich-hellseherische Begabungen. Geraten diese Menschen jedoch in die Mühlen täglicher Routine, kann ihr Ideenreichtum schnell versiegen. Oft werden sie dann von Gefühlsausbrüchen dominiert, oder sie setzen sich extremen Erfahrungen aus. Für MULUC-Menschen ist es wichtig, dass sie ein Gleichgewicht finden zwischen hoher Flexibilität und der Notwendigkeit, sich zurückzuziehen und sich selbst Grenzen zu setzen. Wenn MULUC-Menschen ihre Gefühle als Weg benutzen, um sich selber auszudrücken und sich zu erinnern, wer sie wirklich sind, dann zeigen sie sich zumeist als sehr starke, Richtung weisende und kreative Persönlichkeiten.

Anregungen

– In welchen Bereichen oder Situationen tendiere ich zu selbstzerstörerischem Verhalten?

– Wann gerate ich leicht außer Kontrolle, weil ich mir selber keine Grenzen gesetzt habe?

– Ist es bloß meine Oberfläche, an der ich ruhig erscheine, während im Inneren der Kessel brodelt?

– Gibt es Erlebnisse aus der Kindheit, die mich auch heute noch dazu führen, mich selbst abzulehnen?

– Bei welchen Menschen kann ich so sein, wie ich wirklich bin?

– Wie kann ich meine Gefühle ausdrücken, ohne dass ich meine Umwelt dabei in höchste Aufregung versetze?

– Sind meine Gefühle meine Wegweiser, auf die ich mich verlassen kann, oder fühle ich mich durch sie getrieben?

O C

Zahl: 10

Aussprache: »ook«

Bedeutung: Hund, Fuß

Energie: Kraft des Herzens

Eigenschaften:
Herz, Beziehungen, Ebene der Gefühle, Treue, Liebe,
Freundschaft, Partnerschaft, Weggefährten, Führer, Mitleid,
Lebensziel, spirituelle Stärke, Sehnsucht, Vertrauen, innere
Wahrheit, Neubeginn

Himmelsrichtung: Norden

Farbe: Weiß

Element: Luft

Planet: Merkur

Chakra: Kronen-Chakra

1 – IMIX	2 – IK	3 – AKBAL	4 – KAN
5 – CHICCHAN	6 – CIMI	7 – MANIK	8 – LAMAT
9 – MULUC	10 – OC	11 – CHUEN	12 – EB
13 – BEN	14 – IX	15 – MEN	16 – CIB
17 – CABAN	18 – ETZNAB	19 – CAUAC	20 – AHAU

Die 20 Sonnensymbole des heiligen Kalenders (Tzolkin) der Maya mit Farbzuordnung:
Rot = Osten, Weiß = Norden, Blau = Westen, Gelb = Süden

Oben: Vulkan San Pedro am Atitlán-See (Guatemala/Sololá)

Rechts: Markttag in Todos Santos (Guatemala/Huehuetenango)

Links unten: Stele mit Herrscherfigur und Glyphenschrift in Aguatéca (Guatemala/Petén)

Rechts unten: Der berühmte »Maximom« aus Santiago Atitlán (Guatemala), eine Mischung aus christlicher Heiligenfigur (Simon Petrus) und Mayagottheit (dunkler Natur- und Erdgott), gilt somit auch als weiblich-dunkler Gegenpol zum Lichtgott Christus

Oben: Steinmonument (Stele) mit Herrscherfigur in Uaxactún (Guatemala/Petén)
Links: Olmekenkopf von der Finca Monte Alto (La-Venta-Kultur), ausgestellt in La Democracía (Guatemala/Esquintla)
Unten: Uralte Kultstätte auf der Finca El Baúl
(Guatemala/Esquintla)

Oben: Rigoberta Menchú Tum aus Guatemala – Friedensnobelpreisträgerin 1992 – mit ihrem Sohn Mash Nawaljá. *Unten:* Ballspielplatz der spätklassischen Pyramidenstätte Zaculeu (Guatemala/ Huehuetenango)

Oben: Tiermarkt in San Franzisko el Alto (Guatemala/Quetzaltenango). *Links unten:* Masken des Regengottes Chac an einem Tempel in Labnáh (Mexiko/Yucatán). *Rechts unten:* Glyphenplatte tief im Urwald von Dos Pilas/Sayaxché (Guatemala/Petén)

Links oben: Allgegenwart des Symbols der Schlange in der Stadt Kukulkáns Chichén Itzá (Mexiko/Yucatán)

Links Mitte: Observatorium, genannt »El Caracol« (»Schneckenhaus«) in Chichén Itzá

Links unten: Don Alejandro Cirilo Oxlaj Perez, Oberster des Weisenrats der Maya und des Kontinents Amerika, Schamane und Prophet in Guatemala

Rechts unten: Tecún Umán, Held und Freiheitskämpfer der Guatemaltekischen Quiché-Maya, gefallen in der Schlacht gegen Pedro de Alvarado 1524 nahe Quetzaltenango

Rechte Seiten oben: Frauen in Festtagstracht anlässlich der Fiesta Santo Tomás am 21. 12. in Chichicastenango (Guatemala/Sololá)

Rechte Seite unten: Palmsonntagsprozession in Antígua (der ehemaligen Residenzhauptstadt Guatemalas) mit tausenden Männern in violett-weißer Robe

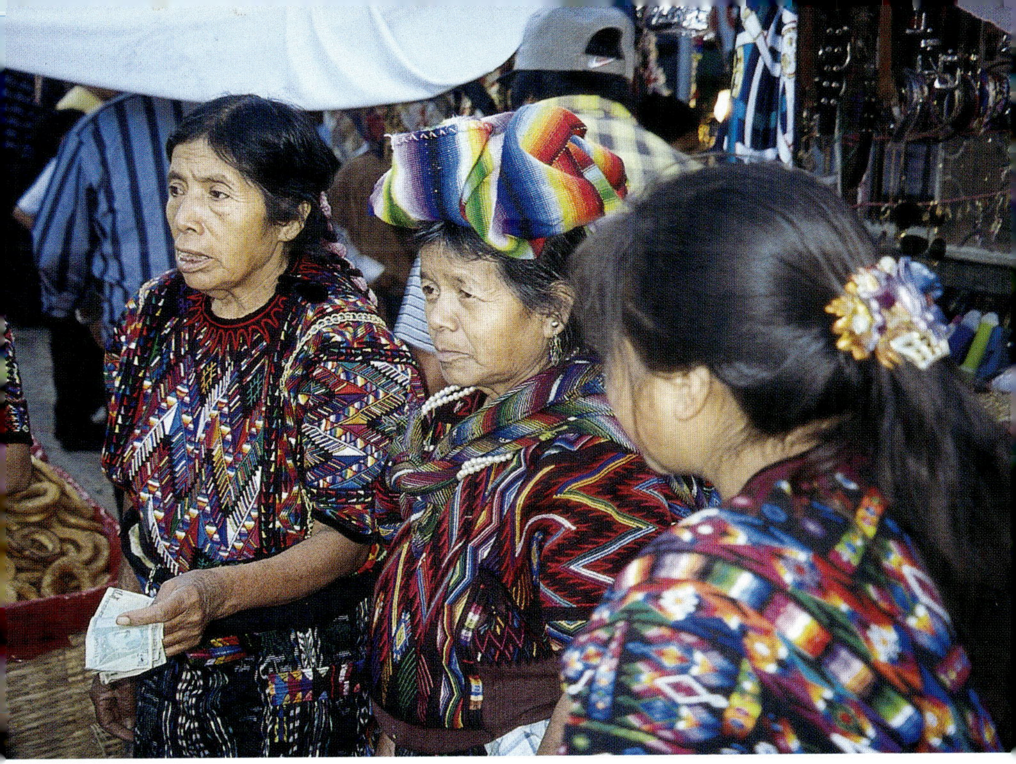

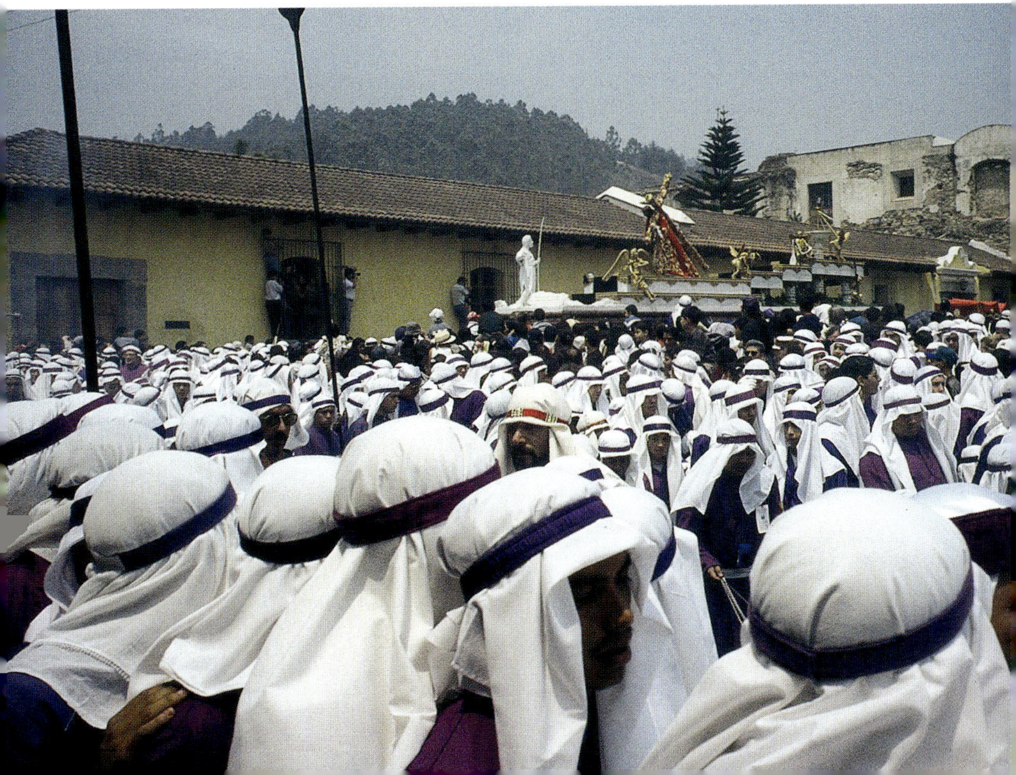

Links oben: Tänzer mit Jaguarmaske bei der Aufführung des antiken Tanztheaters »Rabinal-Achí. El Varón de Rabinal« am 29. Januar anlässlich des Dorffestes San Pablo in Rabinál (Guatemala/Baja Verapáz). *Rechts oben:* Prozession in Rabinal zu Ehren San Pablos am 29. Januar.
Unten: Stuckfries an der Hauptpyramide »El Castillo« in Xunántunich (Belize/San Ignacio)

Herausforderung: Probleme im Bereich der Gefühle, Eifersucht, Besitzgier, sich in den Kämpfen und Dramen des Lebens verstricken, Egoismus, sich allein gelassen fühlen, Furcht vor den Abgründen des Lebens

Harmonie: Bedingungslose Liebe, die Rolle des objektiven Zuschauers einnehmen, die Gefühle aus den Dramen des Lebens befreien, der eigenen Wahrheit folgen, die Triebwelt kultivieren

Zeichenbedeutung: Der Hund gilt sowohl bei den Maya als auch in anderen Kulturen als der Hüter der Unterwelt. Ebenso gilt er seit uralten Zeiten als treuer Weggefährte des Menschen. Selbst wenn er schlecht behandelt wird, hält der Hund ungebrochen zu seinem menschlichen Freund und beschützt ihn. Somit befähigt er den Menschen, in seine eigene »Unterwelt« hinabzusteigen, um dort seine wirklichen Gefühle und Wahrheiten zu entdecken.

Mythologie: Das Wachstum auf den Feldern und Ackerböden hat begonnen, und jede Aussaat bis hin zur Ernte steht unter der Frage des Gelingens oder Verderbens. Solange das Saatgut tief in der Erde ist, steht es unter der Kontrolle von Xibalbá, der Unterwelt. OC gilt in manchen Deutungen der Maya-Mythen als ein Aas fressender Gott an den Pforten der Unterwelt, der zu fürchten und zu verachten sei. Die Kehrseite davon ist unbestechliche Treue gegenüber dem Leben und den Menschen, die auch an den Abgründen der Unterwelt nicht Halt macht. Indem der Hundegott Aas frisst, entfernt er alles, was stinkt und dem Leben im Weg steht. Nur so kann der Ackerboden seine Kräfte voll entfalten. Die Ernte ist dann ein sichtbares Zeichen der Überwindung der dunklen Kräfte der Unterwelt.

Gottheit: Hundegott *Tzul*

OC ist der Hund, der treue Weggefährte, der loyal ist, was immer auch geschieht. Er wird vielfach auch dargestellt als der Wächter am

Tor zur Unterwelt, der der Seele als treuer Begleiter zur Seite steht. Hat der Mensch einmal die Angst vor seinen Schattenseiten und vor der Vergänglichkeit überwunden, dann sieht er, dass der Gang in jegliche Unterwelten immer nur ein Übergang ist zu neuen Wirklichkeiten und zu neuem Leben. OC macht den Zugang frei zu den tief liegenden Emotionen im Menschen. Zudem gibt er ihm das Gefühl, genährt und getragen zu sein auf allen Ebenen. Was dem Menschen vor allem seine emotionale Sicherheit gibt, sind Wegbegleiter – Menschen oder auch geistige Führer, die Verbündete sind. Solche Gefährten ermöglichen die volle Entfaltung aller Fähigkeiten und gewähren einen Ort der Intimität, in der der Andere befähigt wird, sich ganz zu öffnen. Nur in einer solchen Atmosphäre kann das gedeihen, was durch MULUC im Ackerboden genährt wurde.

Tagesdeutung

OC-Tage können dich mit emotionalen und körperlichen Problemen konfrontieren, die entstehen, weil du dich zu sehr in den Dramen des Lebens verfangen hast und nicht mehr siehst, dass sie aus einer gesunden Distanz betrachtet nicht so übermächtig sind, wie sie erscheinen. Vielleicht fühlst du dich heute auch alleine, ohne Begleitung von Menschen, die dich verstehen. Oder du hast die Beziehung zu deiner geistig-spirituellen Führung verloren und fühlst dich abgetrennt, weil deine Sehnsucht nicht gestillt ist.

Persönliche Deutung

OC zeichnet sich aus durch sein treues und gemeinschaftsbetontes Verhalten. Obwohl OC-Menschen sehr selbstbezogen und eifersüchtig sein können, ist dennoch die aus dem Herzen kommende Liebe bei ihnen vordergründig. Oft sind sie für andere Menschen eine Herausforderung, weil sie immer »riechen«, wenn etwas faul (Aas) ist. Für OC-Menschen haben Familie und Freunde eine besondere Wichtigkeit, weil sie einen starken emotionalen Halt brauchen und deshalb auch ständig auf der Suche danach sind. Wenn sie sich wohl fühlen, dann sind diese Menschen sehr kooperativ, ausdauernd und hilfsbereit. Geraten sie jedoch unter Stress, dann sind sie in der Gefahr, sich in den Dramen des Lebens völlig zu verlieren und alles nur noch als tragisch zu betrachten. OC ist fähig, sich in Bereichen mit großen emotionalen Herausforderungen (therapeutische Berufe) zu engagieren und darin durchaus auch Führungspositionen zu übernehmen. Wichtig ist dabei, dass Menschen dieses Zeichens vor allem auch ihre eigenen Emotionen klären, damit sie bei ihrem Engagement nicht in Frustration und Lebensverneinung enden. Immer, wenn sie aus der Mitte ihres Herzens handeln, erleben sie die Gewissheit, dass sie ihrer inneren Bestimmung folgen.

Anregungen

- Wo geht es in meinem Leben darum, einen Neuanfang zu wagen, um die aufreibenden Dramen des Lebens hinter mir zu lassen?
- Wie gehe ich mit den Abgründen in meinem Leben um, in die ich manchmal blicke?
- Welche Weisheit offenbaren mir diese Abgründe?
- Bei welchen Menschen fühle ich mich sicher, sodass ich meine Gefühle offen ausdrücken kann?
- Habe ich Freunde und Weggefährten, die mir Kraft geben und die mit mir den Weg des Lebens gehen?
- Bin ich selbst für andere ein treuer Weggefährte?
- Kenne ich Menschen, die mir zeigen, wie ich mit meinen spirituellen Führern wieder in Verbindung treten kann?

CHUEN

Zahl: 11

Aussprache: »tschu'en«

Bedeutung: Affe

Energie: Kraft des inneren Kindes

Eigenschaften:
Unschuld, Spontaneität, Humor, inneres Kind, spielen, Poesie,
Kunst, Spassmacher, Transparenz, Fantasie, Delfin-Kraft,
Geradlinigkeit, Ehrlichkeit, Vorsicht, Illusion

Himmelsrichtung: Westen

Farbe: Blau

Element: Wasser

Planet: Venus

Chakra: Kehlkopf-Chakra

Herausforderung: Fehlender Humor, das Leben zu ernst nehmen, Sarkasmus, sich verschließen, Angst vor Störungen, Intrigen, Oberflächlichkeit, andere provozieren, Respektlosigkeit, Illusionen nachlaufen

Harmonie: Verspielt sein, kindliche Offenheit und echten Humor entdecken, empfindsam sein, allen Wesen mit Ehre und Respekt begegnen, den kreativen Kräften Ausdruck verleihen

Zeichenbedeutung: Chuen, der Affe, ist zum einen das Symbol für kindliche Unbeschwertheit und Verspieltheit, andererseits ist es aber auch ein Zeichen der Warnung vor Extremen. Die spielerische Leichtigkeit des Seins findet sich dort, wo der Mensch aufrecht und voller Achtung für alles seinen Weg geht. Wenn jedoch Respektlosigkeit im Spiel ist, dann schlägt Humor schnell in Aggression um und wird zum beißenden Sarkasmus oder gar zum Hohn. Das spiralförmige Auge entspricht dem Mayasymbol »G« (Andromeda-Nebel, Urquelle), das ringförmige dem »O« (göttliches Bewusstsein).

Mythologie: Das *Popol Vuh* erzählt, dass Einsaffe (*Hunchuen*) und sein Bruder Einsmeister die älteren Söhne von Ixchél und damit die Brüder von Hunahpú und Ixbalanqué sind. Beide gelten als »Flötenspieler, Sänger, Maler, Bildhauer« und zudem als sehr weise. Aber in ihrem »Herzen bargen sie Böses«, weil sie die jüngeren Brüder nach ihrer Geburt vernichten wollen. Diese jedoch besiegen sie und verwandeln sie in Affen. An anderer Stelle wird erzählt, dass die Götter bei ihren Versuchen, Menschen zu schaffen, Schiffbruch erleiden. Da diese ihren Erschaffern weder Respekt noch Ehre entgegenbrachten, wurden sie vernichtet. »Und man sagt, die Nachkommen jener seien die Affen, die heute in den Wäldern leben.«

Gottheit: Hunchuen, Affengötter

CHUEN bedeutet für die Maya den verspielten Weisen, der jemanden aus dem Gleichgewicht werfen kann, wenn das Leben zu ernst genommen wird. Indem OC alles Faulende entfernt hat – nämlich alles, was unaufrichtig, respektlos und lieblos ist – ist der Weg frei geworden für Unbeschwertheit und tiefes Vertrauen. CHUEN ist das innere Kind, das seine Wahrheit spontan zum Ausdruck bringt, ohne sich um irgendwelche Verhaltensregeln zu kümmern. Es ist das Kind in uns, das offen ist und über die unscheinbaren Dinge des Lebens staunen kann. Die Maya sehen in CHUEN auch den Menschen, der seine sexuelle Kraft mit seiner schöpferischen Kraft vereint und sie zum Wohl der Menschheit und des Planeten in Künsten und im Handwerk zum Ausdruck bringt. In vielen Traditionen gilt *ein* bestimmter CHUEN-Tag im Ablauf des Tzolkin, des 260-Tage Kalenders, für die Maya als hoher Feiertag, der für Einweihungen von Schamanen und Priestern verwendet wird.

Tages-Deutung

CHUEN-Tage können dir zeigen, wie ernst du dein Leben und deine Verantwortung nimmst – so ernst, dass sie wie eine schwere Last auf deinen Schultern liegen. Ein kleines Wort nur oder eine kleine, unerwartete Veränderung – und die Last scheint unerträglich zu werden. Vielleicht merkst du heute auch, dass du dich spontan für etwas entscheiden solltest, dass dich jedoch deine Vernunft oder die Regeln der Gesellschaft davon zurückhalten. Oder dein inneres Kind möchte ganz einfach mit dir spielen, aber du hörst es nicht, weil es irgendwann in deiner Kindheit verletzt und abgelehnt worden ist – und weil du jetzt fürchtest, dass dies wieder geschieht. Versuche heute, mit Humor auf Dinge zuzugehen und Störungen als Aufforderung zu sehen, dich so zu zeigen, wie du bist – lebe und sprich deine Wahrheit offen aus! Spiele mit deinen Möglichkeiten und habe Spaß dabei. Vielleicht stellt sich dir heute auch die Frage, ob du dein Leben aufrichtig und ehrlich lebst, voller Ehrfurcht und Respekt vor allem, was dir begegnet.

Persönliche Deutung

CHUEN ist handwerklich und künstlerisch meist sehr begabt und zeigt oft sprühenden Charme sowie guten Humor. CHUEN-Menschen sind gern in Gesellschaft, um dort ihre Fähigkeiten zum Ausdruck zu bringen. Sie sind Naturtalente, wenn es gilt, etwas zum Besten zu geben. Menschen dieses Zeichens sind sinnlich-romantisch, sie lieben das Spiel und schaffen deshalb vieles auch auf spielerische Weise. Manchmal verbergen sich aber hinter ihrem Humor verdrängte Gefühle und innere »Wunden«. Dann geraten sie leicht in oberflächliches Verhalten, sie vergessen sich selbst und können zügellos und ausfällig werden. Ihre Herausforderung ist deshalb, ein Gleichgewicht zu finden zwischen dem Spielerisch-Leichten einerseits und der tiefen Verantwortung für sich selbst und die Mitmenschen andererseits.

Anregungen

– Wie kann ich lernen, vieles in meinem Leben mit Humor und Leichtigkeit zu nehmen?

– Wie sehr halten mich die Erwartungen anderer davon zurück, in meinem Leben das zu tun, was mir wirklich wichtig ist?

– Kann ich mich von den Verhaltensmustern und Glaubenssystemen lösen, die mir anerzogen sind?

– Spreche ich das aus, was ich denke und bin, oder bin ich immer darauf bedacht, was andere über mich denken?

– Kann ich noch verspielt sein wie ein Kind – offen, empfindsam und auch verwundbar?

– Bin ich in Verbindung mit meinem inneren Kind? Und habe ich es bereits geheilt?

EB

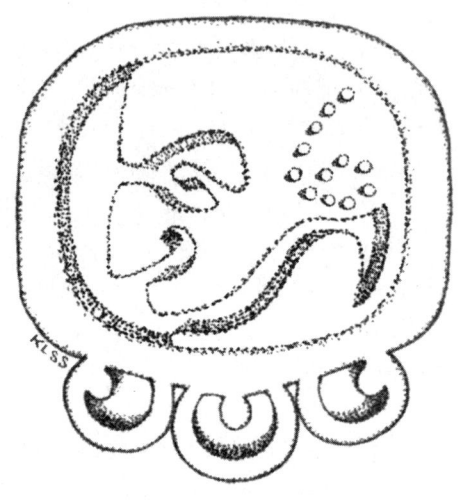

Zahl: 12

Aussprache: »eb«

Bedeutung: Mensch, Kürbis, Schädel, Besen

Energie: Kraft des freien Willens

Eigenschaften:
Fülle, Überfluss, Wechsel von Licht und Finsternis, Leere, Stille,
Wiedergeburt, Weisheit, Souveränität, Reife, Meisterschaft, Sieg,
Heilung und Selbstheilung

Himmelsrichtung: Süden

Farbe: Gelb

Element: Feuer

Planet: Erde

Chakra: Herz-Chakra

Herausforderung: Themen der Erfüllung, sich nicht würdig fühlen gegenüber der Fülle des Lebens, sich selbst überfüllen, den Geist über- oder unterschätzen, bewerten und beurteilen, sich in der Polarität verstricken, den Rhythmus von Leben und Tod als Bedrohung sehen

Harmonie: Sich selbst Gutes tun, Freude und Erfüllung gönnen; leer sein, um Fülle zu empfangen, Mitschöpferkraft, Wissen um die Unvergänglichkeit des Lebens, innerlich frei und unabhängig sein

Zeichenbedeutung: EB ist ein stilisierter Menschenschädel oder auch der mystische Kürbis, welcher dem Heldenzwilling Hunahpú als Ersatzkopf dient, als die Unterweltgötter ihn enthauptet haben. Der Schädel gilt bei den Maya als Zeichen von Fruchtbarkeit und Überfluss. Denn der Tod ist nur ein scheinbarer, in ihm liegt die Fülle neuen Lebens verborgen. Und ein gut gehütetes Geheimnis der Maya und der alten Völker liegt noch immer in den mystischen Kristallschädeln verborgen.

Mythologie: Die älteren göttlichen Zwillinge Einsjäger und Siebenjäger wurden einst von den Mächten der Unterwelt besiegt und dann selbst zu den Herren von Xibalbá, berichtet das *Popol Vuh*. Einsjägers Schädel wird in einen Baum gehängt, worauf dieser plötzlich Früchte (nämlich Kürbisse) trägt. Und als die Jungfrau Ixchél daran vorbeikommt, speit der Schädel ihr in die Hand, und sie wird schwanger. Mit den jüngeren göttlichen Zwillingen beginnt dann der Rhythmus von Licht und Finsternis, Leben und Tod. Sie führen den Kampf gegen die Herren der Unterwelt weiter und besiegen sie. Auch Hunahpú verliert seinen Kopf, er bekommt einen Kürbis als Ersatzkopf und gewinnt schließlich durch eine List gemeinsam mit seinem Bruder Ixbalanqué den Kopf wieder zurück (siehe Lamat). Die Unterwelt hat verloren, das Licht hat gesiegt.

Gottheit: Hunahpú und sein Vater Einsjäger

EB ist der Mensch im Kreislauf von Werden und Vergehen. Durch CHUEN ist das Leben von aller Schwere, aber auch von aller Oberflächlichkeit gereinigt worden, der Mensch ist gereift und folgt nun den Rhythmen seines Lebens. Dadurch ist er offen geworden für neue Möglichkeiten und für die Fülle, für eine reiche Ernte all dessen, was er unter Einsatz seiner ganzen Kraft gesät hat. EB verbindet uns mit unserer Quelle, aus der wir alles schöpfen können, was wir brauchen. EB lädt uns ein, offen und leer zu sein und uns als Gefäß zu sehen, das gefüllt wird mit den besten Gaben. Dadurch bekommen wir Zugang zu jenem Menschen, der wir in Wirklichkeit sind.

Tages-Deutung

Wenn du Schwierigkeiten hast mit Themen wie Fülle, erfüllt sein, Annehmen von Überfluss, dann kann EB dir heute helfen, hinter diese Kulisse zu schauen. Vielleicht hast du immer das Gefühl, zu kurz zu kommen, oder du hast nie genug von jenen Dingen, die du dir sehnlichst wünschst. EB kann dich durch Situationen oder Personen herausfordern mit der Frage, warum du dich immer begrenzt mit negativen Sätzen wie: »Ich bin es nicht wert, mehr zu haben«, »Mein Schicksal ist es, mit wenig auszukommen« usw. Vielleicht stehst du auf Kriegsfuß mit deinem Denken, weil du glaubst, dass du es besser nicht anwenden sollst oder dass es zu unvollkommen ist. Oder du lässt dich beherrschen von deinem Denken, ohne auch deine Gefühle mit einzubeziehen. Benutze EBs Besen, um deinen Tag auszukehren und alle vergangenen Erfahrungen, alle Probleme und Hindernisse des »kleinen Verstandes« hinauszubefördern.

Persönliche Deutung

EB ist grundsätzlich sehr gelassen und ausgeglichen. Auch ein tiefes Verständnis für die Probleme anderer und die Kräfte des Heilens sind Kennzeichen von EB. Menschen dieses Zeichens verfolgen oft hohe Ziele und setzen dafür alles ein. Von Fehlschlägen lassen sie sich wenig beirren, vielmehr versuchen sie alles solange, bis es ihnen gelingt. Insofern wirken sie robust und unschlagbar. Innerlich aber sind sie sehr sensibel und fühlen sich daher leicht angegriffen. Selten jedoch drücken sie ihren Ärger oder ihre Wut auch aus, was sie dann oft zu selbstzerstörerischen Handlungen führt. Um ihr seelisches Gleichgewicht zu bewahren, brauchen EB-Menschen enge Beziehungen und viel Anerkennug durch andere. Fehlt es ihnen an diesem sozialen Rückhalt, dann sind sie leicht in der Gefahr, dass sie sich in Scheinwelten flüchten, sei es durch Missbrauch von Medikamenten, Suchtmitteln oder andere Abhängigkeiten. Es ist für sie deshalb notwendig, herauszufinden, was sie glücklich macht – auch wenn sie sich das selbst nicht zugestehen wollen.

Anregungen

- Bin ich fähig, meine Gefühle von Zorn und Wut genauso auszudrücken wie jene der Freude und des Mitgefühls?
- In welchen Bereichen meines Lebens tendiere ich dazu, mich selbst zu zerstören und warum?
- Sind Körper, Geist und Seele bei mir im Gleichgewicht, oder ist ein Teil davon verkümmert oder zu stark betont?
- Arbeite ich nur deshalb so hart, weil ich mir nicht gönnen kann, dass ich es mir gut gehen lasse?
- Kann ich die Fülle an Gaben, die die Erde und das Universum mir gewähren, auch annehmen?
- Kann ich mir selber Gutes tun?
- Habe ich die in mir steckenden heilerischen Fähigkeiten schon entdeckt? Und nutze ich sie auch entsprechend?

BEN

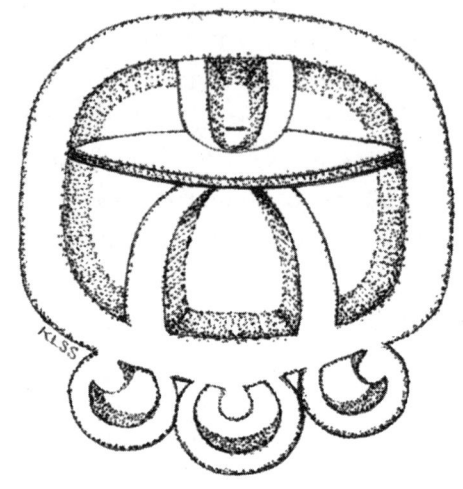

Zahl: 13

Aussprache: »ben«

Bedeutung: Maisrohr, Himmelswanderer

Energie: Kraft des Raumes

Eigenschaften:
Mut, neue Richtungen, geheimnisvolle Reise, Erforschen neuer
Möglichkeiten, Freiheit, Mitleid, Auflösung von Zeit und Raum,
Reife, Ausdehnung, die Welt als Bühne

Himmelsrichtung: Osten

Farbe: Rot

Element: Erde

Planet: Mars

Chakra: Solarplexus-Chakra

Herausforderung: Sich selbst begrenzen, Isolation, Angst vor dem Unbekannten, Bedürfnis nach Einsamkeit, sich durch Erwartungen blockieren, nicht erwachsen werden wollen, verleugnen der männlichen Kräfte

Harmonie: Sich den Herausforderungen stellen und dadurch die eigenen Grenzen überschreiten, sich als Reisender auf allen Ebenen den Möglichkeiten des Lebens öffnen, Verantwortung bewusst als Zeichen der Reife übernehmen

Zeichenbedeutung: Zwei Rohre sind in der Kultur der Maya von großer Bedeutung. Sie sind einerseits ein Zeichen des Bundes, welches die Besieger der Unterwelt gesetzt haben, damit es Blüte trägt und die Welt an die Unzerstörbarkeit des Lichtes erinnert. Sie sind aber auch das Instrument, mit dem der Maisgott vom Himmel kommt und den Maispflanzen zur Reife verhilft. Zwei Rohre ragen also von oben in die Erde und von der Erde in den Himmel. Jene Schicht, die scheinbar trennend dazwischen liegt, ist eine Brücke, die beide verbindet. Es ist jene Brücke, welche die Menschen vergessen haben, seit »das Herz des Himmels einen Schleier« über ihre Augen geworfen hat – wie das *Popol Vuh* berichtet.

Mythologie: Die Unterwelt wurde mit EB endgültig besiegt. Die beiden Rohre, welche die göttlichen Zwillinge ihrer Mutter und Großmutter vor ihrem Gang in die Unterwelt gepflanzt haben, beginnen nun zu sprießen. Das ist das Zeichen für ihren Sieg und ihre Rückkehr an den Ort ihrer Herkunft. Mit dem Tag 13 hat der Götterhimmel seine Vollkommenheit erreicht. Die Zeit des Feierns zwischen Himmel und Erde ist gekommen. Dazu kommt der Mais-Fisch-Gott auf den beiden Rohren stelzend auf die Erde, und als Zeichen des Bundes bringt er den Menschen reiche Ernte, nämlich Mais und Fisch.

Gottheit: Junger Maisgott, auch als Mais-Fisch-Gott bekannt

BEN ist das (Mais-)Rohr und wird auch Himmelsgänger genannt. Er ist derjenige, der mit seinen Stelzen weit in den Himmel hineinragt und andererseits der Bote, der von oben alles Wissen und alle Weisheit bringt. BEN verkörpert die Notwendigkeit des Gleichgewichts zwischen unserem erdgebundenen Leben und unserer Herkunft aus einer viel größeren Welt. BEN schlägt die Brücke in die andere Welt für jene Menschen, die sich mit EB bereits einer größeren Weite und Fülle geöffnet haben – eine Brücke, die unseren ganzen Mut fordert, um in dieses Abenteuer hinüberzugehen.

Tages-Deutung

Mit BEN könntest du heute herausgefordert sein, deine Zurückgezogenheit aufzugeben, um neue Dinge oder Menschen kennen zu lernen. Vielleicht stößt du auf deine tiefe Angst, wenn es darum geht, dich auf Unbekanntes einzulassen, oder auch auf deine Verantwortung für alle Verpflichtungen, die du übernommen hast. BEN wird dich ermutigen und dir zeigen, welch großartige Reise dein Leben bereits ist. Vielleicht hast du dir selbst deine Grenzen zu eng gesteckt und traust dich jetzt nicht mehr, sie zu verändern und in unbekannte Welten vorzudringen. BEN kann dir hier helfen, dich über deine allzu realistische Sichtweise zu erheben, um hinaufzusteigen in Höhen, von denen du bisher nicht zu träumen gewagt hast. Du kannst dabei nur gewinnen.

Persönliche Deutung

BEN ist die Schöpferkraft schlechthin und erfüllt von der Freude und Begeisterung, Neues zu schaffen. BEN-Menschen strahlen oft das Wissen um die Unzerstörbarkeit des Lebens aus. Sie sind wissensdurstig, kreativ, innovativ und bei anderen meist sehr angesehen. Gegenüber Menschen und Situationen jedoch, die Druck auf sie ausüben und ihre Freiheit einschränken, sind sie sehr empfindlich. Sobald sie sich nämlich gefangen oder verstrickt fühlen, wird für sie der Alltag grau und düster, und sie fühlen sich unfähig, sich geistig oder emotional auszudrücken. Manchmal finden sich BEN-Menschen in den Extremen zwischen völliger Erdgebundenheit und völliger Ungebundenheit. Geht ihre Blickrichtung nicht über das hinaus, was sie gerade vor sich sehen, dann fühlen sie sich verloren, sie tendieren zur Starrheit und extremer Härte. Schweben sie andererseits über dem Boden, dann fehlt ihnen der Halt, sie werden orientierungslos, fallen zurück in pubertäres Verhalten, lassen sich gehen und fordern von anderen, dass sie sie nähren. Für BEN-Menschen ist es deshalb wichtig, dass sie die Balance zwischen den Extremen finden, indem sie ihre Schaffenskraft und ihre Liebe zur Natur zum Ausdruck bringen und dabei ihr Leben und die Welt um sich genießen.

Anregungen

– Ziehst du dich deshalb gerne zurück, weil andere dich einschränken oder zu unbekannten Dingen herausfordern?

– Was benötigst du, damit du dich auf Neues und nicht Voraussehbares einlassen kannst?

– Was sind deine Grenzen, die du dir gesetzt hast oder von denen du glaubst, dass andere sie dir gesetzt haben?

– Bist du in dir selbst so stark verankert, dass du Gewohntes und Gewohnheiten immer wieder hinter dir lassen kannst?

– Lässt du andere an deinem inneren Reichtum und an deinem Wissen teilnehmen?

– Bist du im Gleichgewicht zwischen deiner physischen Existenz und deiner spirituellen Herkunft?

IX

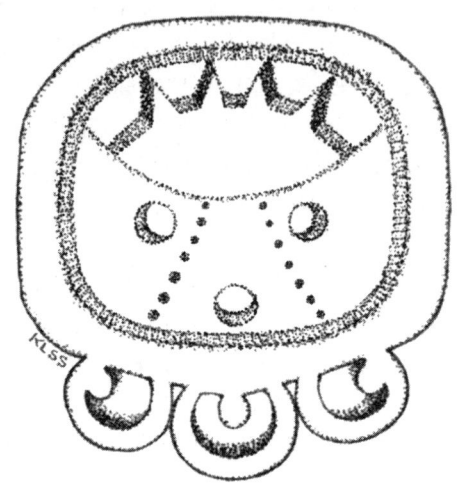

Zahl: 14

Aussprache: »iisch«

Bedeutung: Jaguar, Magier, Herz

Energie: Kraft der Magie

Eigenschaften:
Weisheit des Herzens, Sieg über die Dunkelheit, Nachtsicht, Her-
zenskraft, Anmut, Schamane, Integrität, Intuition, Priestertum,
Zentriertheit, Aufnahmefähigkeit, Heldenmut, verzaubern

Himmelsrichtung: Norden

Farbe: Weiß

Element: Luft

Planet: Asteroiden-Gürtel

Chakra: Wurzel-Chakra

Herausforderung: Themen der Aufrichtigkeit, persönliche Macht, egoistisches Handeln, Sucht nach Anerkennung, Denken steht im Gegensatz zum Herzenswissen, Verleugnen der weiblichen Kräfte, sich in der materiellen Welt hilflos fühlen

Harmonie: Alle Dimensionen des Lebens anerkennen, sich den grenzenlosen Möglichkeiten öffnen, eine persönliche Magie entwickeln, Dinge fließen lassen, die Kräfte des Herzens entwickeln und zum Ausdruck bringen

Zeichenbedeutung: Der Jaguar symbolisiert die weibliche Kraft, die in der Tiefe, in der Dunkelheit und in der Nacht verborgen liegt. Von Xibalbá (der Unterwelt) geht für die Maya alles aus und wird geboren, und dorthin kehrt auch wieder alles zurück und wird magisch verwandelt zu neuem Leben. Die weibliche Kraft ist die Kraft der Sinne, welche Zugang gewährt zum intuitiven Handeln aus dem tiefen Wissen um alle Zusammenhänge. Nur daraus entwickeln sich die Kräfte des Herzens – die Liebe. Sie zu entwickeln ist die wichtigste Aufgabe des Menschen.

Mythologie: Mit dem triumphalen Einzug der Heldenzwillinge in den Götterhimmel ist ein neues Zeitalter angebrochen. Hunahpú übernimmt nun seine Rolle als Sonnengott (siehe Ahau), und Ixbalanqué vereinigt sich mit seiner Mutter Ixchél zur Mondgottheit. Jaguare haben in der Maya-Mythologie verschiedene Bedeutungen. So finden sie sich zum Beispiel in einem Haus der Unterwelt, wo die Heldenzwillinge eine ihrer Prüfungen bestanden haben. Aber auch die ersten, weisen Menschen – die Ahnen der heutigen Maya – stehen durch ihre Namen (Waldjaguar, Nachtjaguar, Mondjaguar) in Verbindung mit diesem Schutztier.

Gottheiten: Mondgottheiten *Ixbalanqué* und *Ixchél*

IX ist der Jaguar und auch der Magier. Nachdem mit BEN eine Brücke gebaut wurde, zum Überschreiten der Grenzen in andere Dimensionen, bringt IX nun die Fähigkeit, unsere eigenen »magischen« Kräfte zu entwickeln. Das bedeutet, dass wir *alles*, was existiert, nützen können, um die Welt zu »verzaubern« – das heißt, eine lebenswerte Welt um uns herum zu erschaffen. Es liegt an uns, alle Möglichkeiten auszuschöpfen, Grenzen zu überschreiten und »neues Land« zu entdecken. Wir haben die Macht dazu, und mit IX werden wir auch fähig, sie voll einzusetzen. IX führt uns aus der Welt der Illusionen hinaus in die Wirklichkeit, die wir leben wollen.[56]

Tages-Deutung

IX wird dich heute vielleicht herausfordern zu schauen, wie du deinen eigenen Willen und deine persönliche Macht einsetzt. Verzichtest du aus falscher Bescheidenheit auf deine persönliche Kraft, oder strapazierst du sie ständig, um anderen zu zeigen, wer du bist? Mag sein, dass du mit IX auch auf deine Angewohnheit stößt, dir immer Bestätigung und Anerkennung durch andere – anstatt von dir selbst – zu holen (dies ist ein emotionaler Zustand, der das Bedürfnis nach Macht und Kontrolle verrät). Das ist es auch, was dich ständig von deiner wirklichen Quelle abtrennt und deine Aufmerksamkeit völlig nach außen richtet. Die wahre Kraft liegt aber nur in dir selbst, in deinem Herzen – dort findest du die Kraft für Wunder und Magie in deinem Leben.

Persönliche Deutung

IX ist getragen von Leichtigkeit und von der Fähigkeit, durch kleine und große Aktionen den Alltag um sich herum zu verzaubern. IX-Menschen sind sehr einfühlsam und empfindsam, sie zeigen Stil in allen Lebensbereichen und meist eine große Liebe zum Detail. Oft bringen sie es zu erstaunlichen Leistungen in Bereichen, in denen sie ihren sprühenden Verstand mit ihren übersinnlichen Fähigkeiten vereinen können. Menschen dieses Zeichens wirken oft verträumt und verloren in der Welt der Materie und des Alltags. Manchmal können sie sich aus den Dramen des Lebens nicht befreien, und sie verstricken sich in ihren Beziehungen. Das kann dazu führen, dass sie nicht mehr merken, wie sehr ihnen ihre engsten Beziehungen alle Energien entziehen. Obwohl sie selber fähig sind, anderen bei der Lösung ihrer Beziehungsprobleme zu helfen, können sie sich oft selbst aus Abhängigkeiten nicht befreien. Es ist für IX-Menschen daher notwendig, dass sie Beziehungen aufbauen, die sie nähren. Sie brauchen einen Platz, an den sie sich zurückziehen können, um immer wieder ihre Mitte – ihr Herz – zu finden.

Anregungen

- Handle ich nach dem Wissen meines Herzens oder danach, was mir meine Vernunft eingibt?
- Setze ich die in mir ruhenden Kräfte und meinen Willen gemäß meinem inneren Wissen ein?
- Wie kann ich den Alltag für mich und andere verzaubern und ihm damit die Schwere und die Dunkelheit nehmen?
- Brauche ich immer Bestätigung und Anerkennung von außen, oder kann ich alle meine Kraft aus mir selber schöpfen?
- Habe ich mein Leben nach meiner innersten (göttlichen) Quelle ausgerichtet, und bin ich ganz in meiner Mitte?

MEN

Zahl: 15

Aussprache: »men«

Bedeutung: Adler, Spinnennetz

Energie: Kraft der Vision

Eigenschaften:
Globales Bewusstsein, Macht, Engagement, Hoffnung, Dienst,
Träume und Visionen, Selbstbewusstsein, Königtum, Geist, volle
Entfaltung, Blütezeit, Vereinigung von Licht und Finsternis

Himmelsrichtung: Westen

Farbe: Blau

Element: Wasser

Planet: Jupiter

Chakra: Kronen-Chakra

Herausforderung: Mangel an Hoffnung und Selbstvertrauen, andere erretten wollen (Helfersyndrom), Ziel aus den Augen verlieren, Gefühl der Sinnlosigkeit, alles nur rational betrachten, Verlust der Intuition, Stagnationen auf Grund des Fehlens von Visionen

Harmonie: Sich durch Ruhe und Kräftesammeln vom Dienst an anderen erholen, an sich selber glauben, den eigenen Träumen und Visionen folgen, dabei das größere Muster mit einbeziehen, für sich selbst gut sorgen

Zeichenbedeutung: Der Adler gilt bei vielen Urvölkern als das Schutztier der Sonnengottheit und damit als Symbol für Geist und ein hohes Bewusstsein. Er steht hier in einer untrennbaren Einheit mit dem Jaguargott, er erhebt sich von seinem Kopf, um bei Tag den Sonnengott zu begleiten. Nachts kehrt er zurück und ruht im Revier des Jaguars – in Xibalbá. Dann kehrt er mit neuer Kraft zurück, um das Licht in den Himmel zu bringen. Tag und Nacht sind eins, ebenso die Heldenzwillinge – sie zeigen sich nur in verschiedener Gestalt. Der scheinbare Kampf der beiden Mächte ist der Rhythmus der Natur und des Universums.

Mythologie: »Für sieben Tage verwandelte er sich in einen Adler, und für andere sieben in einen Jaguar. Und er war wirklich Adler und Jaguar«, sagt das *Popol Vuh* über Gucumátz, den wichtigsten der Schöpfergötter. Die Gegensätze haben sich also vereinigt, Himmel und Erde sind wieder eins geworden. Auf den Triumph im Götterhimmel folgt deshalb nun auch der Triumph auf Erden. Die Menschen haben ihre schöpferischen Fähigkeiten zur vollen Entfaltung gebracht, und »das Herz des Himmels« hat als Antwort darauf den vorher über die Menschheit gebreiteten Schleier etwas gelüftet. Die Blütezeit der Mayakultur (und jeder anderen Kultur) ist angebrochen und erhebt sich – adlergleich – aus den bisherigen Entwicklungsstufen der Menschheit.

Gottheit: Sonnengott *Hunahpú-Ahau, Kukulkán*

MEN ist der Adler, jenes Geschöpf, welches in vielen indigenen Kulturen die Kraft der Vision und der Erleuchtung verkörpert. Nachdem IX die Magie und den Ausgleich der Kräfte von oben und unten, Tag und Nacht, Himmel und Erde hervorgebracht hat, bringt MEN nun alle Möglichkeiten zur vollen Entfaltung. Es ist die Blütezeit der Maya – ihre klassische Zeit – die unter dem Einfluss dieses Zeichens gestanden hat. Der Adler schwebt weit entfernt über der Erde und kann dennoch mit seinen scharfen Augen jede Einzelheit wahrnehmen. Er eröffnet eine umfassende Sicht aller Wirklichkeit und weist ebenso hin auf die Wichtigkeit der kleinen Details.

Tages-Deutung

MEN wird dich heute auffordern, deinen Blick über den Horizont hinaus zu heben, um die größeren Zusammenhänge zu sehen. Vielleicht hast du deine Hoffnung verloren, irgendetwas in der Welt verändern zu können. MEN gibt dir Mut, indem du durch Menschen und Situationen heute verstehen lernst, dass du eine wichtige Aufgabe hast in deinem Leben, eine Aufgabe, die zum Wohl der Menschheit und der Erde ist. Was ist deine Vision, was ist dein Traum von einer besseren Welt? Vielleicht bieten sich dir heute Möglichkeiten, wieder mehr Freude in dein Leben zu lassen. Vielleicht wirst du auch sehen, wie sehr du dich aufopferst für das Wohl anderer oder des Planeten, ohne dabei an das mühelose Schweben des Adlers zu denken, der daraus die Kraft schöpft, damit er sicher seine Nahrung findet.

Persönliche Deutung

MEN zeichnet sich aus durch visionäre Fähigkeiten, die sich oft als enorme Weitsicht zeigen ebenso wie im Erreichen kreativ-schöpferischer Ziele. MEN-Menschen setzen ihre Fähigkeiten meist sehr bewusst ein und bringen es durch ihr klares Bewusstsein oft zu hervorragenden Leistungen. Sie wollen frei sein wie ein Adler und sich über die Gewöhnlichkeit des Alltags erheben, um neue Möglichkeiten zu erforschen und zu erobern. Meist sind MEN-Menschen sehr engagiert für die Gemeinschaft, und wenn sie nicht im Gleichgewicht sind, dann machen sie oft den Eindruck, als wollten sie die ganze Welt retten. In der Folge machen sie sich dann abhängig von anderen bis hin zum völligen Verlust ihrer Eigenständigkeit. Es ist für MEN-Menschen daher besonders wichtig, im Gleichgewicht zwischen Denken und Fühlen zu sein. Sonst geraten sie leicht in starres Verhalten, fliehen in eine Scheinwelt, die sie sich aufgebaut haben, und sind sich dessen nicht einmal mehr bewusst. Sind Denken und Fühlen ausgeglichen, dann zeigen sich MEN-Menschen oft als genial und charismatisch.

Anregungen

- Kann ich fliegen wie ein Adler, um meine Ziele zu erreichen?
- Habe ich das Gefühl, dass ich meine Vision von einem lebenswerten Leben umsetzen kann?
- Spiele ich immer für andere den »Retter« (Helfersyndrom), oder kann ich das Drama des Lebens vom Standpunkt des Adlers aus sehen und andere für ihre Entscheidungen selbst die Verantwortung übernehmen lassen?
- Kümmere ich mich auch um mein eigenes Wohlbefinden?
- Trage ich Sorge, dass ich bei meinem Einsatz für andere auch genügend Ausgleich und Ruhe habe?
- Oder bin ich niedergedrückt, hoffnungslos und ohne Ziel?
- Was ist die Aufgabe meines Lebens, was ist meine Vision davon?

CIB

Zahl: 16

Aussprache: »kiib«

Bedeutung: Eule, Fährmann, Geier

Energie: Kraft der kosmischen Intelligenz

Eigenschaften:
Vollendung, Auflösung, Übersicht, innere Stimme, Analyse, universelles Bewusstsein, Vollendung und Zerstörung, Fährmannsstab,
kosmischer Krieger, Angstlosigkeit, Gelassenheit, Zentriertsein

Himmelsrichtung: Süden

Farbe: Gelb

Element: Feuer

Planet: Saturn

Chakra: Hals-Chakra

Herausforderung: Die Wirklichkeit der inneren Welt verneinen, keine spirituelle Führung wahrnehmen, Flucht in die Aktivität, Angst vor der Dunkelheit im eigenen Inneren

Harmonie: Die eigenen verborgenen Seiten akzeptieren, den Lebensrhythmus finden, die innere Stimme hören und ihr folgen, Führung für sich und andere übernehmen

Zeichenbedeutung: Die Eule vertritt für viele Urvölker die Sonne in der Nacht. Durch ihre gelben Augen drückt sich eine machtvolle Sehkraft im Finstern aus. Die Eule sieht das Verborgene. Die doppelte Spirale symbolisiert das »doppelte Gesicht« Hunab Kus, der göttlichen Ur-Energie[57] – nämlich Sonne und Mond, Tag und Nacht, männliche und weibliche Energie, Leben und Tod. Von innen bewegen sich die schöpferischen Kräfte nach außen, und wenn sie vollendet sind, kehren sie spiralförmig dorthin wieder zurück. Der Stab ist Kraft der Führung; er ist in uns und befähigt uns, unseren Weg durch die Wirklichkeiten zu finden.

Mythologie: Die Heldenzwillinge haben – um die Unterwelt endgültig zu besiegen – mit verschiedenen Auftritten die Herren von Xibalbá beeindruckt, so auch mit ihren Verwandlungstänzen. Einer davon ist der Eulentanz. Diese Tiere gelten als die Hüter des Unterwelt-Gartens. Es gelingt jedoch den Zwillingen, mit Hilfe von Ameisen, die Blumen aus dem Garten zu stehlen. Die Blumen sind der Inbegriff des Sonnengottes Ahau. Das Licht und die Sonne sind mit dieser Heldentat befreit. Laut *Popol Vuh* wurden den Vögeln – die bisher vermutlich die Gestalt des Adlers hatten – zur Strafe die Schnäbel verbogen und die Federn gekürzt. Ihre Verwandlung in Eulen verweist somit auf den natürlichen Rhythmus von Aktivität und Ruhephase, Aufschwung und Abschwung. Mit CIB geht der Höhenflug einer Kultur dem Ende zu. Eine Phase der Ruhe ist nun notwendig, damit sich wieder Neues entwickelt.

Gottheit: Hunahpú und *Ixbalanqué* verwandelt beim Eulentanz

CIB ist als Eule das Licht in der Finsternis und zugleich der Fähr-mannsstab für den spirituellen »Krieger«, welcher für die Maya ihr Prophet Quetzalcoátl/Kukulkán ist. Der Stab verbindet die körper-liche Ebene mit der geistigen, die irdische Ebene mit der Göttlichen, und gleichzeitig gibt er Halt in den Turbulenzen entlang des Wan-derweges. MEN hat durch seinen steilen Aufflug eine Zeit der höchsten Aktivität angezeigt und die Übersicht über die Verwo-benheit aller Dinge ermöglicht. Mit CIB tritt die notwendige Phase der Erholung ein, und es zeigt sich nun der Rhythmus, der überall wirkt. Mit den Augen der Eule sehen wir auch das Verborgene – das, was erst zum Vorschein kommt, wenn wir unter die Oberfläche ge-hen. Dazu benötigen wir den Mut zum Risiko. Doch der »Stab der Führung« ist da, um uns sicher in jene Welt zu bringen, die sich hinter unserer betriebsamen Alltagswelt befindet. Und wenn wir mit dieser Ebene der Wirklichkeit umgehen können, dann kann auch unsere sichtbare Welt ihre wahre Magie zeigen.

Tages-Deutung

Ein CIB-Tag kann dein Vertrauen auf die Probe stellen, das du in dich selbst hast – oder eben nicht hast. Du kannst in Situationen geraten, wo du verzweifelt auf Hilfe von außen wartest, während dein inneres Wissen dir leise Antworten anzubieten versucht. Dei-ne eigene Stärke ist also gefragt. Sie wird vielfach auch als die »göttliche Natur« bezeichnet. Vielleicht bist du herausgefordert, dass du mit deinem »Fährmannsstab« vorausgehst, wo andere den Weg oder ihr Ziel aus den Augen verloren haben.

Persönliche Deutung

CIB ist sehr kreativ, pflichtbewusst und tiefsinnig. Was CIB-Men-schen an körperlicher Kraft fehlt, das machen sie meist durch ihre Geisteskraft und Gelassenheit wett. Weil ihnen die dunklen Seiten der Welt und des Lebens zutiefst vertraut sind, haben sie meist Einsicht in Dinge, die anderen verborgen bleiben oder die sie bewusst verstecken. Durch Druck von außen geraten CIB-Menschen jedoch leicht aus dem Gleichgewicht und verlieren dabei ihr Selbstvertrauen. Dann macht sich Angst in ihnen breit, und sie folgen entweder blind irgendwelchen äußeren Autoritäten, oder sie übergeben sich resigniert ihrem Schicksal. Für CIB-Menschen ist es deshalb von großer Bedeutung, dass sie genügend Zeit finden, um auf ihre innere Stimme zu hören und dieser Führung zu folgen.

Anregungen

– Habe ich mit Autoritätspersonen deshalb Schwierigkeiten, weil ich selber meine eigene Autorität nicht zum Ausdruck bringe?

– Habe ich eine klare innere Verbindung zu dem, was wir die geistige Quelle oder Gott nennen, und wie setze ich sie ein?

– Kenne ich meine Fähigkeit der »Nachtsicht«, nämlich die tiefen versteckten Seiten des Lebens zu sehen?

– Wie kann ich diese Weisheit zum Wohle aller einsetzen?

– Bin ich mir bewusst, dass ich ein wichtiger Teil der Schöpfung bin, mit einzigartigen Fähigkeiten und mit starker innerer Führung?

– Achte ich auf die Rhythmen meines Lebens?

CABAN

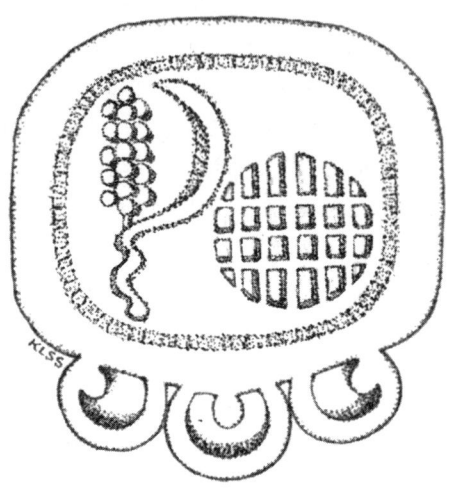

Zahl: 17

Aussprache: »ka'ban«

Bedeutung: Erde, Erdbeben, Regenbogen, Weihrauch

Energie: Kraft der Bewegung

Eigenschaften:
Erdkraft, Fruchtbarkeit, Hüter der Erde, Resonanz mit der Erde,
Spurensuche, Bewegung, Zentrierung, Synchronisation, reiche
Ernte, Reife, Lebenspuls und -rhythmus

Himmelsrichtung: Osten

Farbe: Rot

Element: Erde

Planet: Uranus

Chakra: Herz-Chakra

Herausforderung: Nicht in der Gegenwart leben; Überbewertung von Zeichen, Träumen und Botschaften; vorschnelle Schlussfolgerungen, Selbstbezogenheit, Angst vor den ständigen Veränderungen des Lebens

Harmonie: Geerdet sein, sich als Hüter der Erde sehen, ganz im gegenwärtigen Augenblick leben, Dinge beobachten, ohne Schlüsse daraus zu ziehen, Verantwortung für die größeren Lebensbereiche übernehmen

Zeichenbedeutung: Die Erde ist für die Urvölker die »Mutter«, die die Menschen nährt und trägt. Neben diesen lebenserhaltenden Kräften zeigt die Erde auch ihre zerstörerische Seite, ihre Naturgewalt, die alles hinwegfegt, was nicht mehr ihrer Evolution dient. Die Sichel bringt den Menschen Leben durch das Schneiden der Maispflanze und gleichzeitig den Tod für die Pflanze. Es ist das ewige Spiel von Werden und Vergehen, von Aktivität und Passivität. Die Sichel – in manchen Maya-Traditionen auch als die Locke der Mondgöttin Ixchél bekannt – und der Maiskolben sind zugleich auch ein Symbol für Ixchél als Fruchtbarkeitsgöttin.

Mythologie: Die Macht der Unterwelt ist gebrochen, Licht und Finsternis sind im Gleichgewicht, und das Spiel der Gegensätze zwischen Himmel und Erde nimmt seinen Lauf. Jede Welle der Schöpfung bringt eine Welle der Zerstörung mit sich, sodass das Gleichgewicht gewährleistet ist. Wurde die Schöpfung durch die Erschaffung des weisen Menschen vollendet, so folgte daraufhin der tiefe Fall der Menschheit durch den Missbrauch der Macht – worauf »das Herz des Himmels einen Schleier über ihre Augen warf«, sagt das Popol Vuh. Die Menschen haben sich in alle Himmelsrichtungen auf der Erde verteilt. Und irgendwann kommt die Zeit, wo sie wieder die Verantwortung für ihren Planeten, die Erde übernehmen werden.

Gottheit: Ixchél (= *Ixquic*), junge Mond- und Erdgöttin

CABAN ist die Erdkraft, die wie das Blut durch die Adern des Planeten Erde pulst. Ein Erdbeben bringt neues Leben in die erstarrte Oberfläche. Ein anderes Symbol für dieses Zeichen ist auch der Regenbogen, Sinnbild der Verbindung von Himmel und Erde und der Menschen untereinander. CIB hat den Ausgleich zwischen Aktivität und Ruhephasen in einem Leben fördernden Rhythmus möglich gemacht. Nun geht es um die aktive Auseinandersetzung mit den scheinbaren Gegensätzen des Seins. Dadurch können wir die umfassendere Wirklichkeit wahrnehmen. Nur wenn wir im gegenwärtigen Augenblick verankert sind, sind wir fähig, die vielfältigen Gaben der Erdkraft zu empfangen. Mit CABAN sind wir eingeladen, das zu tun, was uns Freude macht und den Botschaften der Erde zu lauschen. Wir lernen, die vielfältigen Zeichen in unserem Leben richtig zu deuten. Wir verstehen dadurch, dass es keine Zufälle gibt. Alles ist ein Teil des großen Ganzen, und wir sind dessen Hüter – wir sind für die Erde verantwortlich.

Tages-Deutung

CABAN kann dich heute darauf aufmerksam machen, dass du zu sehr an Vergangenem festhältst oder dich von zukünftigen Dingen ängstigen lässt. Vielleicht erkennst du auch, dass du zu wenig »auf dem Boden der Wirklichkeit« bist, und dass du deshalb viele Zeichen oder Botschaften überbewertest. Das hat dich schon vielfach dazu verführt, voreilige Schlussfolgerungen zu ziehen. Die Energie dieses Tages wird dich erinnern, dass du Teil des großen Schöpfungsplanes bist und dass du ihn am besten verstehen kannst, wenn du ganz im gegenwärtigen Augenblick verankert bist.

Persönliche Deutung

CABAN macht oft den Eindruck, als würden erdbebenartig sehr tiefe und zukunftsweisende Ideen aus ihm hervorbrechen. CABAN-

Menschen scheinen völlig in sich selbst verankert zu sein und zeigen sich meist als sehr unabhängig. Ihre Tiefen scheinen unergründlich, da sie ihren Mitmenschen in vielen Belangen weit voraus sind. Dadurch sind sie auch oft in Führungspositionen zu finden, oder sie zeigen sich als einfühlsame Bewahrer von Traditionen. Manchmal sind sie auch ausgezeichnete spirituelle Führer, welche die Zusammenhänge des Lebens in einfachen Worten ausdrücken können. Fallen Menschen dieses Zeichens jedoch aus dem Gleichgewicht – meist indem sie sich von Zukünftigem oder Vergangenem ängstigen lassen – dann fliehen sie aus ihrer Verantwortung und können sehr starr und ungeduldig werden. Ihre Herausforderung ist es deshalb, dass sie ihrem fortschrittlichen Geist in ihrem alltäglichen Leben eine stabile Grundlage geben und dass sie ihre Aktivitäten durch Meditation und Ruhe ausgleichen.

Anregungen

– Lebe ich im gegenwärtigen Augenblick, oder ist mein Leben zerrissen zwischen Gedanken und Sorgen um Vergangenes oder Zukünftiges?

– Sehe ich mein Leben auch im Muster größerer Zusammenhänge, oder bin ich nur auf meine eigene kleine Welt fixiert?

– Kann ich schnelle Veränderungen annehmen, ohne dabei meinen inneren Halt zu verlieren?

– Ziehe ich beim Beobachten meiner selbst und anderer sowie beim Beobachten verschiedener Situationen immer sofort Schlussfolgerungen?

ETZNAB

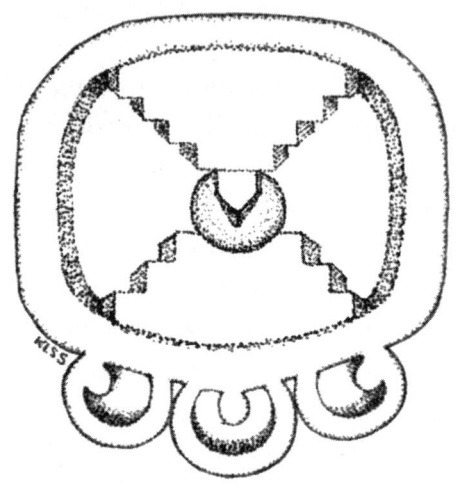

Zahl: 18

Aussprache: »etz'nab«

Bedeutung: Schwert, Messer, Spiegel, Feuerstein

Energie: Kraft der Selbst-Erkenntnis

Eigenschaften:
Opfermesser, Schwert der Wahrheit, dem Schatten in die
Augen sehen, Zeitlosigkeit, Heilung, Saal der Spiegel, Klarheit,
Unterscheidungsfähigkeit

Himmelsrichtung: Norden

Farbe: Weiß

Element: Luft

Planet: Neptun

Chakra: Solarplexus-Chakra

Herausforderung: Unter Trennung leiden, sich Illusionen und Selbstzweifeln hingeben, Getrenntsein, in den eigenen Unzulänglichkeiten gefangen sein, immer im Mittelpunkt von Problemen und Kämpfen sein, Masken tragen

Harmonie: Andere Menschen und Situationen als Spiegel und Geschenke betrachten; die eigenen Täuschungen loslassen, Unterscheidungsfähigkeit benutzen, sich dem eigenen Schatten stellen, in den Spiegel schauen

Zeichenbedeutung: Der Pyramidengott erscheint dort, wo sich zwei Pyramiden – eine von unten und eine von oben kommend – miteinander verbinden. Betrachtet man eine Pyramide wie die Kukulkán-Pyramide von Chichén Itzá (Mexiko)[58] von oben, dann gibt es dort einen Schluss-Stein, der das Zentrum anzeigt, an dem alle vier Himmelsrichtungen zusammenlaufen. Durch diesen Mittelpunkt kann nur das gehen, was die Prüfung der Wahrheit bestanden hat. Alles andere muss zuerst geopfert werden. Wie die Schlange ihre Haut abstreift, so werden auch wir unser Ego und unser physisches Leben ablegen, um in ein umfassenderes Leben zurückzukehren.

Mythologie: Der Weg der Menschheit führt über die Trennung von ihrer Quelle hin zur Reinigung und zum neuerlichen Lernen ihrer schöpferischen Fähigkeiten. Als Gegengabe dafür, dass die Götter ihnen ihre Macht wieder zugänglich machen, fordern sie von ihren Geschöpfen Dank und Hingabe ein. Gott Kukulkán forderte dies im Besonderen von den Königen und Priestern, und es war deshalb Zeichen ihres Königtums, dass sie im Tempel fasteten, »Weihrauch und ihr Blut spendend«, wie das *Popol Vuh* erzählt.

Gottheit: Kukulkán, die gefiederte Schlange

ETZNAB ist das Schwert oder das Messer. Die Maya verstehen ETZNAB auch als den Feuerstein, der das Schwert der Wahrheit schärft. Das Messer dient auch zur Befreiung eines Gefangenen von seinen Fesseln und zum Heilen dessen, was verwundet und krank ist. Wer in den Saal der Spiegel von ETZNAB tritt, braucht Mut, um seinem wahren Gesicht in die Augen zu schauen. Die Spiegel werfen alles zurück, was unwahr oder eine Illusion ist. CABAN hat uns das Vertrauen in die größeren Zusammenhänge sowie den praktischen Umgang mit den gegensätzlichen Seiten des Lebens auf dieser Erde gezeigt. ETZNAB fordert uns jetzt noch einmal heraus, ohne Angst alle Trennungen wahrzunehmen und ist deshalb ein wichtiges Instrument, das uns zu großer Klarheit führt, uns läutert und unsere Unterscheidungsfähigkeit stärkt. Nur wenn wir durch dieses Tor des »Selbstopfers« gegangen sind, können wir die Verschmelzung der beiden Pyramiden erfahren.

Tages-Deutung

Mit ETZNAB bist du eingeladen, deinem Schatten in die Augen zu sehen. Wie das geschieht? Vielleicht halten dir heute Menschen und Situationen einen Spiegel vor Augen, die dich zu jenen Themen hinführen, welche deine besondere Aufmerksamkeit brauchen. Wenn jemand oder etwas ein Gefühl von Ärger oder Unmut in dir erweckt, dann weißt du, dass du daran noch arbeiten musst. ETZNAB reicht dir das Schwert, das dir zeigt, wie du deine Illusionen, Selbstzweifel, Ängste und Schatten von dir abtrennen kannst.

Persönliche Deutung

ETZNAB drückt sich aus durch einen messerscharfen, praktischen Verstand und zeigt große Begeisterung, neue Dinge anzugehen. Menschen dieses Zeichens zeigen ein sehr umfassendes Bewusstsein, das durchdrungen ist vom Wissen um die Endlosigkeit und Ordnung des Seins. Das macht sie sehr gelassen, umgänglich und fähig, sich den Gegebenheiten anzupassen. Meist engagieren sie sich gerne für Familie und Gesellschaft, und sie zeigen sich auch sehr entschlossen, Dinge zu entfernen und Situationen zu bereinigen, die nicht ihrer tiefen inneren Wahrheit entsprechen. Kommen ETZNAB-Menschen durch ihre selbstaufopfernde Lebensweise in die Situation, dass sie einen großen Mangel an Energie haben, dann tendieren sie dazu, dass sie sich in ihren Problemen verfangen, ihre Gefühle unterdrücken und alles Körperliche oder Sinnliche völlig ablehnen. In näheren Beziehungen kann es dadurch leicht zu einem Zusammenbruch kommen. Daher ist es für Menschen dieses Zeichens wichtig, dass sie für sich selbst gut sorgen und sich Grenzen setzen in Bezug auf ihr Engagement für andere.

Anregungen

– Was sind die Schattenseiten in meinem Leben? Und wie gehe ich damit um?
– Was muss in mir noch dem Schwert der Wahrheit geopfert werden?
– Habe ich Probleme, Dinge und Menschen so sein zu lassen, wie sie sind, indem ich ständig alles be- oder verurteile?
– Kann ich mich selber annehmen, wie ich bin?
– Sehe ich alles, was sich in meinem Leben ereignet und alle Menschen, mit denen ich zusammenkomme, als Spiegel dessen, was ich bin und was ich noch zu lernen habe?
– Habe ich Klarheit erlangt über mich selber? Weiß ich, wer ich wirklich bin und zu welchem Zweck ich hier bin?
– Weiß ich, dass ich selbst es bin, der/die das Drehbuch für mein Leben schreibt – niemand sonst – und dass ich deshalb Dinge immer wieder neu schreiben kann?

CAUAC

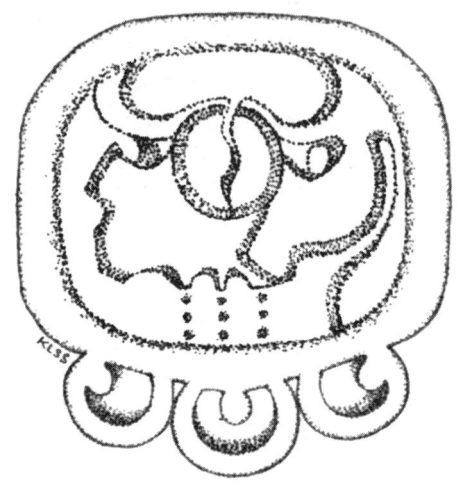

Zahl: 19

Aussprache: »ka'uak«

Bedeutung: Sturm, Regenwolke, Donner, Feuer

Energie: Kraft der Selbsterneuerung

Eigenschaften:
Reinigung, Läuterung, Transformation, Telepathie,
Wiedervereinigung, Lichtkörper, Energie des Blitzes, Entladung,
Initiation durch Feuer, Ekstase der Freiheit

Farbe: Blau

Himmelsrichtung: Westen

Element: Wasser

Planet: Pluto

Chakra: Wurzel-Chakra

Herausforderung: Zweifel, Chaos, Suchtprobleme, kritisch gegenüber körperlichen Umwandlungen, Gefühl der Trennung vom Ursprung, Hängenbleiben im Drama der eigenen Gefühle, schnell aufgeben

Harmonie: Aktivierung der höheren Kräfte, der eigenen inneren Führung vertrauen, selbst Veränderungen herbeiführen, die eigene »dünne Haut« schützen, Empfindsamkeit kreativ nutzen

Zeichenbedeutung: Wenn sich ein Gewitter zusammenbraut und die schweren Regenwolken sich heftig entladen, dann kann durchaus der Eindruck der Zerstörung und der Trennung entstehen. Im größeren Zusammenhang – bei den Mayas ausgedrückt durch die Zahl 9 – zeigt es sich jedoch, dass zusammengehört, was getrennt erscheint. Die Tierwelt (Pferdekopf) – oder auch unser Unterbewusstsein – mag von der Menschenwelt (Menschengesicht), vom Bewusstsein, getrennt worden sein. Aber die Erde (Kugel) ist die vereinigende Kraft, beide Sichtweisen (die beiden Augen) vereinigen sich hier.

Mythologie: Bevor »das Herz des Himmels« (*Popol Vuh*) sich mit AHAU nun bald wieder öffnet, fegt noch einmal ein reinigender Sturm über die Schöpfung. Die Menschen haben ihre Kräfte und Fähigkeiten jetzt voll entwickelt. Sie erkennen die klärende Kraft des Gewitters und haben keine Angst mehr, weil sie wissen, dass die Götter prüfen, was standhält. Das *Popol Vuh* berichet: Als »ein Hagelsturm tobte, weiß und schneidend kalt«, ließen sich die Völker der Erde nicht mehr unterkriegen. Sie forderten das Feuer vom Himmel, und sie bekamen es auch, als sie den Bedingungen dafür zustimmten.

Gottheit: Regengott *Chac*

CAUAC ist der Sturm, der – nachdem wir in den Spiegel von ETZNAB geschaut und die Schatten in uns messerscharf herausgearbeitet haben – alles hinwegfegt und die Luft wieder reinigt. Blitz und Donner vereinen Himmel und Erde, und der darauf folgende Regen bringt den Kreislauf des Wassers wieder zur Erde zurück. CAUAC bedeutet Läuterung und Transformation. Nach einem heftigen Gewitter sind Spannung und Dunkelheit weg, und die Erde sowie alle Lebewesen sind verwandelt. Die Atmosphäre ist wieder frei und voller Lebendigkeit. Die Sonne kehrt zurück, und neues Leben beginnt.

Tages-Deutung

Mit CAUAC kannst du plötzlich Gewitterwolken auftauchen sehen, die sich aus deiner Angst vor Veränderung oder durch die Verdrängung von tief liegenden Problemen zusammengebraut haben. Vielleicht erfährst du heute, dass du verschiedene Süchte aufgebaut hast, um diese Angst oder irgendwelche Illusionen zu verdecken. Durch CAUAC kannst du lernen, wie du dir die aufziehenden Gewitterwolken zu Nutze machen kannst, um an jenen Stellen eine Reinigung durchzuführen, die du normalerweise nicht gerne berührst (im Beruf, in Beziehungen, im Gefühlsbereich ...). CAUAC hilft dir, dich einer gründlichen Reinigung zu unterziehen, ohne dabei von einem Chaos ins andere zu verfallen.

Persönliche Deutung

CAUAC zeigt sich oft sehr stürmisch und andererseits wiederum mit großer Gelassenheit. Meist sind Menschen dieses Zeichens auffallend dramatisch, und mit ihrer Vielfalt von Fähigkeiten können sie andere begeistern und mitreißen. So schnell, wie sich Gewitterwolken zusammenziehen und entladen, so können CAUAC-Menschen auch ihre emotionalen Spannungen loslassen. Mit ihrer Einfühlsamkeit gelingt es ihnen aber auch, bald eine »Reinigung der Atmosphäre« für alle Beteiligten herbeizuführen. Können diese Menschen ihr emotionales Gleichgewicht nicht finden, werden sie leicht von den Stürmen ihres eigenen Lebens hinweggefegt. Sie werden dann rastlos und flüchten sich in Illusionen. Aus Angst vor dem Unbekannten und vor dem Risiko geraten sie sie leicht in Verzweiflung, und sie tendieren deshalb zu Suchtverhalten jeglicher Art. Andererseits sind aber gerade sie es, die der Wahrheit immer auf den Grund gehen und anderen helfen, sich von ihren Illusionen zu befreien. Für CAUAC-Menschen ist es deshalb besonders wichtig, dass sie in sich selbst gut verankert sind – was sie zumeist durch Beschäftigung mit Heilung und Spiritualität erreichen können. Das gewährleistet eine starke Verbindung zwischen ihrem unbewussten Bereich und ihrem äußerst aktiven Denken.

Anregungen

– Fühle ich mich getrennt von mir selbst, das heißt von der Quelle, die mich nährt?

– Woher kommt meine Angst vor dem Unbekannten? Wie drückt sie sich in meinem Leben aus?

– Vielleicht habe ich die Angewohnheit, alles was ich tue und denke zu beurteilen. Weiß ich, dass ich mir damit selbst den Weg zur Veränderung verstelle, weil mich jedes Urteil gefangen nimmt in meiner engen Wahrnehmungswelt?

– Was ist die Vision meines Lebens, und welche Bereiche in meinem Leben arbeiten völlig gegen sie?

– Kann ich das Chaos, das ich immer wieder hervorbringe, durch das Hören auf meine inneren Sinne ausgleichen?

– Ist meine sprichwörtliche »dünne Haut« ein Wegweiser in meinem Leben, der mir zeigt, wie ich zu meiner eigenen inneren Harmonie gelangen kann?

AHAU

Zahl: 20

Aussprache: »a' hau«

Bedeutung: Sonne, Herrscher, Blume, Vorfahren

Energie: Kraft der kosmischen Liebe

Eigenschaften:
Glück, Gelingen, Vereinigung, Ganzheit, Aufstieg, bedingungslose
Liebe, Ekstase, Sprache des Lichts, Christusbewusstsein,
Vollendung und Neubeginn, Erleuchtung

Himmelsrichtung: Süden

Farbe: Gelb

Element: Feuer

Planet: Pluto

Chakra: Kronen-Chakra

Herausforderung: Sich selbst eingrenzen, Außenseiter sein, Probleme mit Identifikation und Idealen, Lieben und dabei Bedingungen stellen, zu sehr vom Weltlichen abgehoben sein, sich in okkulten oder außerirdischen Bereichen verlieren, Mutlosigkeit

Harmonie: Ganzheitliches Sehen, Tolerieren und Akzeptieren von allem und allen, bedingungslos lieben, mit beiden Beinen auf dem Boden stehen

Zeichenbedeutung: Der Mund umschließt in Gestalt des »O« – Zeichen für das erwachte Bewusstsein – das Kreuz, welches in alle vier Himmelsrichtungen weist. Nun kommt alles zur Vollendung, was zerstreut war und durch den langen Kreislauf der Entwicklung gegangen ist. Die Öffnung an der Stirn (das »dritte Auge«) zeigt an, dass alles, was einst von der Quelle ausgegangen ist, nun wieder zurückkehrt in die göttliche Einheit, um von dort aus wieder als Schöpfung hervorzugehen.

Mythologie: AHAU war und ist für die Maya der heiligste aller Tage, denn – so sagt das *Popol Vuh* – »groß war die Freude, als sie den Sonnenträger (in Gestalt von Kukulkán) sahen: schimmernden Antlitzes stieg er vor der Sonne empor«. Das Licht ist also geboren, die ganze Schöpfung vollendet. Es ist der Tag der Rückkehr der Ahnen, denn die Sonne scheint nun überall, und damit ist die Trennung zwischen Diesseits und Jenseits aufgehoben. Die Maya-Herrscher, die so genannten »Ahauob«, haben deshalb auch die Aufgabe, diesem Licht durch ihre göttliche Kraft zum Sieg auf dieser Erde zu verhelfen. Aus Dankbarkeit bringen sie den Göttern Blumen – Zeichen der Erleuchtung und des höheren Bewusstseins – als Opfer dar.

Gottheit: Hunahpú als Sonnengott Ahau; *Kukulkán*, der Sonnenträger

AHAU gilt als das Zeichen des höchsten Herrschers, des Sonnengottes. Es geht hier um den Aufstieg in die Vollendung. AHAU ist die Krone der Schöpfung. Nachdem CAUAC stürmisch alles hinweggefegt hat, was noch im Wege stand, und die letzten Grenzen und Mauern gefallen sind, öffnen sich nun die Tore in die Welt des Grenzenlosen und Bedingungslosen. Jeden Tag siegt die Kraft der Sonne neuerlich über die Dunkelheit der Nacht. AHAU ist Liebe und führt zurück in die Einheit des Urmeers, zu IMIX – wo der Kreislauf wieder von vorn beginnt.

Tages-Deutung

Da AHAU keine Begrenzungen kennt, kann es sein, dass du dich heute fragen wirst, warum du Bedingungen stellst, wenn du etwas gibst – wenn du zum Beispiel zu einem Kind sagst: »Ich gebe dir das, aber nur, wenn du das und das tust.« Das Universum/Gott stellt solche Bedingungen nicht, vielmehr scheint die Sonne für *alle*, ganz egal, was sie tun und wie sie aussehen. Vielleicht ist es an der Zeit, dich in Toleranz zu üben, das heißt: andere so zu akzeptieren, wie sie sind – ohne Urteile und ohne Druck auf sie auszuüben. AHAU will dir zeigen, dass du bedingungslose Liebe lernen kannst, indem du dich selbst als durch und durch göttliches Wesen erkennst.

Persönliche Deutung

AHAU ist vielseitig begabt (oft hoch begabt) und zumeist auch sehr tiefsinnig und idealistisch. AHAU-Menschen bewegen sich mit einer »Leichtigkeit des Seins«, wie es für andere oft unvorstellbar ist. Zudem zeigen sie einen starken Hang zum Künstlerischen und zum Spirituellen. Oft wirken sie deshalb verträumt und abwesend. Sie verlieren dabei leicht den Boden unter ihren Füßen und fallen dann in tiefe Sinnlosigkeit, weil sie das Gefühl haben, dass sie nicht so normal sein können wie andere. Es kann aber auch sein, dass sie sich in ihrer Leichtigkeit, die aus dem Wissen um die Verbindung mit ihrer höheren Quelle stammt, in die Welt des Übersinnlichen verlieren. Für Menschen dieses Zeichens ist es deshalb von großer Wichtigkeit, dass sie sich Tätigkeiten suchen, die sie »erden«, und dass sie sich auch mit ganz einfachen und normalen Menschen umgeben. Ein einfaches Leben und der liebevolle Umgang mit sich selbst kann ihnen helfen, jenen Reichtum zu entfalten, den sie in sich tragen.

Anregungen

– Geschieht das, was ich für mich und für andere tue, wirklich aus bedingungsloser Liebe heraus, oder hege ich dabei immer bestimmte Erwartungen und Absichten?

– Kann ich mich selbst, andere und alle Situationen, durch die ich gehe, so annehmen, wie sie sind – ohne dabei ein Werturteil zu fällen?

– Habe ich manchmal Angst vor der »unbeschreiblichen« Leichtigkeit, mit der mir Dinge gelingen und von der Hand gehen?

– Kann ich meine Talente und Begabungen als Ausdruck meiner göttlichen Natur akzeptieren und sie als solche auch einsetzen?

– Sehe ich mein Leben im Licht einer umfassenden Kraft, oder lasse ich mich hineinziehen in die dunklen Tiefen übersinnlicher Wirklichkeiten?

– Was ist meine Vision, und was ist das Ziel meines Lebens?

Die verschiedenen Bedeutungen der 20 Sonnensymbole

Name	Zahl	Bedeutung 1	Bedeutung 2	Bedeutung 3	Bedeutung 4
IMIX	1	(Meeres-)Drache	Wasser	Geburt	Fisch
IK	2	Wind	Luft	Geist	Leben
AKBAL	3	Nacht	Traumzeit	Fülle	Unterwelt
KAN	4	Samenkorn	Mais	Erblühen	Eidechse
CHICCHAN	5	Schlange	Milchstraße	Lebenskraft	Kundalini
CIMI	6	Weltenüberbrücker	Tod	Befreiung	Durchgang
MANIK	7	Hand	Hirsch	Vollendung	Schöpferkraft
LAMAT	8	Kaninchen	Mond	Schönheit	Himmelslichter
MULUC	9	Wasser	Regentropfen	Gezeiten	Aussaat
OC	10	Hund	Fuß	Herz	Emotionen
CHUEN	11	Affe	Humor	Magie	Kind
EB	12	Mensch	Schädel	Freier Wille	Fülle
BEN	13	Maisrohr	Himmelswanderer	Raum	Brücke
IX	14	Jaguar	Magier	Zeitlosigkeit	Schamane
MEN	15	Adler	Spinnennetz	Vision	Weiser
CIB	16	Eule	Fährmann	Intelligenz	Geier
CABAN	17	Erde	Erdbeben	Beginnen	Regenbogen
ETZNAB	18	Schwert	Messer	Klarheit	Spiegel
CAUAC	19	Sturm	Regen	Veränderung	Donner
AHAU	20	Sonne	Blume	Vollendung	Herrscher

Weitere Deutungen der 20 Sonnensymbole

Name	Zahl		
IMIX	1	Der Meeresdrache	Archaiker mit ausgeprägter Intuition
IK	2	Der Geist des Windes	Verstand und Tatkraft
AKBAL	3	Die Kraft der Dunkelheit	Ringen um das erste Licht der Bewusstheit
KAN	4	Das kosmische Samenkorn	Die »Insel des Ich« verteidigen
CHICCHAN	5	Die himmlische Schlange	Unermüdliche Versöhner
CIMI	6	Die Brücke zwischen den Welten	Leben im Angesicht des Todes
MANIK	7	Die heilende Hand	Charismatische Schauspieler
LAMAT	8	Der Venus-Stern	Im Bann des Mondes
MULUC	9	Der veränderliche Mond	Visionäre Erfinder und Reformer
OC	10	Das loyale Herz	Ringen mit dem dunklen Dämon
CHUEN	11	Die Kraft der Illusion	PriesterInnen des Sinnen- und Körperkults
EB	12	Das Herz der Menschheit	Unerschütterliche Zuversicht
BEN	13	Die Säulen des Lichts	An der Schwelle zur Reife (Sonnendominanz)
IX	14	Die Weisheit des Schamanen	An der Schwelle zur Reife (Monddominanz)
MEN	15	Die Kraft der Vision	Analytiker mit überragender Ratio
CIB	16	Der kosmische Krieger	Ein spätsommerlicher Hauch
CABAN	17	Die Navigation der Erde	Gelassen die Ernte einholen
ETZNAB	18	Der Spiegel des Selbst	Heitere Spiritualität
CAUAC	19	Das Donnerwesen	Theater der Leidenschaften
AHAU	20	Der Sonnenherrscher	Multitalente auf der Flucht vor Routine

Tabellen nach: Aluna Joy Yaxk'in, *Mayan-Pleiadian Cosmology*, Selbstverlag 1995, und: Pio Martinéz/Pietro Bandini, *Das Götterorakel von Yukatan*, München 1998

Schutztiere für die einzelnen Sonnenzeichen
auch *Naguals* oder *Poweranimals* genannt

Name	*Zahl*	
IMIX	1	Krokodil
IK	2	Bussard
AKBAL	3	Fledermaus
KAN	4	Dachs
CHICCHAN	5	Salamander
CIMI	6	Hund
MANIK	7	Hirsch
LAMAT	8	Kaninchen
MULUC	9	Fisch
OC	10	Hund
CHUEN	11	Affe
EB	12	Biene
BEN	13	Fisch
IX	14	Ozelot
MEN	15	Adler
CIB	16	Eule
CABAN	17	Hase
ETZNAB	18	Schlange
CAUAC	19	Iltis
AHAU	20	Adler

DIE 20 SONNENZEICHEN UND
DAS RAD DES LEBENS

Das Medizinrad der Urvölker Amerikas

Medizinräder[59] sind ein uraltes und sehr ausdrucksstarkes Symbol für das Leben und das gesamte Universum. Bei den alten Völkern lernen die Kinder zuallererst die Kraft des Medizinrades kennen. Es ist sichtbar und damit gut begreifbar, gebaut aus Steinen und versehen mit Dingen, die dem jeweiligen Stamm sehr wichtig sind. Diese Räder spiegeln unser Leben und alles, was auf der Erde ist und ebenso im Universum. Die Medizinräder sind stille Lehrer, die die Wirklichkeit aller sichtbaren und unsichtbaren Dinge zeigen. Sie zeigen, dass und wie alles miteinander verbunden ist – genauso wie der Tzolkin, der heilige Kalender der Maya. Die Medizinräder haben – je nach Stamm und Kulturkreis – sehr viele verschiedene Einteilungen und Bedeutungen, ebenso, wie es beim Kalender der Maya unzählige verschiedene Bedeutungen, Zählungen und Zeichen gibt.

Um eine bessere Vorstellung davon zu bekommen, können wir uns das Medizinrad auch so ähnlich vorstellen, wie unsere Physiker ein Atom und seine Dimensionen darstellen.

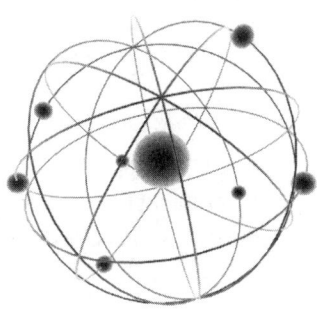

Auch ein Medizinrad ist kein flacher Kreis, sondern es reicht in alle Dimensionen – nach oben und nach unten genauso wie in alle Richtungen. Dieses Rad findet im alltäglichen Leben genauso Verwendung wie bei heiligen Zeremonien oder als Begleiter durch ein ganzes Jahr oder Leben. Die Hauptteile eines Medizinrades sind:
– das heilige Rad beziehungsweise der Kreis
– die vier Himmelsrichtungen
– das Zentrum.

Medizinräder sind zumeist aus Steinen gebaut (Stonehenge in England ist ebenso ein Beispiel dafür, wenn auch in anderer Tradition). Normalerweise sind die vier Himmelsrichtungen um ein Zentrum angeordnet und halten so alles im perfekten Gleichgewicht. Manchmal sind es aber auch acht oder sogar zwölf Richtungen.

Da das Medizinrad den Urvölkern heilig ist, haben sie auch bestimmte Verhaltensregeln aufgestellt, wie etwa entsprechende Kleidung, Stille, keine Suchtmittel, Kinder und Tiere sollen nicht durch das Rad laufen. Sie sehen das Rad als Platz, auf dem sie mit dem Großen Geist (in allen Ausfaltungen) in Verbindung treten, jenen Ort, an dem Körper und Geist eins werden. Um dies zum Ausdruck zu bringen, bewegen sie sich dort in großer Dankbarkeit und mit Respekt, um den Geist und seine vielen Helfer zu ehren. Sie bringen Geschenke mit, wie die heiligen Kräuter Salbei, Tabak, Süßgras oder Zeder und auch Geschenke für die Menschen, mit denen sie in diesem Ritual ein Stück des Weges teilen. Das Zusammenkommen in einem Medizinrad war und ist deshalb von ganz tiefer Bedeutung für das Gleichgewicht dieser Völker: Man trifft sich, um zu feiern, Geschichten zu erzählen, Probleme zu erörtern und Lösungen zu hören und um die Gemeinschaftsbande zu stärken.

Das Medizinrad zeigt die Zusammenhänge von Geburt, Lernen, Leben und Tod auf. Es führt uns durch den Zyklus des Seins, denn

Indianisches Medizinrad

der Kreis ist der Spiegel aller Dinge. So kann beispielsweise die Mitte uns selbst repräsentieren, und die Steine im Außenkreis stellen alle Dinge dar, die uns wichtig sind (wie z. B. die Familie, der Computer, der Beruf, ein Teddybär, ...). Dieses Rad kann uns verstehen helfen, wodurch die Erde mit uns verbunden ist und wodurch sie uns unterstützt. Es hilft uns somit, vieles zu sehen und verstehen, was nicht durch unsere fünf Sinne wahrnehmbar ist.

Somit ist ein Tag mehr als der einfache Ablauf von Morgen, Mittag, Abend und Nacht, denn wir erleben uns innerhalb eines Tages in den verschiedensten Kreisläufen, Zyklen und Situationen, welche alle auf eine bestimmte Weise miteinander in Verbindung stehen. Ein jeder Tag ist auch bezogen auf einen bestimmten Abschnitt im Jahresablauf, einen bestimmten Lebensabschnitt, in welchem wir und andere gerade stehen, auf die Zyklen der Natur, die Kreisläufe unseres Denkens, die Planetenumläufe und Mondstände usw.

Alle Dinge waren und sind im Leben der indianischen Völker miteinander verbunden und deshalb heilig – ohne Ausnahme. Ein wichtiger Gruß ist bei vielen Völkern Amerikas »All my relations«[60] – »wir sind alle verbunden«. Das Medizinrad ist der direkte Ausdruck davon. Durch die vier Himmelsrichtungen wird alles im perfekten Gleichgewicht gehalten. Gleichzeitig stellen sie die verschiedenen Kreisläufe von Natur und Leben auf diesem Planeten dar.

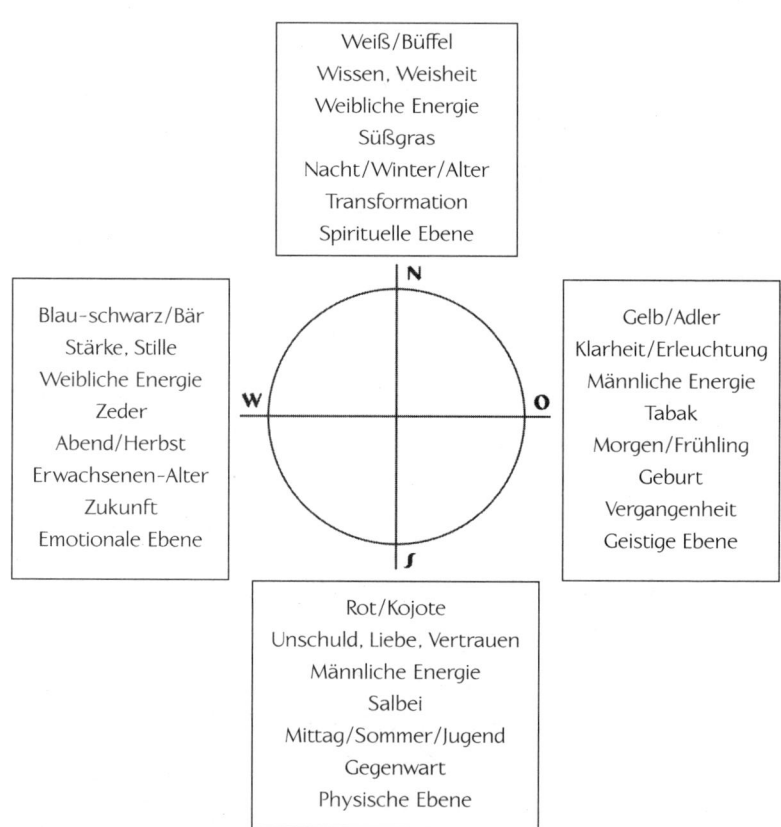

Dieses Medizinrad entstammt der Lakota-Dakota-Tradition in den USA und Kanada. Doch hat jeder Stamm sehr verschiedene Eintei-

lungen, weil für jene, die im Süden Amerikas leben, die Himmelsrichtungen eine andere Bedeutung im täglichen Leben haben als
für diejenigen, die mehr im Norden, Osten oder Westen leben.

Die folgenden Tabellen geben andere Traditionen wieder. Sie mögen verwirrend wirken, weil sie teilweise sehr gegensätzlich sind.
Das ist jedoch wiederum ein Hinweis auf die Tatsache, dass es keine wirklichen Gegensätze sind, dass Zeit eine Spirale ist und dass
alles EINS ist.[61]

Cherokee-Tradition

Osten	*Süden*	*Westen*	*Norden*
Spirituelle Ebene	Natur-Ebene	Körper-Ebene	Geist-Ebene
Weg der Sonne	Weg des Friedens	Weg der Einsicht	Weg der Ruhe
Rot	Weiß	Schwarz	Blau
Zusammenkommen und die Ältesten ehren	Unschuld des Seins	Denen helfen, die weniger Glück haben	Teilen und lehren
Wer bin ich, und wo bin ich beteiligt?	Was tue ich gerne und gut?	Was sind meine Stärken, was schränkt mich ein?	Was habe ich (mit-) zuteilen oder zu geben?

Verschiedene Traditionen (auch im Westen verbreitet)

Osten	*Süden*	*Westen*	*Norden*
Licht	Jugend	Dunkelheit	Älteste
Anfänge	Fülle	Das Unbekannte	Weisheit
Erneuerung	Sommer	In sich gehen	Denken
Spontaneität	Herz	Träume	Analysieren
Reinheit	Großzügigkeit	Tiefe Gedanken	Verstehen
Hoffnung	Sensibilität	Krafteinteilung	Kalkulieren
Mut	Loyalität	Fasten	Organisieren
Wahrhaftigkeit	(Selbst-)Kontrolle	Meditation	Auseinanderhalten
Geburt	Zielsetzung	Stille	Problemlösung
Wiedergeburt	Entfaltung	Alleinsein	Erfüllung
Kindheit	Leidenschaft	Respekt	Vollendung
Erleuchtung	Idealismus	Selbsterkenntnis	Freiheit
Führung			

Jede Einteilung im Medizinrad, die wir von anderen Menschen übernehmen, zeigt *deren* Art von Leben und Denken. Und sie stellt deshalb auch nur EINE mögliche Sichtweise dar. Es gibt jedoch unzählige Möglichkeiten. Es ist daher wichtig, dass wir unser eigenes
Medizinrad so gestalten, dass es unserem Leben entspricht. Andererseits ist es auch wichtig, andere Möglichkeiten zu sehen, damit
wir unsere eigenen Einschränkungen und Begrenzungen entdecken
können.

Das chinesische Rad der Fünf Elemente

Die chinesische Tradition zeigt ebenfalls eine sehr lebendige Ver-
bundenheit mit dem Rad des Lebens. Im Zentrum steht dabei jenes
Symbol, das wir als das Yin-Yang-Zeichen kennen. Es stellt das
Gleichgewicht aller Polaritäten und Gegensätze dar.

Auch das Rad der Fünf Elemente hat sehr viele Varianten, je nach
dem Bereich, in dem es angewendet wird. Der Kreislauf der Jahreszeiten und des Lebens sieht darin so aus:

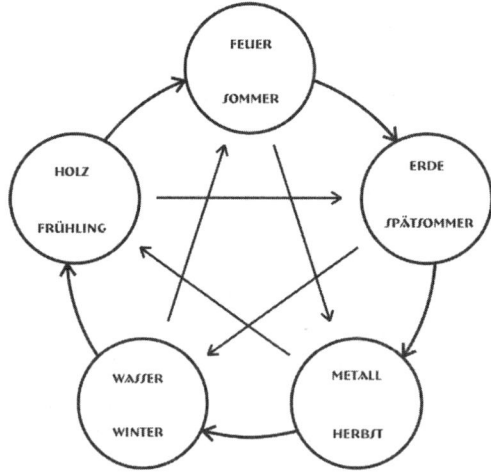

Die Bäume treiben im Frühling aus, das Element Holz nährt das Feuer (welches das Element des Sommers ist), die Hitze der Sonne wärmt noch im Spätsommer die Erde; im Element Erde werden die Mineralstoffe genährt, und die Mineralien des Elementes Metall bereichern und nähren das Wasser, welches wiederum das Holzelement nährt. Dieser Zyklus wird Ernährungszyklus genannt. Ein zweiter Zyklus heißt Kontrollzyklus, das bedeutet, dass das Holz wichtig ist zur Kontrolle des Elements Erde (Erdrutsche sind Folge von Rodungen), die Hitze des Feuers ist notwendig, um Metall zu schmelzen, die Erde kontrolliert das Wasser, damit es nicht zu Überschwemmungen kommt, usw. Der Kontrollzyklus ist in der Abbildung durch die Pfeile innerhalb des Kreises dargestellt.

Wird das Rad der Fünf Elemente in der Medizin[62] verwendet, dann ergibt es die folgende Einteilung:

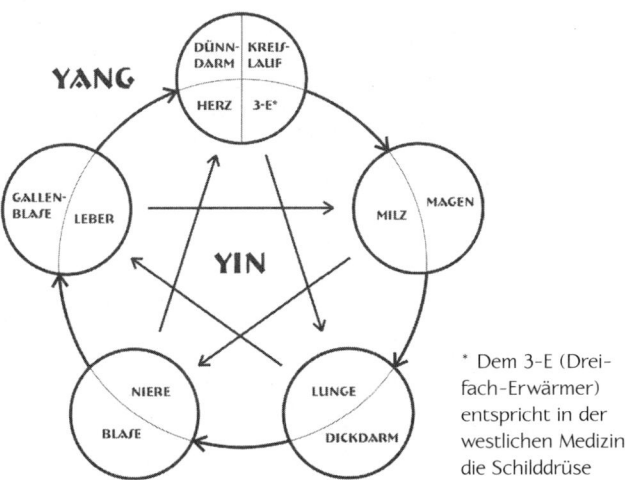

* Dem 3-E (Drei-fach-Erwärmer) entspricht in der westlichen Medizin die Schilddrüse

Die Organe sind den Fünf Elementen wie folgt zugeordnet:
– Leber/Gallenblase gehören zum Element Holz.
– Herz/Dünndarm und Dreifach-Erwärmer/Kreislauf gehören zum Element Feuer.

- Milz/Magen gehören zum Element Erde.
- Lunge/Dickdarm gehören zum Element Metall.
- Niere/Blase gehören zum Element Wasser.

Organe, die im Kreis innen liegen, haben Yin-Energie, Organe, die außen liegen, sind dem Yang zugeordnet.

Fünf-Elemente-Tabelle

	Holz	*Feuer*	*Erde*	*Metall*	*Wasser*
Jahreszeit	Frühling	Sommer	Spätsommer	Herbst	Winter
Richtung	Osten	Süden	Mitte	Westen	Norden
Wetter-faktor	Wind	Hitze	Feuchtig-keit	Trocken-heit	Kälte
Organe	Leber, Gallenblase	Herz, Dünndarm, Dreifach-Erwärmer	Milz, Magen	Lunge, Dickdarm	Niere, Blase
Zeit	23–3 Uhr	11–15 Uhr 19–23 Uhr	7–11 Uhr	3–7 Uhr	15–19 Uhr
Farbe	Grün	Rot	Gelb/Braun	Weiß	Blau
Heilender Geschmack	Sauer	Bitter	Süß	Scharf	Salzig
Nährender Geschmack	Süß	Scharf	Salzig	Bitter	Sauer
Wirkung	Zusammen-ziehend	Austrock-nend	Befeuch-tend	Lösend	Ableitend
Emotionen	Mut, Toleranz, Geduld, Ablehnung, Zorn, Wut, Frustration	Ruhe, Freude Liebe, Lust, Begierde, Hektik, Hysterie	Körperliche Harmonie, Sorgen, Grübeln, Zweifeln, Hass, Gier, Fanatismus	Mitgefühl, Selbstlosig-keit, Trauer, Depression, Egoismus, Festhalten	Flexibilität, Disziplin, Offenheit, Unsicherheit, Furcht, Angst, Panik
Qualitäten	Kreativität, Wachstum, Intuition, Flexibilität	Mitgefühl, Kommuni-kation, Inspiration	Vermitteln, Fürsorge, Nähren, Intelligenz	Inspiration, Kunst, Disziplin, Instinkt	Stille, Weisheit, Rhythmus, Klugheit
Laute	Schreien	Lachen	Singen	Weinen	Stöhnen

Die Maya-Sonnensymbole am Rad des Lebens

Medizinräder bringen zum Ausdruck, wie unterschiedlich Zeit betrachtet werden kann. Für die Urvölker haben Vergangenheit und Zukunft nur insofern Bedeutung, als die Gegenwart damit durch unsichtbare Fäden verbunden ist. Aber sie leben völlig in der Gegenwart, weil nur JETZT das Leben stattfindet – sonst nirgends. Ihre ganze Aufmerksamkeit ist deshalb auf den gegenwärtigen Augenblick gerichtet, und sie machen es so der Natur nach. Alles lebt in der Gegenwart und kann nur dort beeinflusst und verändert werden.

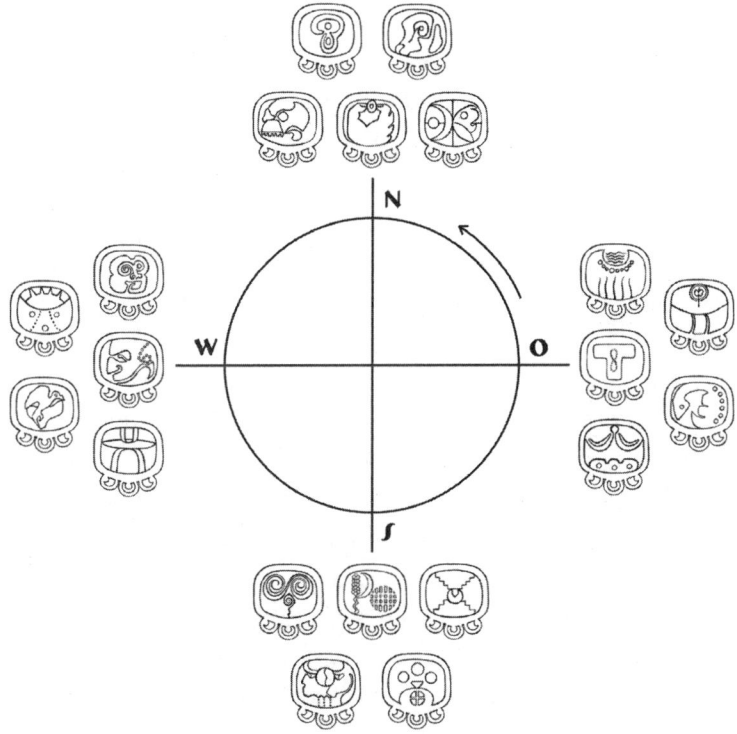

Die 20 Sonnensymbole am Rad des Lebens

Das ist es, was die Maya uns durch ihre Wissenschaft von der Zeit zeigen: Zeit hat keinen Anfang und kein Ende, es gilt nur das Jetzt. Und im Jetzt hat JEDER Augenblick Bedeutung. Zeit ist für die Maya ein Webmuster, das aus allem gewoben wird, was existiert. Das Rad ist für sie somit dasselbe wie das Netz des Universums und der Tzolkin.

Die Bewegungsrichtung im Mayarad der 20 Sonnensymbole läuft gegen den Uhrzeigersinn. Ihre Medizinräder jedoch, die sie für die Zeremonien verwenden, laufen – wie bei allen anderen Urvölkern – auch im Uhrzeigersinn. Die tiefere Bedeutung dafür liegt in der Maya-Vorstellung von der göttlichen Energie Hunab Ku: Die Bewegung im Kosmos ist doppelspiralig – das heißt, dass sich die Energie wie eine Spirale von diesem Zentrum nach außen bewegt und dass sie in einer anderen Spirale wieder dorthin zurückkehrt. Der Kreis, der sich im Uhrzeigersinn bewegt, ist jener, der die materielle und erdgebundene Ebene versinnbildlicht – unser Leben hier auf dieser Welt. Die 20 Symbole in der Gegenbewegung jedoch zeigen die Rückkehr an zum Zentrum, aus dem wir kommen. Es ist die geistig-spirituelle Ebene, die den Menschen über seine bloße physische Existenz hinaushebt.

Die den Himmelsrichtungen zugeordneten Farben sind bei den Maya ebenfalls verschieden: Sie verwenden überwiegend Rot für den Osten und Gelb für den Süden (die Farben sind jedoch auch unter den einzelnen Volksgruppen in Amerika verschieden, und ebenso unterschiedlich sind sie in Europa).

Die Regel von der Einheit der Gegensätze ist daher im Umgang mit dem Medizinrad von großer Bedeutung. Wo das eine gilt, gilt immer auch das andere. Nichts ist wirklich getrennt – wir können durch diese Erkenntnis aber unser Bewusstsein und unsere Intuition erweitern und stärken.

Die Bedeutung der Farben und Himmelsrichtungen am Maya-

Medizinrad kann ebenfalls auf verschiedene Weise dargestellt werden. Hier ist eine davon:

- *Osten:* Farbe Rot, Element Erde. Osten steht für Sonnenaufgang, Geburt, Erneuerung des Lebens, Gebrauch physischer Fertigkeiten. Er kennzeichnet eine gute Zeit, um Projekte zu starten oder sie zumindest in Gedanken zu entwerfen. Themen: Kämpfen mit persönlichen Problemen und Schwierigkeiten, eine einmal eingeschlagene Richtung konsequent weiterzuverfolgen.

- *Norden:* Farbe Weiß, Element Luft. Norden bedeutet, sich nach innen zu kehren, zur inneren Verfeinerung; es geht um den Gebrauch mentaler Fertigkeiten. Oft kämpft man gegen die Emotionen, indem man alles mit dem Verstand zu begreifen versucht. Es geht darum, auf Distanz zu den Dramen des Lebens zu gehen, um den persönlichen Lebensentwurf mit den Bedürfnissen der anderen und der Gemeinschaft in Einklang zu bringen.

- *Westen:* Farbe Blau oder Schwarz, Element Wasser. Der Westen ist die Richtung der untergehenden Sonne und somit des sterbenden Tagesgottes. Es ist damit ein Platz der friedvollen Ruhe, wo sich Dunkelheit ausgebreitet hat. Das ist der Zeitpunkt, wo alles bisher Entworfene durch die Kraft der Inspiration mit dem größeren Ganzen verbunden wird. Es geht hier um Transformation und intensives spirituelles Wachstum.

- *Süden:* Farbe Gelb, Element Feuer. Der Süden ist der letzte Entwicklungszyklus, und er bringt die drei vorangegangenen zur Vollendung. Das ist zugleich auch die »Rückkehr« zum Ausgangspunkt, die Rückbindung an das Netz des Universums (auch Traumzeit genannt). Das Feuer brennt alles weg, was das Wachstum verhindert, und gleichzeitig ist es die Hitze der Sonne, die das Wachstum erst ermöglicht. Die Sonne wiederum ist Sinnbild für den höchsten Geist, den die Maya Hunab Ku nennen, jene Energie, von der alles ausgeht und zu der alles zurückkehrt.

OSTEN – ROT	NORDEN – WEISS	WESTEN – BLAU	SÜDEN – GELB
1 – IMIX	2 – IK	3 – AKBAL	4 – KAN
5 – CHICCHAN	6 – CIMI	7 – MANIK	8 – LAMAT
9 – MULUC	10 – OC	11 – CHUEN	12 – EB
13 – BEN	14 – IX	15 – MEN	16 – CIB
17 – CABAN	18 – ETZNAB	19 – CAUAC	20 – AHAU

Wir leben gerade in der letzten 20-Jahre-Periode (= Katun) der Maya-Zählung, und diese ist beeinflusst durch die Energie des Südens (= 13 Ahau). Ahau ist die höchste Kraft der Entwicklung, und sein Symbol ist die Sonne. Die Zahl 13 ist ebenfalls der Höhepunkt einer Entwicklungswelle. Der momentane Zyklus endet um das Jahr 2012/13. Für die Maya bedeutet das die Verwandlung aller Kräfte und Energien, damit dann ein neuer Entwicklungszyklus eingeleitet werden kann, den sie die »dreizehn Himmel« nennen.

Wenn wir die 20 Sonnensymbole nach Farben und Himmelsrichtungen durch die Perspektive des Medizinrades betrachten, dann

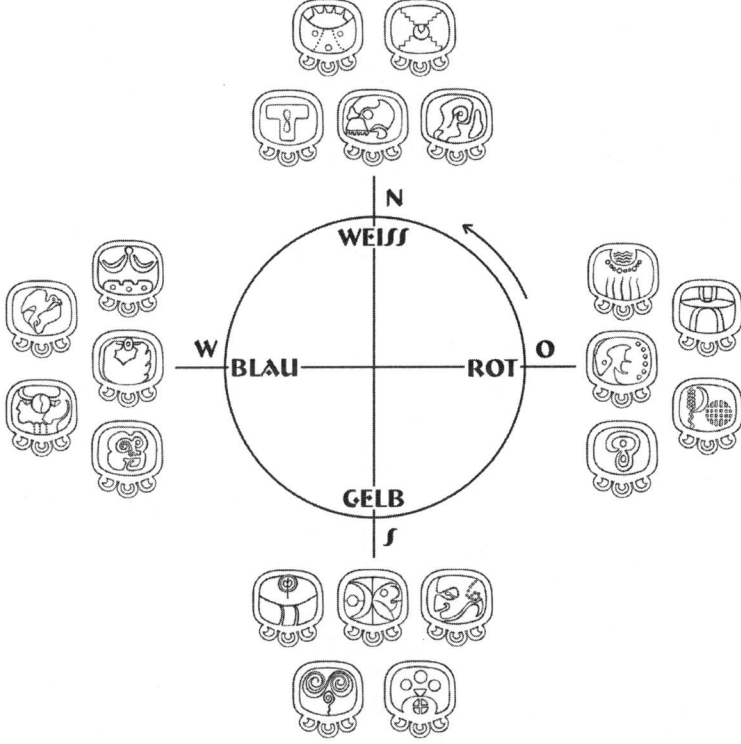

Die 20 Sonnensymbole nach Farben und Himmelsrichtungen angeordnet

sehen wir jeweils fünf bestimmte Zeichen dem Osten, dem Norden, dem Westen und dem Süden zugeordnet. Dem Osten kommt dabei die Kraft des Neubeginns zu, was bedeutet, dass jeden vierten Tag wieder ein Zyklus damit anfängt. Im Norden entfaltet das Neubegonnene seine ganze Kraft, im Westen wird es dann einem Reinigungsprozess unterworfen, damit es seine endgültige Form entfalten kann. Im Süden werden die »Früchte« dieses Kreislaufs geerntet. Das ist *eine* von mehreren möglichen Beschreibungen des Maya-Medizinrades.

Eine andere Möglichkeit ist jene Einteilung der 20 Zeichen, welche die Bewusstseinsstufen in der menschlichen Entwicklung darstellt und uns auch hilft, uns mit diesen vier verschiedenen Ebenen vertraut zu machen. Diese Sichtweise kann uns wieder ganz andere Zugänge zur Wirkweise eines Tages- oder Geburtszeichens ermöglichen, als jene der Himmelsrichtungen und Farben. Hier gilt wiederum die Zuteilung der 20 Zeichen in ihrer natürlichen Reihenfolge.

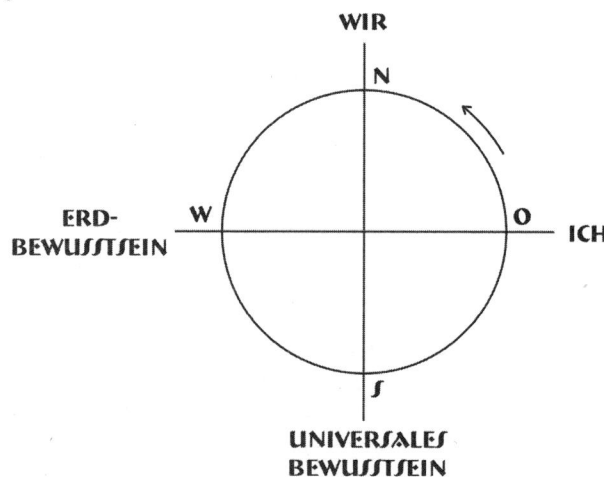

Die Bewusstseinsstufen am Rad des Lebens

Individuelles Bewusstsein	Gesellschaftliches Bewusstsein	Globales Bewusstsein	Universales Bewusstsein
Imix	Cimi	Chuen	Cib
Ik	Manik	Eb	Caban
Akbal	Lamat	Ben	Etznab
Kan	Muluc	Ix	Cauac
Chicchan	Oc	Men	Ahau
Ich	Wir	Erde	Kosmos

Die Maya haben auch die Zyklen des Mondes und der Jahreszeiten in ihre Kalender- und astronomischen Berechnungen mit einbezogen. Dadurch entstand ein für uns heute sehr kompliziert wirkendes System, welches das Wechselspiel dieser natürlichen Kreisläufe mit dem kosmischen Wissen und dem Wissen um die Zyklen der Zeit sehr genau wiedergibt.

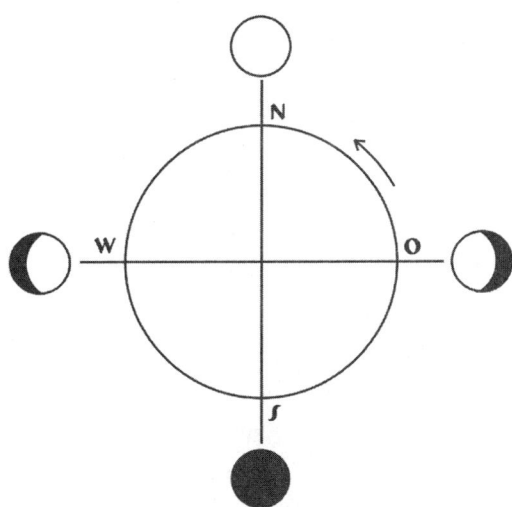

Die Mondzyklen am Rad des Lebens

Es folgt hier nur annäherungsweise eine Beschreibung des Mond-
zyklenablaufes:

Neumond: Anfang eines neuen Zyklus, hohe Anziehungskraft auf
unser körperliches System, neue Kräfte sammeln; übermäßige
emotionale Konflikte meiden, da sie in dieser Zeit verstärkt werden.

- *1. Viertel (zunehmender Mond):* gute Zeit für Neubeginne, Notwendigkeit der Veränderung, die eigenen Energien aufbauen, Samen säen, neues Wachstum zulassen, Projekte beginnen, Aktionen in der physischen Welt setzen
- *2. Viertel:* die Samen beginnen zu sprießen und zeigen die Richtung der Entwicklung an, Richtung beibehalten und sich auf das
  Ziel konzentrieren, kreative Zeit, große Einsichten können gewonnen werden

Vollmond: Die Saat des Neumondes ist voll aufgegangen und kann
jetzt geerntet werden, Zeit zum Träumen, zum Aufbereiten von
Medizin auf allen Ebenen, Zeit der Erfüllung, im Einklang mit sich
selbst sein; Stress ist zu vermeiden, da er in dieser Zeit extrem verstärkt wird; wenn Wachstum, Neubeginn und Veränderung bisher
blockiert wurden, dann kann es jetzt zu ernsthaften Problemen
und Konflikten kommen.

- *3. Viertel (abnehmender Mond):* bewusstes, spirituelles Wachstum; Klärung all dessen, was noch nicht optimal entwickelt ist,
  loslassen von alten Dingen und unharmonischen Energien, Vergangenheit loslassen, Zeit für Veränderung, Entscheidungen
  treffen, Spontaneität und Intuition zulassen, Krisenzeit
- *4. Viertel:* sich auf den Neubeginn vorbereiten, Unvorhergesehe-
  nes tun, in unabsehbare Situationen geraten, Reinigung, guter
  Zugang zum Unterbewusstsein, Lösungen für alte Probleme zeigen sich, sich vorbereiten auf den Neubeginn

Den Wechsel der Jahreszeiten gibt es nicht nur im Maya-Sonnen-kalender Haab, sondern auch der Tzolkin teilt sich in vier verschie-dene Zeitzonen zu je 65 Tagen, die – entsprechend der Einteilung der Zeichen in Farben – wiederum den vier Farben und Himmels-richtungen zugeordnet sind.

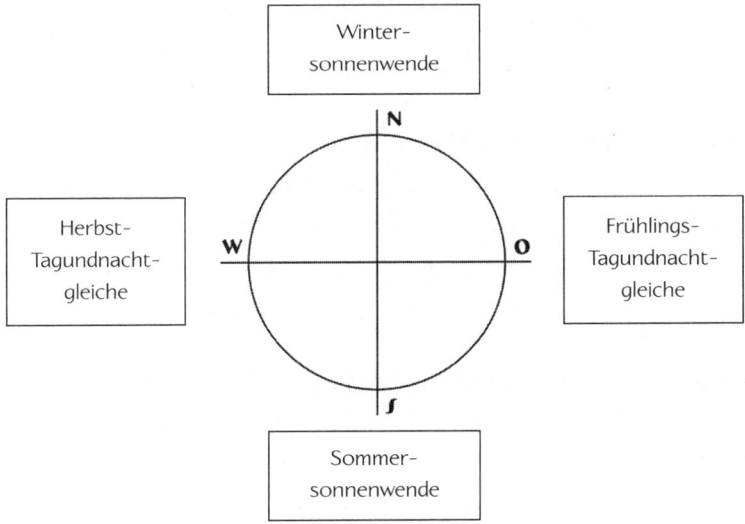

Die vier Jahreszeiten am Rad des Lebens

3.
Die 13 Impulszahlen

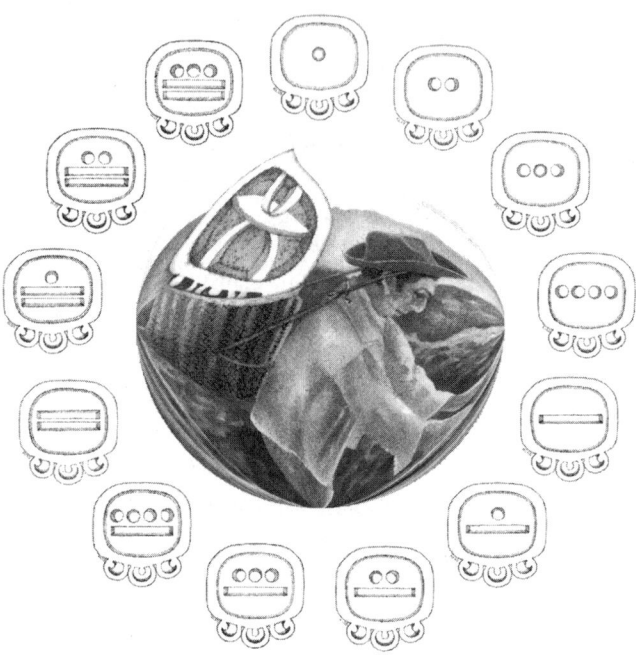

Die Beschreibung der 13 Zahlen aus dem ersten Teil dieses Buches zeigt die natürlichen Zusammenhänge der einzelnen Zahlen und ihre Weiterentwicklung. Wenn wir nach dem Ende einer solchen Welle zum Ausgangspunkt zurückkehren, dann sind wir nicht mehr die Gleichen. Vielmehr sind wir durch einen vollen Entwicklungsprozess gegangen, sei es auf einer sehr persönlichen Ebene oder in der Verfolgung eines bestimmten Zieles. Jetzt beginnen wir auf einer neuen Stufe wieder »von vorn«, aber es wird dies ein anderer Anfang sein als der vorangegangene. Wir gehen niemals zurück,

auch wenn wir manchmal das Gefühl haben, dass sich nichts bewegt. Dies mag eher ein Zeichen dafür sein, dass wir unsere Ziele
und Träume verändern sollen, weil ein neuer Entwicklungsschub
notwendig geworden ist. Die Kraft der nächsten Welle wird uns
dann am besten vorwärtstragen, wenn wir uns offen und mutig

1 *Aus dem Einssein*

2 *zweier Menschen (Mann und Frau)*

3 *entsteht im Rhythmus der Liebe*

4 *ein neuer Körper, eine neue Ordnung,*

5 *die zum Mittelpunkt wird*

6 *im organischen Gleichgewicht einer Familie.*

7 *Ein Geheimnis der Schöpfung findet statt.*

8 *Die neue Energie schwingt in natürlicher Harmonie*

9 *und tritt ein in die größeren Zyklen des Lebens,*

10 *wo sie schließlich sichtbar wird*

als ein körperliches Wesen in einer physischen Welt.

11 *Im Schmerz der Geburt (Dissonanz)*

lässt es die Geborgenheit der Mutter los

12 *und tritt ein in sein eigenes Leben,*

um darin ein stabiles Gleichgewicht zu finden,

13 *mit dem Ziel der Erinnerung an seine Herkunft*

und der Rückkehr in die Bewegung des Universums.

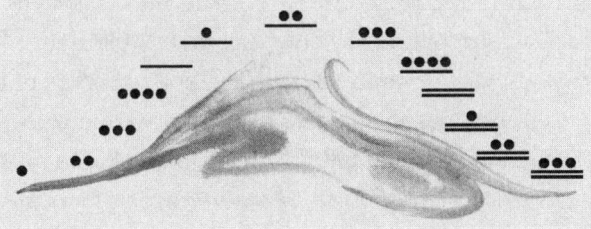

von ihr erfassen lassen. Dann können wir dahingleiten auf den Wellen der Zeit, die auch das Webmuster des Universums sind.

Was wir die 13 Zahlen nennen, können wir uns vielleicht am besten als elektrische Impulse vorstellen, die sich – wenn sie im Gleichgewicht sind – automatisch entladen. Sie sind wie Energiewellen, die durch die Materie pulsieren, welche durch die 20 Sonnensymbole dargestellt sind. Am Webstuhl sind die 13 Impulse am besten vergleichbar mit dem Schiffchen, welches mit dem Faden durch die gespannten Längsfäden saust. Erst wenn Längs- und Querfäden zusammenkommen, entsteht ein Webmuster. Erst wenn die 13 Zahlen oder Töne durch die 20 Symbole gleiten, entsteht Leben.

Wenn die Energie dieser 13 Impulse jedoch blockiert ist, dann kann es mitunter zu »Kurzschlüssen« (Krankheiten, Mutationen, Unfälle, Katastrophen …) oder zu einer lang andauernden Störung kommen. Ein solcher Impuls kann daher die Qualität eines Tages oder eines Sonnensymbols stärken oder abschwächen – je nachdem, wie wir mit diesen Energien umgehen. Wir werden uns mit uns selbst, mit anderen und mit unserer Umwelt im Gleichgewicht befinden, wenn sich Sonnensymbole und Impulszahlen gegenseitig verstärken und in Balance halten – ähnlich der unendlichen Bewegung des Wassers im Ozean.

Die eigentliche Grundlage aller Maya-Zählungen ist nicht die Eins, sondern die Null, denn sie symbolisiert Hunab Ku, den Großen Geist, die göttliche Ur-Energie, von der alles ausgeht und zu der alles zurückkehrt. Sie wird zumeist als Muschel dargestellt. Alles ist in der Null enthalten, und sie ist das Ziel jeder Welle, ihr Anfang und ihr Ende. Sie ist die Gesamtheit aller 13-Zahlen-Energien, und jede einzelne Zahl wird durch sie bewegt. Sie ist weder Vergangenheit noch Zukunft, sondern sie steht außerhalb von Raum und Zeit. Sie entfaltet jedoch ihre ganze Kraft in unserer physischen, alltäglichen Wirklichkeit. Wir sind immer in Einheit mit der Kraft der Null, und

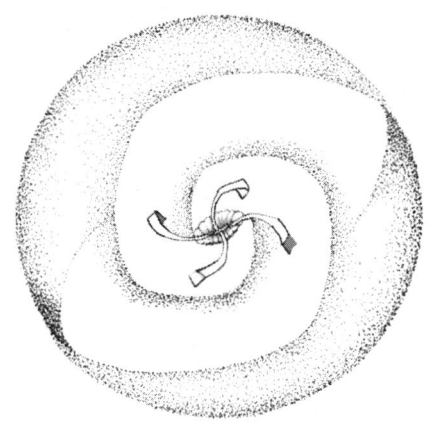

Hunab Ku-Symbol mit Muschel im Zentrum

wir lösen uns von ihr, um nach einer vollendeten Welle von 13 Entwicklungsstufen wieder zu ihr zurückzukehren. Das ist der ewige Rhythmus der Schöpfung.

Die nun folgende Beschreibung der einzelnen Zahlen richtet sich nach dem folgenden Schema:

– *Bedeutung:* Wie bei den Sonnenzeichen sind hier die wichtigsten Qualitäten einer Zahl dargestellt.

– *Qualität:* Hier wird die Bedeutung der Zahl beschrieben.

– *Allgemeine Deutung:* Hier wird beschrieben, welche Bedeutung die einzelne Zahl für sich selbst und im Ablauf der gesamten Welle hat.

– *Geburtszahl:* Die Zahl prägt immer das Geburtszeichen, indem sie dessen Bedeutung verstärkt oder abschwächt. Menschen mit dieser Zahl im Geburtsbild sind durch die angeführten Eigenschaften mitgeprägt. Wenn sie jedoch nicht im Gleichgewicht sind, dann können sich diese Verhaltensweisen in ihr Gegenteil verkehren bzw. ihre Herausforderungen noch stärker zum Vorschein kommen.

Eins

HUN

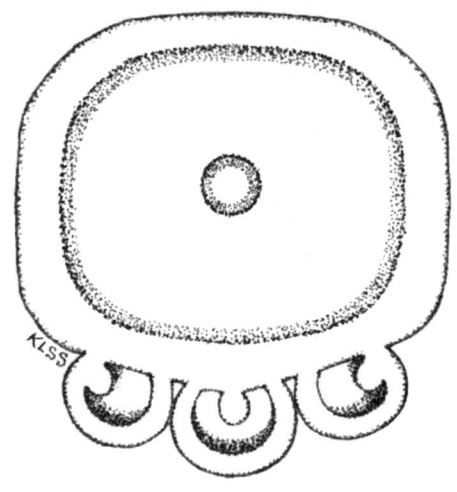

Aussprache:
»hun«

Bedeutung:
Einheit und Neubeginn

Qualität:
Quelle, Ausdauer, Großer Geist, Gott, Gedächtnis,
Möglichkeiten, Absicht, »Es ist alles EINS«, »Ich bin du, und
du bist ich« (»in Lake'ch« bei den Maya), kreative Energie,
empfangen, Ursprung, Ziele

Hier beginnt jeder Zyklus und jede Schöpfung, alles geht von diesem Punkt aus und kehrt hierher auch wieder zurück. Nur aus der höchsten Konzentration von Kräften, die geprägt ist von der Stärke der vorangegangenen Zahl 13, kann sich Neues entwickeln. Die Energie des Anfangs prägt und unterstützt die gesamte weitere Entwicklung.

Was wir auch beginnen, wir starten immer mit der Zahl 1. Sie ist der Ursprung der kreativen Kraft. In diesem Startpunkt hat sich jene Energie gesammelt, die wir benötigen, um unsere Pläne umzusetzen, neue Dinge zu schaffen und unsere Träume zu verwirklichen. Wir fühlen uns hier geborgen und genährt, und unsere Kräfte sind regeneriert und entspannt.

Geburtszahl: Treue Freunde und Partner, folgen ihren eigenen Grundsätzen, verantwortungsbewusst, herausfordernd und energiegeladen, stets zu neuen Taten bereit; können oft mit Leichtigkeit das Gewohnte verlassen, um neue Dinge zu versuchen; stellen sich mutig den Herausforderungen des alltäglichen Lebens, beginnen gerne neue Projekte.

Herausforderung: Begonnenes zu Ende führen, in der alltäglichen Routine stecken bleiben, Widerstand leisten gegenüber Veränderung und Neubeginn, Sehnsucht nach der ursrpünglichen Geborgenheit.

Zwei

CA

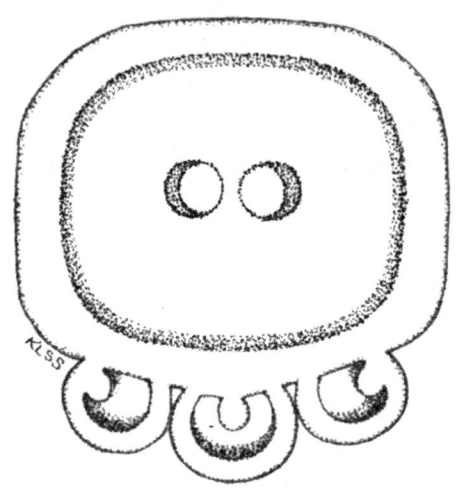

Aussprache:
»ka«

Bedeutung:
Polarität und Spiel der Gegensätze

Qualität:
Dualität, Trennung von Hell und Dunkel, Beziehung,
Bewegung, Konflikte, Kooperation, Helden-Zwillinge,
Pendelschlag, magnetische Anziehung

Die gesamte angesammelte Energie (Zahl 1) beginnt sich erst zu bewegen, wenn die Kraft der Gegensätze vorhanden ist, denn dann wird das Licht von der Dunkelheit angezogen, der Tod vom Leben, das Männliche vom Weiblichen. Alle schöpferischen Handlungen sind wie ein Pendel, das zwischen zwei Polen hin und her schwingt und dann irgendwo dazwischen seine Balance findet.

Wir müssen also immer wieder die ursprüngliche Einheit verlassen, um die Höhen und Tiefen des Seins zu erleben. Dazu brauchen wir sicherlich auch Mut, um aus dem Gewohnten und dem Gefühl der Geborgenheit herauszutreten – nur so können wir uns auf den Weg machen. Durch das Spiel mit den Gegensätzen können wir diese Kräfte für unser Leben nutzbar machen. Wir bekommen dadurch genau jene Einsichten, die wir zum Erreichen unserer Ziele benötigen. Zudem werden wir erkennen, dass alle Gegensätze untrennbar zusammengehören.

Geburtszahl: Jongleure im Spiel mit den Gegensätzen, wirken dadurch anziehend auf andere; tiefsinnig, großer Tatendrang, offen und freundlich, willensstark, sehr leistungsfähig, Freude am Erforschen und Entdecken von Dingen, stellen sich oft in den Dienst von Mitmenschen und Gesellschaft, Hellsichtigkeit und deshalb von anderen oft missverstanden.

Herausforderung: die polare Erscheinung aller Dinge als trennend erleben; entwickeln eines Helfersyndroms, um Konflikten mit sich selbst auszuweichen; durch zu viel Nachdenken das emotionale Gleichgewicht verlieren

Drei

OX

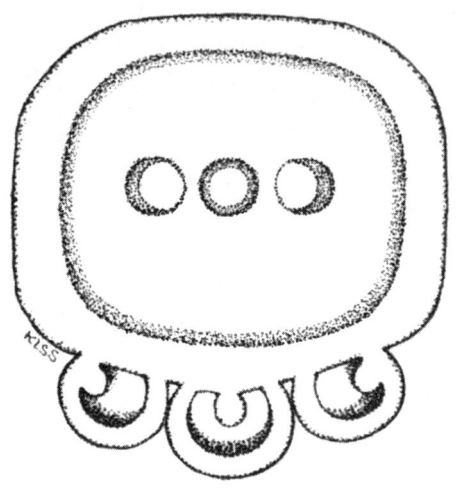

Aussprache:
»oosch«

Bedeutung:
Rhythmus und Kreativität

Qualität:
Empfindsamkeit, Bewegung, Veränderung, Verbindung der
Gegensätze, Energiepuls, künstlerische Gestaltung, Frieden,
zündender Funke, Fluss des Lebens

Das große Feld der Bewegung zwischen den Gegensätzen ist geschaffen (Zahl 2), und alles Lebendige sucht nun den Rhythmus, in welchem es am besten zum Ziel schwingen kann. Der dreidimensionale Raum – und damit auch die Zeit – ist entstanden. Jetzt geht es um die Gestaltung dieser Wirklichkeit durch Materie, Form und Bewegung.

Wir können die Furcht vor den Gegensätzen und Veränderungen des Lebens verlieren, wenn wir die verschiedenen Rhythmen in unserem Leben anerkennen und aktiv nutzen. Dann werden wir kreative Gestalter, die aus den vollen Energien schöpfen. Wichtig ist dabei, dass wir den Rhythmus unseres eigenen Lebens finden.

Geburtszahl: sehr kreativ und umgänglich; guter, sparsamer Umgang mit den eigenen Kräften, selbstbewusst und ausdrucksstark, lassen sich von anderen in ihrem Schaffen wenig beeinflussen, können die vorhandenen Rhythmen der Natur und ihrer selbst sehr gut nutzen, ihre künstlerischen Darstellungen haben deshalb eine besondere Kraft, Vermittler in Konflikten.

Herausforderung: zu hohe Ansprüche an sich selbst stellen, nicht dem Fluss des Lebens folgen, aus dem Tritt geraten und dabei das Ziel aus den Augen verlieren

Vier

CAN

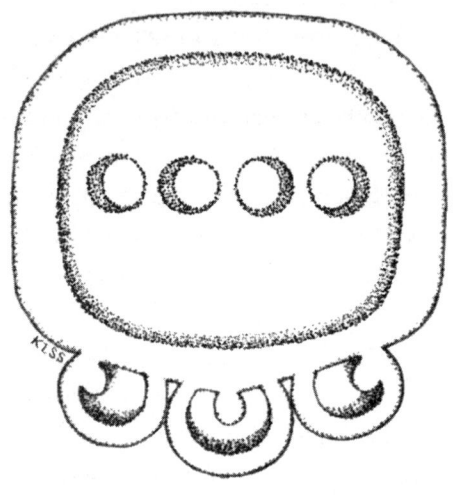

Aussprache:
»kaan«

Bedeutung:
Ordnung und Bestimmtheit

Qualität:
Grundlagen, Muster des Universums, Struktur,
Unterscheidung, Maß, Einfachheit, natürliche Zyklen,
Grenzen, vier Elemente, Träume verwirklichen, geerdet sein,
Stabilität, innere Wahrnehmung

Wie die wechselnden Mondphasen eine bestimmte Ordnung in die Natur und in den Ablauf aller Entwicklungen auf dieser Erde bringen, so schafft jeder Rhythmus (Zahl 3) eine Ordnung, die sich mit anderen größeren und kleineren Mustern verwebt. Das Medizinrad der Urvölker hat – ebenso wie der Grundriss einer Pyramide – vier Richtung weisende Punkte. Die Verlängerung dieser Punkte führt in das unendliche und geordnete Webmuster des gesamten Universums.

Die Bewegungen unseres Lebens brauchen ebenfalls Ordnung und Maß, damit wir Orientierung und Halt finden können und damit wir in den ständigen Veränderungen nicht unser Ziel und unsere Bestimmung aus den Augen verlieren.

Geburtszahl: Praktisch veranlagt, gute Orientierung in der physischen Welt, manchmal auch abergläubisch und schicksalsergeben, können das Leben gut im Gleichgewicht zwischen den entgegengesetzten Richtungen halten, Fähigkeit der Verbindung von Gegensätzen, sind sehr zielorientiert und darin kaum beeinflussbar, manchmal werden sie dabei zu unflexibel und geraten in Sackgassen.

Herausforderung: in den alten Gleisen stecken bleiben; Chaos durch zu viele Ideen, mit den eigenen Kräften nicht Maß halten

Fünf
HO

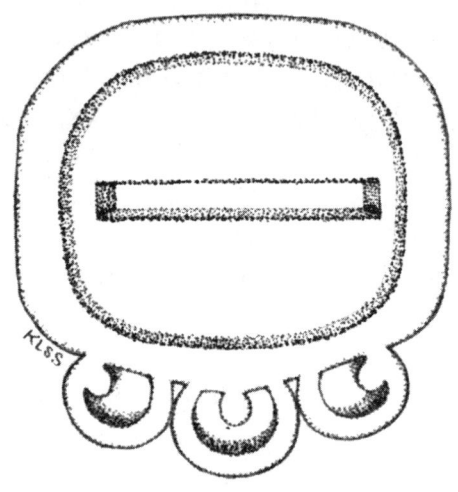

Aussprache:
»ho«

Bedeutung:
Fundament und Mittelpunkt

Qualität:
Zentrum des Universums, Integration, Vereinigung
von Bewegung und Maß, beobachten und hinterfragen,
aus der eigenen Mitte leben, ureigenste Absicht, Tempel,
Einfachheit, innere Stärke

Alles hat bei den Maya ein festes Fundament und einen Mittelpunkt. Jede Pyramide, jede Stadt, jedes Heiligtum wurde um ein Zentrum errichtet, welches die Gegenwart des Großen Geistes Hunab Ku repräsentiert. Die vier Orientierungspunkte (Zahl 4) vereinigen sich hier und beziehen von da auch ihre Kraft. Das menschliche Herz ist das Zentrum aller Kräfte, und als Chakra der Mitte ist es der Vereinigungspunkt aller Energien von »oben und unten«, von Vergangenem und Zukünftigem.

Wenn wir uns in unserer persönlichen Mitte befinden, haben wir die Kraft, all das zu tun, was wir tun wollen und was wir zu tun haben. Wir wissen dann, dass sich hier alle Energien vereinigt haben, die wir in unserem Leben benötigen. Da wir dann nicht mehr in äußeren Dingen nach Erfüllung suchen müssen, stehen uns alle Kräfte für die Erreichung unserer Ziele ganz unmittelbar zur Verfügung.

Geburtszahl: Erfüllt vom Forschergeist und dem Drang, alles zu beobachten und zu untersuchen, sie stellen meist alles in Frage und arbeiten sehr hart daran, sich selbst besser zu verstehen; spalten sich durch ihre mentalen Fähigkeiten oft von ihrem emotionalen Zentrum, dem Herzen, ab; generell bleiben sie den Grundsätzen treu, die sich aus ihren Beobachtungen ergeben haben.

Herausforderung: sich nicht erinnern, wer man ist; Überbetonen der intellektuellen Ebene, sich die eigenen Grundlagen nicht bewusst machen, Energien in zu viele Richtungen zerstreuen

Sechs
UAC

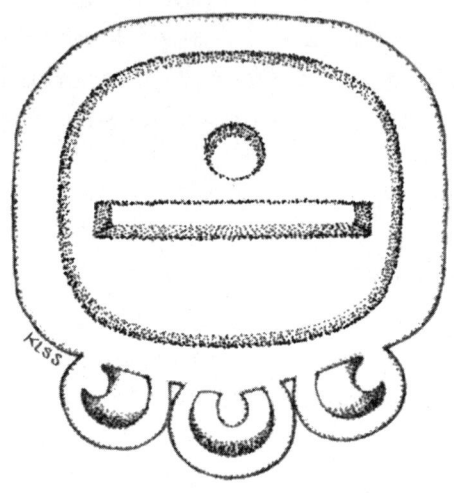

Aussprache:
»u' wak«

Bedeutung:
Gleichgewicht und Toleranz

Qualität:
Wachstum, Dynamik, Entstehung von Zyklen, fließen,
Balance in der Bewegung finden, Quelle der Energie,
Autorität, Toleranz, Empfänglichkeit, Reaktionsfähigkeit,
Wurzeln in vielen Dimensionen

Rhythmus, Form und zentrale Kraft (Zahlen 3 bis 5) bilden die Grundlagen alles Lebendigen – auf denen dann sozusagen der Motor anspringen kann. Wenn der Funke gezündet hat, bekommt das Leben seine eigene Dynamik, und die neu entstandene Kraft drängt zur Entwicklung und zur Verwirklichung. Jetzt geht es um die Empfänglichkeit gegenüber allen Dingen, die das Leben bietet – und zugleich um das Gleichgewicht zwischen aktivem Handeln und passivem Empfangen.

Das Zentrum der menschlichen Kraft – unser Herz – enthält die Antriebskraft für das Abenteuer des Lebens. Von dort aus finden wir das Gleichgewicht zwischen den Polaritäten, in denen wir uns befinden und die uns herausfordern. Wir lernen, die scheinbaren Gegensätze des Lebens als lebensfördernd zu tolerieren und im organischen Rhythmus mit der gesamten Entwicklung auf diesem Planeten zu wachsen.

Geburtszahl: Leben nach dem Grundsatz, dass alles in ständiger Veränderung ist; sie ergreifen deshalb alle Möglichkeiten, um sich besser und zielgerichteter zu entwickeln; können ihre persönliche Entwicklung dem Tempo des natürlichen Wachstums gut anpassen, vergessen manchmal, auf sich selbst zu achten und verfallen dann in Kritiksucht und Verweigerung jeglichen Wachstums.

Herausforderung: sich allzu sehr von anderen beeinflussen lassen, dabei den eigenen Entwicklungsplan aus den Augen verlieren, nicht liebevoll mit sich selbst umgehen, überkritisch sein

Sieben
UC

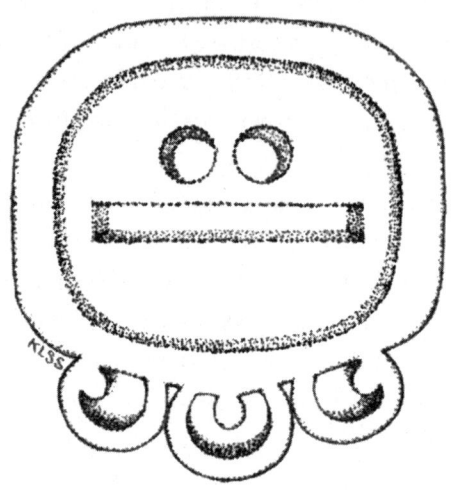

Aussprache:
»uuk«

Bedeutung:
Mystische Kraft und Vereinigung

Qualität:
Heilige Zahl, Vereinigung von »oben und unten«,
Durchgang zwischen den Welten, dynamischer Pulsschlag, Selbst-
bejahung, Meister des Heiligen, Zugang zur Quelle,
im eigenen Rhythmus leben, Loyalität

Die Sieben ist in vielen Religionen und Kulturen eine mystische Zahl, welche Gott selbst als Schöpfer und Erhalter des Universums repräsentiert. Es ist die Zahl beziehungsweise die Kraft, welche die verschiedenen Welten verbindet und die Vergangenheit mit der Zukunft im gegenwärtigen Zeitpunkt vereinigt. Die Zahl 7 ist im 13-Zahlen-Zyklus der Maya die höchste Kraft. Sie ist der Brechpunkt der Welle und hält alle Energien in Bewegung, bis sie wieder zu ihr zurückkehren.

Wir entwickeln uns im organischen Wachstumsprozess (Zahl 6) ständig weiter, bis wir schließlich zu dem Punkt kommen, an dem wir unsere körperliche Existenz für Fähigkeiten öffnen, die wir bislang als mystisch (und daher als unerreichbar) bezeichnet haben: Intuition, übersinnliche Wahrnehmung, Verbindung mit den unsichtbaren Kräften, sich im Netz des Universums unbeschwert bewegen usw. All das sind in Wirklichkeit Dinge, die uns immer schon zur Verfügung stehen, die wir aber seit langer Zeit vergessen haben. Mit dieser Kraft werden wir befähigt, die verschiedenen Wirklichkeiten zu überbrücken und so mit Leichtigkeit von einer Ebene auf die andere zu wechseln.

Geburtszahl: Orientieren sich an ihrem eigenen Wissen, verfolgen geradlinig ihre Ziele, unabhängig von der Meinung anderer, deshalb sind sie manchmal eine Provokation für bestehende Einrichtungen und Autoritäten; von der Gesellschaft oft unverstanden wegen der Tiefe ihres Bewusstseins, gehen manchmal zu hart mit sich selbst um und verlieren dabei die Verbindung zwischen Verstand und Gefühl.

Herausforderung: starr an der eigenen Meinung festhalten, die größeren Zusammenhänge übersehen, sich selbst ausweichen oder nicht akzeptieren, in Isolation verharren

Acht
VAXAC

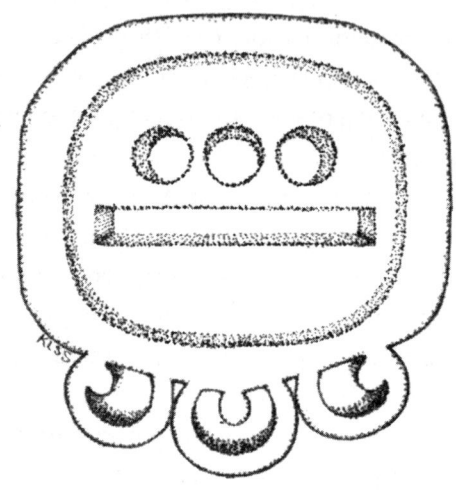

Aussprache:
»wa' schak«

Bedeutung:
Harmonie und Resonanz

Qualität:
Kreatives Handeln, Ausgeglichenheit, Kraft der eigenen
Absichten, Lebensfluss, Konzentration, Integration,
Schaffenskraft, Vielseitigkeit, Mitschwingen, Drehbuch
des Lebens schreiben

Unsere Ziele und Absichten nehmen jetzt – im Zusammenspiel von physisch-materieller und energetisch-geistiger Wirklichkeit – langsam Form an. Alle Kraft (Zahl 7) hat sich zusammengeballt, um das zum Ausdruck zu bringen, was sich bisher entwickelt hat. Bald wird sich die anfängliche Idee in sichtbarer Form zeigen. Sie ist in Harmonie mit den verschiedenen Baustoffen der Wirklichkeit: Materie, Form, Information, Energie, Geist, Bewegung, Dynamik, Rhythmus usw.

Die Bausteine unseres Lebens müssen zusammenpassen und miteinander schwingen (in Resonanz sein), damit wir uns zu jenem Punkt weiterentwickeln, der unser Ziel ist. Fehlt ein Bauteil – die Energie etwa – dann geraten wir aus dem Gleichgewicht. Wir werden dadurch (nicht nur körperlich) krank, denn der Lebensfluss ist ins Stocken geraten. Nur wenn wir mit dem Muster unseres Lebens, unseres Planeten und des Universums mitschwingen, können wir das Spiel unseres Lebens optimal erschaffen.

Geburtszahl: Enorme Schaffenskraft, bringen immer wieder Neues zum Vorschein, Freude am Aktivsein und Entwerfen von Plänen, Veränderer der physischen Gegebenheiten, weltgewandt und fähig, andere Standpunkte und Weltbilder in ihre Überzeugung einzubinden, Harmonie mit anderen Meinungen und Denkweisen, manchmal ausgefallene Ideen.

Herausforderung: Unausgeglichenheit durch ein Übermaß an Arbeit oder durch Übernahme von zu viel Verantwortung, sich nur auf sich selbst konzentrieren, nicht mit anderen Menschen und Mustern mitschwingen

Neun
BOLON

Aussprache:
»bo' lon«

Bedeutung:
Zeitzyklen und Vollendung

Qualität:
Vervollständigung, Ausdauer, Überzeugung, Ausdehnung,
Meisterschaft, größere Zeitzyklen, Erfüllung, großer Entwurf,
umfassendes Muster, Reifung, Mobilisierung, Loslassen

Der Plan für das neue Muster am Webstuhl des Lebens ist zu seiner Reife gekommen (Zahl 8). Die zu Beginn gesetzten Absichten ordnen sich jetzt in die größeren Zyklen der Verwirklichung ein. Mit Beharrlichkeit wird noch an der Vollendung des größeren Musters gefeilt. Die kreative Schaffenskraft gelangt zu ihrer Meisterschaft, da sie jetzt in den umfassenderen Zyklen mitschwingen kann.

»Alles hat seine bestimmte Zeit« – wenn wir daher mit den verschiedenen Zyklen, in denen unser Leben steht, richtig mitschwingen, dann werden wir genau das hervorbringen und erhalten, was wir beabsichtigen. Zeitzyklen zu kennen und zu beachten ist für uns Menschen aber von großer Bedeutung. Wir brauchen dazu auch Anpassungsfähigkeit und Ausdauer, damit wir Dinge nicht schneller vorantreiben, als es ihrem natürlichen Ablauf entspricht.

Geburtszahl: Meister der Ausdauer und der Vollendung; können mit geringer Kraft (ökonomisch, wenn im Einklang mit den Zyklen) Großes erreichen; detailorientiert, und trotzdem verlieren sie nicht den Überblick; arbeiten gerne an Zielen, die einem umfassenderen Zweck dienen; ständige Suche nach Wissen, um das Bestehende zu erweitern.

Herausforderung: seelische Verstimmung bis hin zur Depression, wenn nicht im Einklang mit den Lebenszyklen; kann dann nichts mehr vollenden, was die Depression nur noch verschlimmert; an alten Mustern festhalten; sich nicht trauen, so zu sein, wie man ist.

Zehn
LAHUN

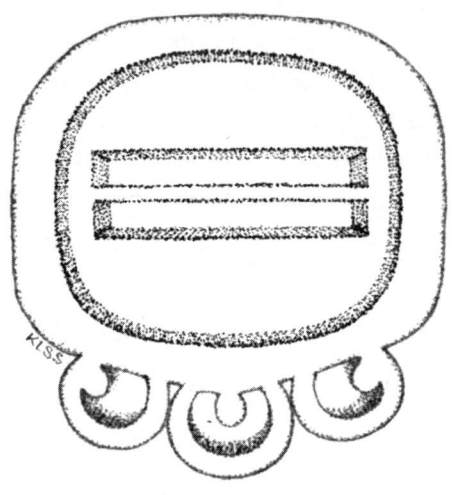

Aussprache:
»la' hun«

Bedeutung:
Manifestation und Absicht

Qualität:
Motivation, wahre Identität, dem Herzen folgen,
zielgerichtetes Handeln, magisches Schaffen, Klarheit des
Denkens und Handelns, reine Absichten, sichtbar machen

Jetzt ist der Zeitpunkt der Verwirklichung gekommen, es ist umgesetzt, was beabsichtigt wurde, sichtbar für alle. Das Rohmaterial der Gedanken, Ideen, Absichten, Fähigkeiten und Energien hat sich in Wissen und praktische Fähigkeiten verwandelt, welche in der physischen Realität Wirklichkeit werden. Resultate zeigen sich, sichtbare und unsichtbare Welt sind eins geworden.

Wenn wir mit den Zyklen der Entwicklung (Zahl 9) schwingen, erreichen wir mit Leichtigkeit, was wir beabsichtigt haben. Es ist uns dabei auch selbstverständlich, Handlungen zur Verwirklichung von Ideen und Träumen durchzuführen und dafür die Verantwortung zu übernehmen. Wenn sich die sichtbaren Ergebnisse unseres Tuns zeigen, dann haben wir erneut unsere Fähigkeiten als Mitschöpfer dieser Erde gezeigt.

Geburtszahl: Arbeiten mit enormer Tatkraft an der Verwirklichung ihrer Ziele und Träume; die notwendigen Mittel dazu scheinen sie jeweils immer zur Hand zu haben; Fähigkeit, ihre Absichten klar zu formulieren und darauf konzentriert zu bleiben; wissen genau, worauf sie ihre Projekte aufbauen; manchmal bleibt ihnen jedoch ihre wirkliche Motivation verborgen.

Herausforderung: Dinge unternehmen, die nicht zum eigenen höchsten Gut oder zum wirklichen Wohl anderer sind; zu viele Projekte beginnen, an allem zweifeln, keine klaren Absichten haben

Elf
HUN LAHUN

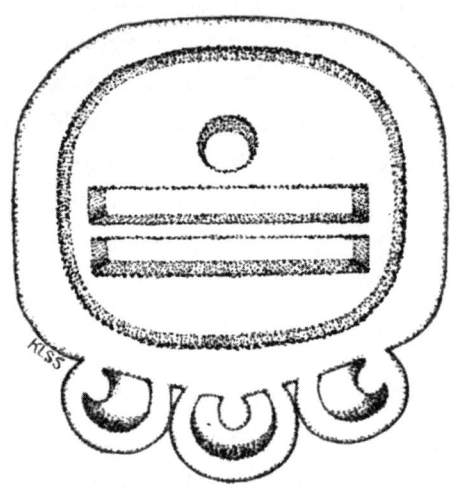

Ausssprache:
»hun la' hun«

Bedeutung:
Dissonanz und Wandel

Qualität:
Vorübergehendes Chaos, Ausgleich schaffen, heilen, Auflösung,
Reinigung, Wandel, Desintegration, Loslassen, Wegnehmen,
Kompliziertes vereinfachen, umfassende Perspektive

Damit das Neue und soeben Manifestierte (Zahl 10) Platz finden kann im Umfeld dessen, was bereits vorhanden ist, muss vieles umgeordnet werden – was immer zu einem vorübergehenden Chaos führt. Strukturen lösen sich auf, Altes wird entsorgt, Plätze werden neu verteilt, und die Spielregeln werden verändert. Es ist dies eine Zeit der Reinigung und der Klärung des bisher Erreichten. Alles Überflüssige und Unstimmige muss jetzt entfernt werden, damit das Ergebnis unseres Tuns seinen wahren Glanz zeigen kann.

Veränderungen rufen in uns normalerweise zuerst einmal Angst hervor. Diese weist uns darauf hin, dass alles Bisherige nicht mehr so funktioniert, wie wir es gewohnt sind. Wir können jedoch die Angst als verwandelnde Kraft verwenden, wenn wir sie als das sehen, was sie ist: ein Signal, das uns zum Handeln auffordert – nicht mehr und nicht weniger. Damit können wir unsere Chancen zum Weiterwachsen wahrnehmen und alles loslassen, was dieser Entwicklung nicht mehr förderlich ist. Meist sehen wir erst am Ende eines solchen Prozesses, dass wir wieder ein Stück vorwärts gekommen sind und dass wir ein neues Gleichgewicht in der Vielschichtigkeit unseres Lebens erreicht haben.

Geburtszahl: Sehr eigenständig; sie sehen sofort, was fehl am Platz oder untragbar ist; Mitmenschen halten sich deshalb oft lieber auf Distanz zu ihnen; können mit Veränderungen spielerisch umgehen; entfalten sich gut, wenn sie durch Widerstände hindurch müssen; legen oft ihre »Finger in offene Wunden«; bringen schwierigste Situationen ins Gleichgewicht; große heilende Fähigkeiten.

Herausforderung: Schwermut, wenn ihre Hellsichtigkeit gegenüber den Schattenseiten des Lebens nicht durch positive, heilende Kräfte ausgeglichen wird; missverstanden werden; sich Veränderungen verweigern, in Disharmonie mit der Welt leben

Zwölf
CA LAHUN

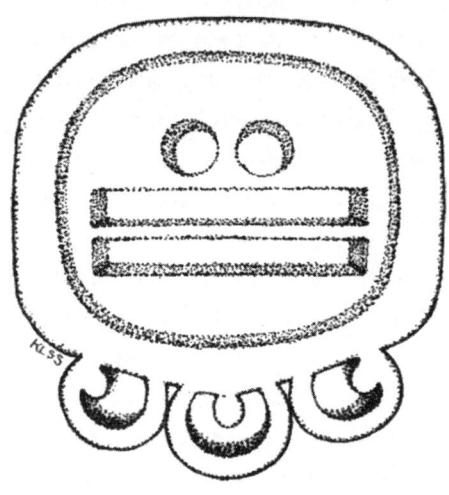

Aussprache:
»ka la' hun«

Bedeutung:
Stabilität und Ausdehnung

Qualität:
Stabilität in der Ausdehnung, größere Zusammenhänge
sehen, Regeneration, Entspannung, Bewahrung, Beratung,
Richtungswahl, Einfachheit, neue Richtung, Vorbereitung

Mit dem Ende des Chaos und der vorübergehenden Dissonanz (Zahl 11) erreicht die Entwicklung jetzt eine neue Stabilität mit dynamischer Kraft und klarem Muster. Aller Aufruhr hat sich gelegt, und die Dinge sind einfacher geworden. Eine neue Kultur des Lebens ist entstanden, die nach dieser Reinigung zu weiterer Ausdehnung fähig geworden ist. Das Ende einer gesamten Entwicklung nähert sich nun; bald gilt es, sich an der Weggabelung für eine neue Richtung zu entscheiden.

Wir haben durch unser mutiges Zugehen auf das (innere) Chaos an ungeheurer Kraft gewonnen. Zudem merken wir, dass wir vom Ballast alles Unnötigen und Belastenden befreit sind. Dadurch können wir jetzt unbeschwert aus dem Vollen schöpfen und Pläne schmieden für eine Phase, in die wir unsere Schaffenskraft als Nächstes lenken wollen. Wenn wir uns im Gleichgewicht befinden zwischen den Gegensätzen, aus denen (unser) Leben gewoben ist, dann haben wir es selbst in der Hand, wie wir das Drehbuch unseres Lebens weiterschreiben.

Geburtszahl: Vermitteln in ihrem Tun stets das Gefühl der Stabilität; sehen alle Möglichkeiten als Fass, aus dem sie jederzeit schöpfen können; finden immer wieder einen gemeinsamen Nenner in scheinbar unüberwindbaren Gegensätzen; können sich selbst nach großer Erschöpfung schnell regenerieren; helfen auch anderen, ihre Kraft wiederzufinden; beratende Fähigkeiten; holen längst Vergessenes wieder zurück; befassen sich gerne mit Dingen, die der Restauration bedürfen.

Herausforderung: die eigenen Fähigkeiten und Kräfte überschätzen, Talente und Fertigkeiten zur Schau stellen; nicht alle Möglichkeiten ausschöpfen; Grübeln, anstatt sich zu entspannen und den Erfolg zu genießen

Dreizehn
OX LAHUN

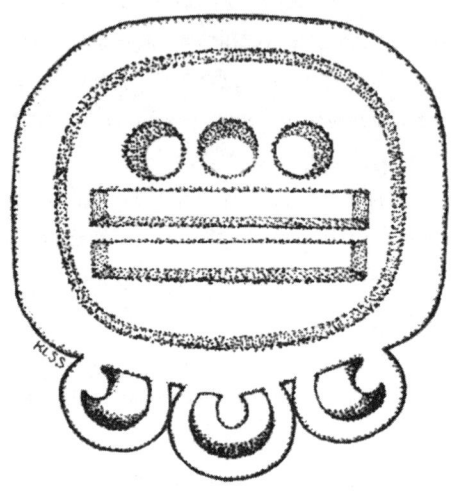

Aussprache:
»oosch la' hun«

Bedeutung:
Universal-Bewegung und Rückkehr

Qualität:
Anerkennung, Abschluss, radikale Veränderung,
Transformation, Auflösung, Abschiednehmen, Rückkehr,
umfassende Ordnung, erfülltes Leben, neue Entwicklungsstufe,
Rückschau, Weisheit, Segnung

Mit der Zahl 13 kommt die Welle des Erschaffens zu ihrem Abschluss. Sie kehrt zurück zur Quelle – zu Hunab Ku, wie die Maya sagen würden. Sie bringt die geballte Kraft des soeben Geschaffenen »nach Hause«, damit neue Energien für den nächsten Entwicklungsschritt gesammelt werden können. Alles ist jetzt in Bewegung, und was sich nicht bewegt, wird hinweggefegt. Das neue Webmuster wird sichtbar ebenso wie die Richtung, in der sich alles bewegt.

Wir sind nun auf der höchsten Stufe angelangt und ernten, was wir gesät haben. Die optimale Entwicklung auf dieser Ebene ist erreicht, und wir können stolz darauf sein. Gleichzeitig heißt es aber auch, von den stabilen Verhältnissen (Zahl 12) Abschied zu nehmen und uns wieder auf das Spiel der Bewegung einzulassen. Wir müssen unsere gewohnte Sicherheit loslassen, um zurückkehren zu können zu einem neuen Ausgangspunkt. Der Wille zur Veränderung genauso wie höchste Flexibilität sind jetzt gefordert. Gleichzeitig ist die Rückkehr zur Quelle auch die Zeit der Entspannung, weil wir wissen, dass wir in perfekter Weise etwas vollendet haben.

Geburtszahl: Vollenden Dinge mit großer Klarheit und Weisheit; benutzen das bereits Erreichte mit großem Geschick für neue Ziele; Fähigkeit zum Genießen ihres Erfolges; durchschauen jegliche Illusionen; wissen oft über das Kommende Bescheid; sehr anpassungsfähig; entwickeln sich meist durch heftige Veränderungen in ihrem Leben zu ihrer wahren Größe.

Herausforderung: am Erreichten starr festhalten und sich nicht weiterbewegen; Angst vor Veränderung; Wehmut nach dem, was abgeschlossen ist; die auflösende Kraft als ständige Bedrohung erleben

Symbol	Zahl	Mayaname	Bedeutung 1	Bedeutung 2
•	1	Hun	Einheit	Neubeginn
••	2	Ca	Polarität	Spiel der Gegensätze
•••	3	Ox	Rhythmus	Kreativität
••••	4	Can	Ordnung	Bestimmtheit
⎯	5	Ho	Fundament	Mittelpunkt
•̲	6	Uac	Gleichgewicht	Toleranz
••̲	7	Uc	Mystische Kraft	Vereinigung
•••̲	8	Vaxac	Harmonie	Resonanz
••••̲	9	Bolon	Zeitzyklen	Vollendung
⹀	10	Lahun	Manifestation	Absicht
•⹀	11	Hun Lahun	Dissonanz	Wandel
••⹀	12	Ca Lahun	Stabilität	Ausdehnung
•••⹀	13	Ox Lahun	Universal-Bewegung	Rückkehr

Das Webmuster des Tzolkin: 13 x 20

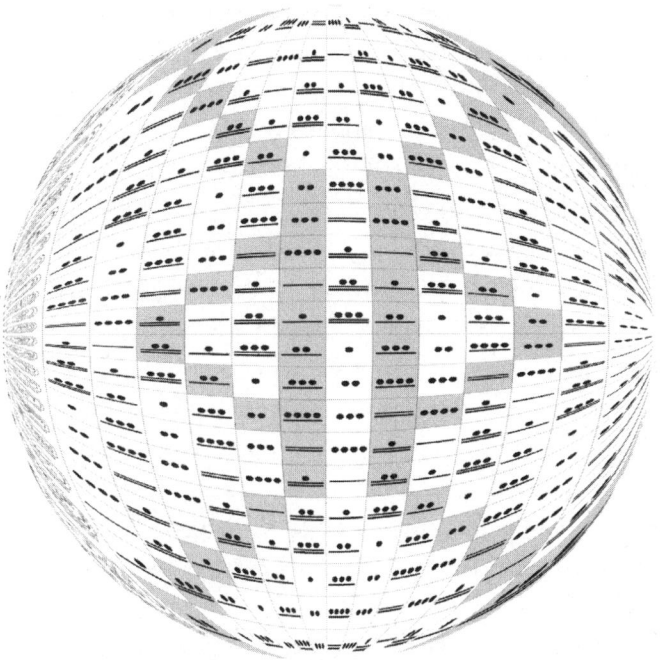

Wir haben jetzt bereits die 20 Sonnensymbole und die 13 Impuls-zahlen in ihren vielen Bedeutungen kennen gelernt. Das erste Zei-chen und die erste Zahl haben gemeinsame Eigenschaften und deshalb auch ähnliche Bedeutungen, ebenso das zweite Zeichen und die Zahl Zwei usw. Kommen jedoch diese Zeichen mit den an-deren Zahlen in Verbindung – das geschieht genau 12 mal im Ablauf der 260 Tage, die der Tzolkin-Kalender für einen Umlauf braucht – dann entsteht jene besondere Spannung und Dynamik, wie sie ty-pisch ist für alles Lebendige.

Anhand von einigen Beispielen soll hier das Zusammenfallen von gleicher Zahl- und Zeichennummer dargestellt werden:

1. Das Netz des Universums entsteht aus den Möglichkeiten aller vorhandenen, angesammelten Energien, also aus dem Ur-Ozean (IMIX – erstes Zeichen), worin noch nichts unterschieden werden kann. Am Anfang ist also alles in Einheit (Zahl 1).

2. Erst wenn der Wind (IK – zweites Zeichen) durch die Fluten fährt, teilt sich alles in Gegensätze – erst der Geist (IK) kann unterscheiden, und dann entsteht die Polarität aller Wirklichkeit auf diesem Planeten (Zahl 2).

3. Die Traumwelt und der ungeteilte Ozean (AKBAL – drittes Zeichen) beginnen sich im Rhythmus (Zahl 3) zu bewegen.

4. Und die Materie bekommt Struktur, Form und Ordnung (Zahl 4), denn der Boden ist bereitet für den Samen (KAN – viertes Zeichen) der Produktivität und die Kreativität der Schöpfung.

5. Usw.

Wenn also die beiden Räder von 20 Symbolen und 13 Zahlen von vorn beginnen, dann sieht der Ablauf folgendermaßen aus: Der 260-Tage-Kalender beginnt mit der Zahl 1 und dem Symbol IMIX (geschrieben wird 1 Imix), es folgt 2 IK usw. Beim Tag IX (welcher der 14. Tag innerhalb der 20 Symbole ist) beginnt das Zahlenrad wieder von vorne, das bedeutet 1 wird kombiniert mit IX, 2 mit MEN usw. Wenn die Zahl 1 und das Sonnensymbol IMIX wieder zusammenkommen, sind 260 Tage vergangen, und ein neuer Umlauf des Tzolkin beginnt – ohne Unterlass. Jedes Symbol war innerhalb der 260 Tage mit jeder Zahl einmal kombiniert. Die Dauer dieses Kalenders ist auch die Dauer einer Schwangerschaft, eine heilige Zeit, welche die Maya Tzolkin nennen, das »Beobachten der Sonnentage«.

Was sind Wellen?

Der Ablauf von 13 Zahlen wird bei den Maya vielfach als Welle bezeichnet. Diese Wellen pulsieren 20-mal durch den Tzolkin. Immer,

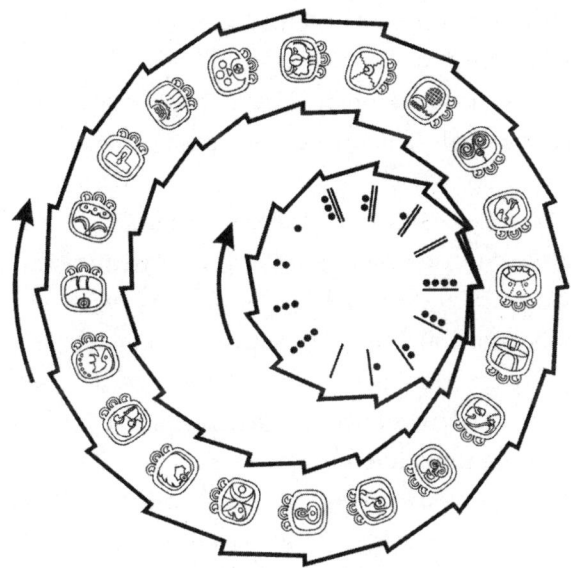

wenn ein Tag mit der Zahl Eins aufscheint, beginnt eine neue Welle. Das jeweilige Sonnenzeichen in Kombination mit der Zahl 1 gibt dann dem gesamten Ablauf der Zahlen 1 bis 13 seine Bedeutung und Energie. Die erste Welle im Kalender ist somit die IMIX-Welle, die zweite Welle die IX-Welle, da IX nach 13 BEN wieder mit 1 kombiniert ist. Die genaue Berechnung der Welle sowie eine Tabelle über die Bedeutung der 20 verschiedenen Wellen im Ablauf des Tzolkin finden sich im Kapitel »Berechnung der Geburtszeichen«, Seite 311.

Was sind Portal-Tage?

Wenn wir den Tzolkin – also die Verbindung der 13 Zahlen mit den 20 Sonnenzeichen – als geometrisches Muster betrachten, dann erscheinen die Portaltage als jene Tage, die in diesem Muster in Grau aufscheinen (siehe Tabelle). Genau 52 der 260 Tzolkin-Tage sind Portal-Tage. Sie entsprechen einer speziellen Mathematik der Maya und zeigen Tage an, die unter einem besonderen Einfluss von

Energien aus dem Universum stehen. Wir können uns diese Energien zu Nutze machen, indem wir sie als Tore in jene Wirklichkeit betrachten, aus der wir kommen. Die Zahl und das Sonnenzeichen der jeweiligen Portal-Tage sind der Schlüssel dazu.

Was sind Zentrums-Tage?

In vielen Maya-Kalendern findet sich das Zeichen »c« an manchen Tagen. Es bedeutet, dass wir uns an diesen Tagen in der Mitte (*core* = Kern, Zentrum, Herz) des Kalenders befinden. Hier sind das die 20 Tage in der Mitte der Tabelle. Diese Tage sind für die Maya sozusagen die »Wirbelsäule« des Kalenders, die eine besonders wichtige Stellung und Funktion haben, weil sie die Energie der gesamten 260 Tage bündeln und sie spiralförmig nach außen und nach innen wirbeln – vergleichbar mit der Funktion der Chakren, den Energiezentren entlang unserer Wirbelsäule. Die Zentrums-Tage sind damit sozusagen die »Feiertage« des Tzolkin.

Tzolkin-Mathematik: 13-20-33

Die Maya waren Meister der Mathematik und des Zahlenspiels, und es zeigen sich verblüffende Zusammenhänge und Ergebnisse, wenn Menschen fähig sind, die innere Weisheit dieser Welt durch Zahlen darzustellen – wie beispielsweise die mathematische Struktur der Musik von Johann Sebastian Bach zeigt. Bezüglich der Bedeutung der Tzolkin-Zahlen seien hier nur einige Beispiele dargestellt:

– Addieren wir die Zahl 13 mit der Zahl 20, so erhalten wir die Zahl 33. Diese Zahl gilt als eine Zahl von besonders hoher Schwingung. Es ist die Zahl, die in allen großen Religionen und Kulturen von großer Wichtigkeit ist (Beispielsweise starb Jesus im Alter von 33 Jahren).

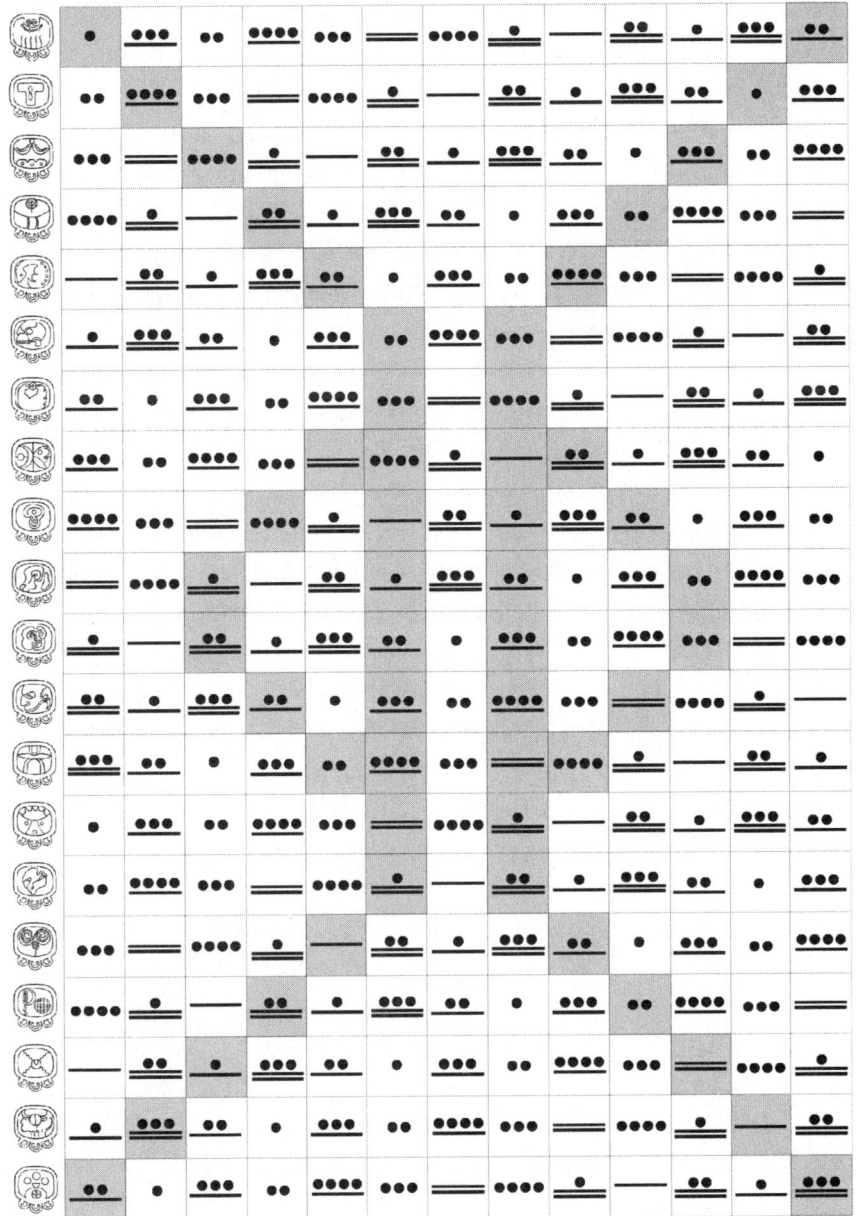

- Das (christliche) Kreuz hat 12 innere und äußere Winkel, welche die 12 Stämme Israels oder die 12 Apostel repräsentieren. Im Zentrum ist der Dreizehnte: nämlich Gott bzw. Jesus.
- Auch der Davidstern mit seinen zwei ineinander greifenden Pyramiden hat 12 Winkel. Die von oben kommende Pyramide bedeutet den Geist, der von oben herabkommt, und die von unten kommende den im physischen Körper wohnenden Geist, der hinaufsteigt. Im Mittelpunkt – mit der Zahl 13 – steht die Einheit, aus der alles kommt, und die von vielen Gott genannt wird.
- Unser Körper hat 13 dominante Gelenke[63], was der Mayazahl 13 oder den 12 Aposteln mit ihrem Meister Jesus entspricht; dazu kommen 7 Chakren, was die Zahl 20 ergibt – wir haben auch 20 Finger und Zehen.
- 20 Finger und Zehen und 13 Gelenke ergeben 33, die Zahl unserer Wirbel, welche die Mitte unseres Körpers darstellen. Die Mitte der Zahl 13 ist 7 – wiederum die Zahl der 7 Chakren.
- Auch unser Biorhythmus kann in den Zahlen des Tzolkin dargestellt werden: Der körperliche (physische) Biorhythmus läuft durch Wellen von 20 Tagen, der gefühlsmäßige (emotionale) Rhythmus ist 26 (2 mal 13) Tage lang und der geistige (mentale) Rhythmus beträgt 33 Tage.[64]

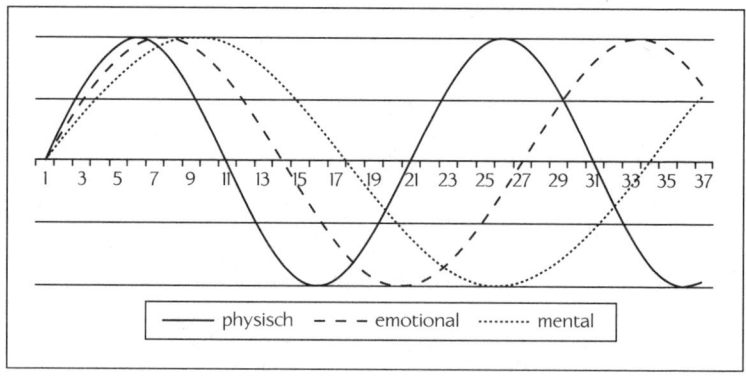

| 1 | 3 | 5 | 7 | 9 | 11 | 13 | 15 | 17 | 19 | 21 | 23 | 25 | 27 | 29 | 31 | 33 | 35 | 37 |

——— physisch   – – – emotional   ·········· mental

4.

Der Haab – der Sonnenjahr-Kalender der Maya

Der Haab entspricht unserem Sonnenjahr-Kalender, vielfach beginnend mit dem 21. März (der Frühlings-Tagundnachtgleiche oder auch dem Tierkreis, genannt Zodiak). Es gibt aber auch Zählungen, die mit dem 1. Januar oder dem 26. Juli beginnen.

Die Einpassung des 260-Tage-Kalenders Tzolkin in den 365 Tage-Kalender Haab ist ein Beispiel dafür, wie vielschichtig für die Maya die Wirklichkeit war und ist. Beide Kalender repräsentieren zwei völlig verschiedene Zyklen. Der Tzolkin ist die spirituell-geistige Perspektive von Menschheit und Universum, der Haab hingegen verankert uns mit den Rhythmen der Erde.

Beide Kreisläufe sind momentan – wie die Maya sagen – miteinander nicht im Einklang. Sie werden sich jedoch in den nächsten Jahren vereinen und so den neuen Rhythmus des Planeten Erde hervorbringen helfen.

Die gemeinsame Verwendung von Haab und Tzolkin ist heute bei den Maya schon eher selten geworden. Dennoch soll hier die Bedeutung der einzelnen Monate sowie das Zusammenwirken von Tzolkin und Haab dargestellt werden, weil wir dadurch einen größeren Einblick in die Vielschichtigkeit des Maya-Universums gewinnen könnnen. Die Maya haben ursprünglich jedoch nicht nur diese beiden Kalender gekannt und verwendet, sondern noch weitere 18 – insgesamt also 20 verschiedene Kalender-Zyklen und -Berechnungen.

Die nun folgende Beschreibung orientiert sich am Wissen von Pío Martinéz und Pietro Bandini (*Das Götterorakel von Yucatán*), da es über diesen Kalender sonst offiziell kaum zusammenhängende Darstellungen gibt und diese Beschreibung sehr gut die Mythologie der Maya wiedergibt. Die Zählung beginnt hier mit dem 1. Januar im Unterschied zur Zählung ab dem 21. März, die hier im Buch generell verwendet wird. Zu beachten ist dabei auch, dass die Jahreszeiten in den Mayaländern sich wegen ihrer Äquatornähe von den Jahreszeiten in nördlicheren Ländern unterscheiden.

Wichtig ist auch der Hinweis, dass es sich hier um eine westliche Interpretation handelt, die die Bedeutung der Maya-Mythologie aus einem bestimmten Blickwinkel wiedergibt. Was uns heute vielleicht als katastrophal erscheint – wie etwa die bloße Tatsache des Todes – mag für die Urvölker eine völlig andere Dimension und Bedeutung haben.

18 Uinals (Monate) und ein Kurzmonat

1. POP – Herrscher, Wiedereinsetzung des Königs und der göttlichen Ordnung. Gottheit = Ahau; Sphären: Luft, Licht. Nach der Zeit des Chaos (Schlussmonat Uayeb), in der der Untergang der Welt jederzeit möglich war, begrüßen die Maya freudig und ausgelassen die Wiederkehr der Götter am Neujahrstag. POP ist nach einer Phase des Verzweifelns und Verzagens die Wiederkehr des Mutes, neuer Hoffnungen und Pläne, ein Neubeginn. Lebenszyklus: Geburt, Wiedergeburt, Beginn, Neubeginn.

2. UO – Frosch, Zeichen; Donner und Sturm, Erregung und Entladung. Gottheit: Regengott Chac/Luft, Wasser. Leidenschaftlicher Gott mit rascher Erregbarkeit und ebenso rasche Entladung; verkörpert männliche Fruchtbarkeit des Götterhimmels. Berüchtigt für seine Theatralik und Hinterlist, die auf Leidenschaft beruht. UO stärkt all jene, die etwas Neues zeugen, erzeugen, ersinnen oder erschaffen möchten. Lebenszyklus: Zeugung, Erzeugung, Vision, Schöpfung, Wagnis, Pioniertat.

3. ZIP – Hirsch; Schöpferkraft, Potenz, Macht, Verwirrung. Gottheit: Tohil/Luft. Der Hirschgott Tohil ist eine der beeindruckendsten Manifestationen des Urdrachengottes Kukulkán. ZIP ist hauptsächlich der Jagd gewidmet. Was immer man zu erbeuten versucht, das sollte man während des Uinals ZIP an sich bringen. Lebenszyklus: Erbeuten, umwerben, verführen, überlisten.

4. ZOTZ – Fledermaus; Menschenopfer, Krieg und Katastrophen. Wasser, Feuer. Gottheit: Todesgott Chamalcán, die Fledermaus ist sein Nagual. Reißt jedem, der Xibalbá betritt, den Kopf ab als Voraussetzung für erfolgreiche Wiedergeburt. Menschenopfer zur Beschwichtigung. Tod als integraler Bestandteil des Lebens. Lebenszyklus: Verlust von Menschen, Trennung von alten Dingen und Ideen, Sterben und Tod.

5. ZEC – Honigbiene; Friedfertigkeit, Fruchtbarkeit und Wachstum, Bewusstheit, Energie und Wiedergeburt. Gottheit: Hobil, gelber Gott des Südens/Luft, Erde. Als die Götter das Universum erschufen, setzten sie als Stützen der Himmelsecken die vier Bacabes ein. Hobil gilt als einziger Bacab ohne Sünde. Sein Nagual ist die Biene. Diese verkörpert Fruchtbarkeit, aber auch Bewusstheit, Lebensenergie, Wiedergeburt. Monat des friedlichen Umgangs, des fruchtbaren Wachstums und Zeit, wo Totgeglaubtes wieder zum Leben erwacht. Lebenszyklus: Geistiges und spirituelles Wachstum, friedliche Konfliktlösung, Wiedererwachen totgeglaubter Beziehungen und Gefühle.

6. XUL – Hund; Sterblichkeit, Übermacht des Todes, Zerfall und Vergeblichkeit. Gottheit: Hundegott Tzul/Erde. Dieser Gott verkörpert die widrigsten Aspekte der Unterwelt: tödliche Krankheit, elendes Sterben, Fäulnis, aber auch Ausschweifung und Zügellosigkeit. Gefahr, Gesetze und moralische Gebote zu missachten und sich dadurch in den Abgrund der Gewalt, des Verbrechens stürzen. »Zeit der Selbstmörder«, Phase, in der dem Geist Verdüsterung droht. Lebenszyklus: Einbruch von Gewalt und Leidenschaft, Unordnung und Verwirrung, Krankheit, Selbstmordgedanken, Tod.

7. YAXKIN – Sonne, Reifung. Gottheit: Sonnengott Ahau Kin/Licht, Luft. Monat des heroischen jungen Sonnengottes Hunahpú, flößt Hoffnung auf reiche Ernte ein. Hoffnungsvoller Neubeginn voller Elan und jugendlicher Energien, Pläne und Hoffnungen, zu deren Erfüllung man ein ganzes, unerschöpflich reiches Leben vor sich hat. Lebenszyklus: Energie, Schöpferkraft und Träume der Jugend, Abschütteln alter Zwänge und Gewohnheiten, Selbstverjüngung, neue Pläne schmieden.

8. MOL – Wasser, Flut. Überwindung der Sintflut, Wiederherstellen der göttlichen Ordnung. Gottheit: Bacabes, Richtungsgott-

heiten/Luft, Erde. Ritual des Anfertigens (Schnitzens) der Richtungsgötter als Symbol der Sintflut, welche die Bacabe als Einzige überlebt haben, sowie die Wiederherstellung der göttlichen Ordnung, ohne die die Menschen im Chaos versinken würden. Bestehende Ordnung wird bekräftigt und gegebenenfalls neu ausgerichtet. Lebenszyklus: Befristeter Ausstieg, Selbstbesinnung, Neuorientierung.

9. CHEN – Fischteich. Zähmung der Fluten, Fortschritt des göttlichen Planes. Gottheit: Maisgott/Wasser, Erde. Fisch als Nagual des jungen Maisgottes (vgl. Muluc). Zeichen symbolisiert die gezähmten Gewässer (Flüsse und Seen). Der Mais-Fisch-Gott verkörpert männliche Fruchtbarkeit und Zyklus von Opfertod und Wiederauferstehung. Lebenszyklus: Planende Vernunft, Weitsicht und Tatkraft, existenzielle Zuversicht und Mut zu groß angelegten Werken.

10. YAX – Grün, Blaugrün. Mitte des Lebens, Gewitterdonner und Fruchtbarkeit. Gottheit: Regengott Chac/Wasser, Erde. Der Tag 0 Yax bezeichnet das Zentrum des Maya-Jahres: Je 180 Tage liegen hinter uns und 180 vor uns. Blaugrün bedeutet das Blau des Götterhimmels vereint mit dem Grün der Regenwälder. Der fruchtbare Regengott Chac ist vierfältig und kommt aus allen Himmelsrichtungen. Lebenszyklus: Fruchtbare Vereinigung von Mann und Frau bzw. des männlichen und weiblichen Prinzips.

11. ZAK – Weiß, Hirsch. Jagd, Unterwerfung, Blutvergießen, Überfluss und Sättigung. Gottheit: Hirschgott Tohil, manifestiert als Weißer Hirsch/Luft. Tohil ist der Gott der Jagd und Überwältigung, gemahnt uns, dass wir uns manchmal im Leben dem Kampf stellen müssen. Die Siegeschancen stehen jedoch so gut wie nie! Lebenszyklus: Macht- und Positionskämpfe, die eigene Kraft und List erproben, erotische Jagd, Erfahrung von Gewalt und Grausamkeit.

12. CEH – Rotwild, kleiner Hirsch. Hingabe, Empfängnis. Gottheit: Mondgöttin Ixchél/Licht, Wasser. Die Mondgöttin umarmt in vielen Darstellungen den Hirschgott Tohil in eindeutiger Absicht. Sie ist die Patronin weiblicher Sinneslust und Fruchtbarkeit. Lebenszyklus: Vertrauensvolle Hingabe, Empfängnis (eines Kindes), Empathie, die Stimme des Unbewussten.

13. MAC – Dschungelbusch. Der dreizehnfaltige Götterhimmel, himmlischer Erguss und irdische Trächtigkeit. Gottheit: Regengott Chac, Schöpfergott Itzamná/Licht, Luft, Wasser. Es ist das Uinal der Wollust und Trägheit in Erwartung einer reichen Ernte, der Monat der größten Fülle und sinnlichen Üppigkeit, in welchem die Götter Lebensfreude und Genuss der Sinnenwelt unterstützen.

14. KANKIN – Gelbe, reife Sonne; Erntezeit, Gottheit: Ahau Kin/Licht, Luft. Zeit, in der die Bauern auf den Maisfeldern Ernte halten und die Opferpriester unter den Gefangenen. Neben den Lebenden erntet somit hier auch der vielgestaltige Tod. Lebenszyklus: Ernten, was man selbst gesät hat, Dankbarkeit für Glück und Erfolg.

15. MOAN – Eule. Unterwelt, Tod, Gottheit: Jaguargott der Unterwelt, schwarzer Gott Ekchuah/Wasser. Die Eule ist das Nagual des Jaguargottes der Unterwelt. Ernüchtert nach dem Rausch der Ernte, besinnt man sich auf die Vergänglichkeit alles Irdischen. Lebenszyklus: Intrigen, Rachepläne und Zerwürfnisse, Katastrophen und Todesfälle.

16. PAX – Puma. Krieg, Kampf. Gottheit: Sonnengott Ahau als zorniger Kriegsgott Cit Chac Coh/Licht, Feuer. Monat von »Vater roter Puma«. Große Blutopfer, um Beistand im Krieg zu erhalten. Der Puma ist als »Sonnenlöwe« das Nagual von Ahau bzw. Hunahpú. Monat der Opferschlachtung. Lebenszyklus: Hervorbrechender Zorn, Gewalt und Blutvergießen, Ausbruch von

Krankheiten und Kriegen. Erneuerung der Kraft und Reinigung der Seele.

17. KAYAB – Papagei. Aufstieg und Sturz der Gaukler, Sieg der wahren Götter. Gottheit: Sonnen- und Mondgötter/Licht, Luft, Wasser. Hinter dem Papagei verbirgt sich eine übernatürliche Gaukler-Gottheit (Siebenpapagei), forderte Anbetung von den Wesen der Vorzeit. Gefiederglanz war aber nur von Sonne und Mond geliehen. Als das wahre Göttergespann – Sonnen- und Mondgott – ihn stürzte, rückten sich die kosmischen Machtverhältnisse wieder zurecht. Als Erinnerung an die Zeiten der Verblendung blieb dies der Monat des Pechs und der Missgeschicke. Lebenszyklus: Täuschungen, Missgeschicke, Erkenntnis eines Irrtums und Versöhnung, Feier der wahren Mächte.

18. CUMKU – dunkler Gott, Abwendung der Götter, Verfinsterung der Götterwelten. Gottheit: Kriegs- und Todesgötter/Wasser, Feuer. Mächte wenden sich ab von der Menschenwelt, Priester können ihre Ratschlüsse nicht mehr verstehen, die himmlische Ordnung gerät aus den Fugen. Deshalb wurden in diesem Monat keine großen Werke begonnen; es hieß abwarten, ob die »Verwandlung« gelingt. Lebenszyklus: Dem Tod ins Gesicht sehen; Erfahrung von Lebenskatastrophen, Glaubenskrise, Depression und fehlende Zuversicht.

19. UAYEB – Verwandler. Gottlose Zeit, Abgrund zwischen den Jahren. (Urgöttin Mam)/Wasser. Während der fünf Tage des UAYEB verharren die Maya weitgehend reglos: Nichts kann gelingen, wenn kein Gott einem beisteht. Man findet sogar kaum die Kraft zu hoffen, dass die Tage 0 Namenlos bis 4 Namenlos ohne größeres Unheil vorübergehen. Die Gesamtheit der fünf Tage wird von Mam regiert, Patronin der Fünf, die Jahr für Jahr vom Allerschlimmsten bewahrt. Lebenszyklus: Schwere Erkrankungen, umwälzende Lebenskatastrophen, plötzlicher gewaltsamer Tod.

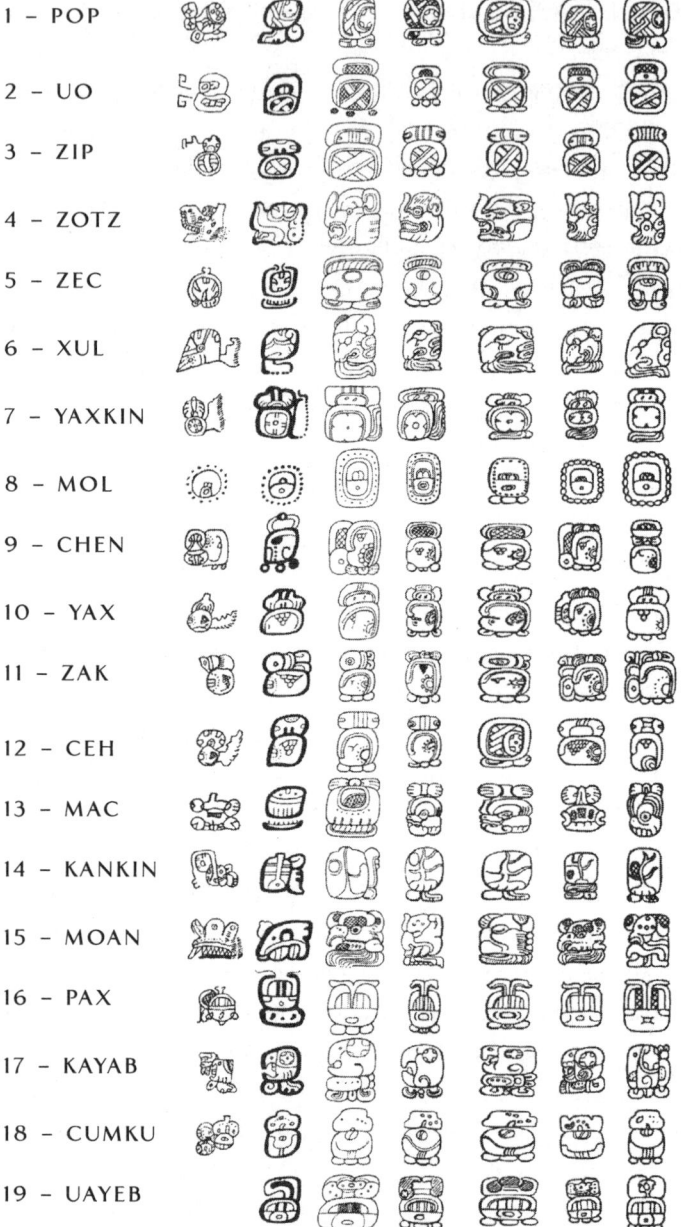

1 – POP

2 – UO

3 – ZIP

4 – ZOTZ

5 – ZEC

6 – XUL

7 – YAXKIN

8 – MOL

9 – CHEN

10 – YAX

11 – ZAK

12 – CEH

13 – MAC

14 – KANKIN

15 – MOAN

16 – PAX

17 – KAYAB

18 – CUMKU

19 – UAYEB

Zahlengötter der 20 Monatstage

Grundsätzlich haben die Maya den Zahlen verschiedene Götter zugeordnet, und somit kann deren Verwendung in den verschiedensten Bereichen als »heilige Mathematik« bezeichnet werden. Zeit und Zeitzyklen sind dabei ein Ausdruck des Bewusstseins und der Kräfte des lebendigen Universums. Diese Tatsache findet sich auch in vielen anderen großen Kulturen. Wie jeder einzelne Monat so steht auch jeder Monatstag unter dem Schutz einer bestimmten Gottheit als einer der unzähligen schöpferischen Lebensenergien. Jeder Monat hat 20 Tage, nur der letzte – Uayeb – hat 5 Tage.[65]

1.	HUN	Mondgöttin Ixchél (Frau Regenbogen)
2.	CA	Liebesgott
3.	OX	Windgott Ik (der Bläser)
4.	KAN	Sonnengott Ahau Kin (Herr Sonnengesicht)
5.	HO	Urgöttin Mam (Frau Urmutter)
6.	UAC	Regengott Chac (der Pinkler)
7.	UUC	Jaguargott der Unterwelt
8.	UAXAC	Maisgott (Acht Herz des Überflusses)
9.	BOLON	Yax-Balam (Blaugrüner-Jaguar)
10.	LAHUN	Todesgott Ahpuch
11.	BULUC	Mondgöttin Ixchél und Todesgott Ahpuch
12.	LAHCA	Gott 2 und Gott 10
13.	OX LAHUN	Gott 3 und Gott 10
14.	CAN LAHUN	Gott 4 und Gott 10
15.	HO LAHUN	Gott 5 und Gott 10
16.	UAC LAHUN	Gott 6 und Gott 10
17.	UUC LAHUN	Gott 7 und Gott 10
18.	UAXAC LAHUN	Gott 8 und Gott 10
19.	BOLON LAHUN	Gott 9 und Gott 10
20.	Tag 0	Urgöttin Mam

Zusammenspiel von Tzolkin und Haab

Am Beispiel der beiden Kalender Tzolkin und Haab wird die Präzision sichtbar, mit der die Maya Zeitzyklen gehandhabt haben. In früheren Epochen der Mayakultur waren noch weitere 18 Kalender mit diesen beiden verwoben. Die Zeiträder von Haab und Tzolkin greifen so ineinander, dass das Sonnenjahr 52 Durchläufe hat; das sind 18 980 Tage. Der Tzolkin braucht für dieselbe Zeit 73 Durchläufe. Nach 52 Jahren beginnen beide Kalender wieder von vorn – das ist, wie wir bereits wissen, jene Zeit, in der ein Mensch alle Kombinationen durchlaufen hat und deshalb als Weise/r befunden wird. Dieser Zyklus von 52 Jahren repräsentiert für die Maya auch die Kraft und den Zyklus der Pleiaden.

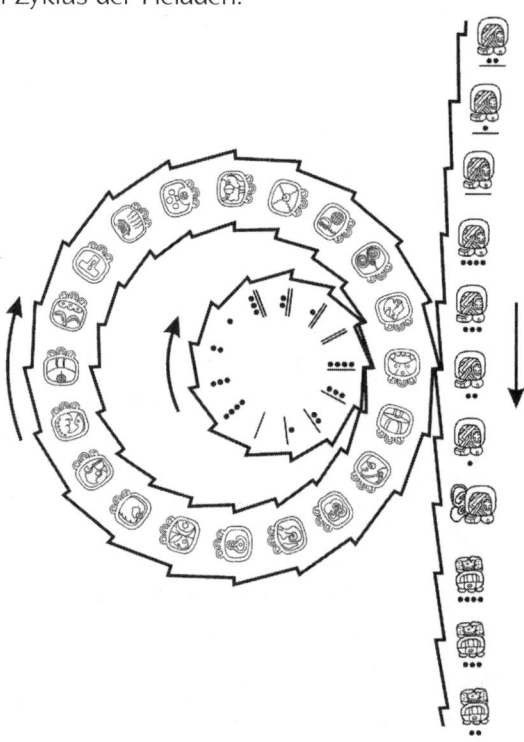

5.

Die Berechnung der Geburtszeichen

Die Sonnenzeichen

Wie schon erläutert, ist für die Maya das Geburtszeichen, das Sonnenzeichen am Tag der Geburt eines Kindes, jene Energie, die sein ganzes Leben prägen wird. Ebenso wie sie das Netz des Universums genau gekannt haben, so haben sie auch das Leben der Menschen mit Hilfe dieser Zeichen verstanden. Die Tagehüter hatten somit auch die Aufgabe, den Einzelnen die verschiedenen Situationen auf Grund ihrer Geburtssonne zu deuten.

Die Geburtsdeutung hat folgende Komponenten:

- Sonnenzeichen
- Tageszahl
- Zeichenfamilie
- Zeichenbalance
- Welle
- Himmelsrichtung
- Eventuell noch Monat und Monats-Tageszahl

Nicht nur das Tageszeichen der Geburt ist also von Bedeutung, sondern ebenfalls wichtig sind die Tageszahl und viele andere Details, die das jeweilige Zeichen beeinflussen, indem sie es verstärken, herausfordern oder ausbalancieren.

4 Sonnenzeichen (Familie) und Geburtszahl			
1/53	2	3	4
5	6	7	8
9	10	11	12
13	14	15	16
17	18	19	20
21	22	23	24
25	26	27	28
29	30	31	32
33	34	35	36
37	38	39	40
41	42	43	44
45	46	47	48
49	50	51	52
52 Lebensjahre			

Anhand der Tabelle links unten können wir Schritt für Schritt das Geburtszeichen sowie die Geburtszahl und die Zeichenfamilie ermitteln. Die Zeichenfamilie umfasst das Geburtszeichen – welches mit einer bestimmten Himmelsrichtung und Farbe verbunden ist – sowie drei Zeichen, die den anderen drei Himmelsrichtungen zugeordnet sind. Leere Geburtsberechnungsblätter für die Ermittlung Ihres Maya-Geburtsbildes finden Sie am Ende dieses Kapitels sowie im Anhang des Buches.

Wie wir anhand eines Beispieles gleich erkennen werden, zeigt uns diese Tabelle für jedes Lebensjahr das jeweilige Jahreszeichen und die damit verbundene Farbe und Himmelsrichtung und gibt uns somit Einblick in die Energie des Lebensjahres, in welchem wir uns gerade befinden. Steht zum Beispiel das Zeichen IMIX in dem Kästchen über der ersten Spalte, dann sind die Lebensjahre 1, 5, 9, ... 49, 53 von diesem Zeichen geprägt.

Die Vorgehensweise zur Errechnung des Geburtsbildes ist folgende:
– Notieren Sie die Zahl des Geburtstages und zählen Sie 1 hinzu, da bei den Maya der Geburtstag selbst schon als erster Geburtstag gilt. Wenn also beispielsweise Ihr diesjähriger Geburtstag der 25. ist, notieren Sie 26.

Beispiel

Datum der Erstellung: 2. 1. 2008

Name: X

Geburtsdatum: 2. 1. 1972

Alter: 36

Maya-Geburtstag: 37

– Schlagen Sie im Maya-Kalender (siehe Anhang) nach, um das Zeichen und die Zahl für den aktuellen Geburtstag herauszufinden, in diesem Beispiel für den 2. 1. 2008. Dieser Tag ist ein 6 IX-Tag.

- Da es sich um den 36. Geburtstag handelt – was bei den Maya die 37. Wiederholung des Geburtstages ist – suchen Sie nun nach der Spalte mit der Zahl 37. Tragen Sie nun in dieses Kästchen die Zahl, nämlich 6, ein.
- Das Zeichen IX ist oben in das leere Kästchen einzutragen, welches sich in der Spalte mit der Zahl 37 befindet.

  Die Tabelle sieht jetzt also so aus:

4 Sonnenzeichen (Familie) und Geburtszahl			
IX	CAUAC	KAN	MULUC
1/53	2	3	4
5	6	7	8
9	10	11	12
13	14	15	16
17	18	19	20
21	22	23	24
25	26	27	28
29	30	31	32
33	34	35	36
37 6	38	39	40
41	42	43	44
45	46	47	48
49	50	51	52
52 Lebensjahre			

- Suchen Sie nun in der folgenden Tabelle (rechts oben) das ermittelte Sonnenzeichen (im Beispiel IX) und die dazugehörige Zeichenfamilie.

  Die Reihenfolge der Farben bleibt immer gleich: Rot, Weiß, Blau, Gelb.

	Rot	Weiß	Blau	Gelb
1. Familie	Chicchan	Oc	Men	Ahau
2. Familie	Imix	Cimi	Chuen	Cib
3. Familie	Caban	Ik	Manik	Eb
4. Familie	Ben	Etznab	Akbal	Lamat
5. Familie	Muluc	Ix	Cauac	Kan

– Die anderen drei Sonnenzeichen werden nun der Farbfolge nach
ergänzt. Ist IX also in der ersten Spalte, dann folgt in der nächsten Spalte CAUAC usw. Für unser Beispiel ergibt das diese Reihenfolge:

4 Sonnenzeichen (Familie) und Geburtszahl			
IX (Geburtsz.)	**CAUAC**	**KAN**	**MULUC**
1/53	2	3	4
5	6	7	8
9	10	11	12
13	14	15	16
17	18	19	20
21	22	23	24
25	26	27	28
29	30	31	32
33	34	35	36
37	38	39	40
41	42	43	44
45	46	47	48
49	50	51	52
52 Lebensjahre			

ZEICHENFAMILIEN

2. Familie KEHLKOPF-CHAKRA				
	1 – IMIX	6 – CIMI	11 – CHUEN	16 – CIB

3. Familie HERZ-CHAKRA				
	2 – IK	7 – MANIK	12 – EB	17 – CABAN

4. Familie SOLAR-PLEXUS-CHAKRA			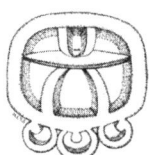	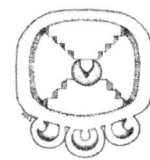
	3 – AKBAL	8 – LAMAT	13 – BEN	18 – ETZNAB

5. Familie WURZEL-CHAKRA				
	4 – KAN	9 – MULUC	14 – IX	19 – CAUAC

1. Familie KRONEN-CHAKRA				
	5 – CHICCHAN	10 – OC	15 – MEN	20 – AHAU

Die Geburtszahl

Um die Geburtszahl herauszufinden, wird nun ausgehend vom Kästchen mit der Zahl 37 mit den Zahlen 1 bis 13 zurückgezählt bis zum ersten Kästchen. Begonnen wird dabei mit der jeweiligen Zahl, die bereits eingetragen ist – hier also mit 6. Nun wird Jahr für Jahr zurückgezählt bis 1, dann geht es weiter mit 13 bis 1, usw. Damit ergibt sich für unser Beispiel das folgende Bild:

4 Sonnenzeichen (Familie) und Geburtszahl							
IX (Geburtsz.)		CAUAC		KAN		MULUC	
1/53	9	2	10	3	11	4	12
5	13	6	1	7	2	8	3
9	4	10	5	11	6	12	7
13	8	14	9	15	10	16	11
17	12	18	13	19	1	20	2
21	3	22	4	23	5	24	6
25	7	26	8	27	9	28	10
29	11	30	12	31	13	32	1
33	2	34	3	35	4	36	5
37	6	38		39		40	
41		42		43		44	
45		46		47		48	
49		50		51		52	
52 Lebensjahre							

- Im Kästchen mit der Zahl 1 steht nun die Geburtszahl – in unserem Fall die 9 –, das Zeichen oberhalb ist das Geburtszeichen. Geschrieben wird 9 IX.
- Jetzt sind auch Zahl und Zeichen des gegenwärtigen Lebensjahres leicht zu ermitteln: In diesem Beispiel steht im Kästchen

37 die Zahl 6. Das ist die Zahl für das nun folgende Lebensjahr. Das Jahres-Sonnenzeichen ist IX, in diesem Fall ist es das Geburtszeichen selbst. Für die weiteren Jahre ergänzt man einfach die Zahlen in den noch leeren Kästchen – immer in der Reihenfolge 1 bis 13. In diesem Beispiel 7, 8, 9, 10, 11, 12, 13, 1, 2, 3 usw. Somit steht das nächste Jahr (38) unter dem Zeichen CAUAC und der Zahl 7.
– Die Schreibweise ist folgende: 6 IX, 7 CAUAC usw.

Die Begleitzeichen

Wir haben nun die grundlegenden Symbole, Sonnenzeichen und die Geburtszahl, ermittelt, doch gibt es – wie auch bei anderen Geburtsberechnungen – bei den Maya noch viele andere Gesichtspunkte, die für die Entwicklung oder die Gestaltung unseres Lebens von Bedeutung sind. Wir haben oben schon von der Zeichenfamilie gesprochen. Daneben gibt es Begleitzeichen, die die Geburtssonne energetisch ausbalancieren. Ein Zeichen verstärkt das Geburtszeichen, eines steht in Harmonie mit dem Geburtszeichen, ein weiteres verweist auf verborgene Kräfte, die mit dem jeweiligen Geburtszeichen entwickelt werden können, und eines fordert das Geburtszeichen heraus. Alle vier Zeichen sind notwendig, damit ein Gleichgewicht im Leben entsteht, wie wir es schon vom Medizinrad kennen gelernt haben. Und wie wir feststellen werden, gehören die vier Begleitzeichen jeweils zu einer Himmelsrichtung.

Und das ist die Bedeutung der vier Zeichen, die das Geburtszeichen beeinflussen:

1. *Verstärkendes Zeichen* (auch *führender Partner* genannt): Es versorgt das Geburtszeichen mit Energien aus anderen Dimensionen und verstärkt die vorhandenen Tendenzen.

2. *Harmonisches Zeichen* (auch *analoger Partner* genannt): Es steht dem Geburtszeichen zur Seite und macht alle Entwicklungen und Bewegungen mit. Dadurch wird die Geburtsenergie ständig angetrieben, sich weiter zu entwickeln.

3. *Verborgenes Zeichen* (auch *okkulter Partner* genannt): Dieses Zeichen sorgt für einen Ausgleich zwischen oben und unten, zwischen Mikro- und Makrokosmos, zwischen persönlich-individueller Entwicklung und Gesellschaft (Gruppen). Es hat für die Maya etwas Verborgenes, weil sich die Geburtsenergie dadurch in eine Richtung entwickeln kann, die unvorhergesehen und zumeist unerwartet ist. Dadurch soll garantiert sein, dass ein Zeichen, welches für individuelles Bewusstsein steht (wie Imix, Ik, Akbal, Kan und Chicchan) ausbalanciert wird durch Zeichen, die Träger von gesellschaftlichem oder universellem Bewusstsein sind (Ahau, Cauac, Men ...).

4. *Herausforderndes Zeichen* (auch *antipodaler Partner* genannt): Es bildet das Gegengewicht zum Geburtszeichen, das notwendig ist, um es in seiner Mitte zu halten und jeder Einseitigkeit vorzubeugen. So wie das Licht die Finsternis benötigt, das Weibliche das Männliche, so benötigt jedes Zeichen auch einen Gegenpol. Dadurch fordert es das Zeichen heraus, immer wieder seine Balance zwischen den verschiedenen Kräften zu finden.

Mit der folgenden Tabelle sind diese Zeichen ganz einfach zu finden. Wir suchen die Zeile mit dem Geburtszeichen, in unserem Fall IX. Daneben steht das harmonische Zeichen – nämlich Chicchan –, dann findet sich Manik als das verborgene Zeichen und Kan als herausforderndes Zeichen.

Da jedes Geburtszeichen von den vier Himmelsrichtungen in der Balance gehalten wird, benötigen wir nun noch das vierte Zeichen, das die jeweils vierte Farbe und Himmelsrichtung repräsentiert.

Geburtszeichen	harmonisch	verborgen	herausfordernd
IMIX	Etznab	Ahau	Chuen
IK	Caban	Cauac	Eb
AKBAL	Cib	Etznab	Ben
KAN	Men	Caban	Ix
CHICCHAN	Ix	Cib	Men
CIMI	Ben	Men	Cib
MANIK	Eb	Ix	Caban
LAMAT	Chuen	Ben	Etznab
MULUC	Oc	Eb	Cauac
OC	Muluc	Chuen	Ahau
CHUEN	Lamat	Oc	Imix
EB	Manik	Muluc	Ik
BEN	Cimi	Lamat	Akbal
IX	Chicchan	Manik	Kan
MEN	Kan	Cimi	Chicchan
CIB	Akbal	Chicchan	Cimi
CABAN	Ik	Kan	Manik
ETZNAB	Imix	Akbal	Lamat
CAUAC	Ahau	Ik	Muluc
AHAU	Cauac	Imix	Oc

Wiederum suchen wir unser Geburtszeichen in der linken Spalte. Dann suchen wir die Geburtszahl in der oberen Reihe und gehen in dieser Spalte nach unten bis zum Geburtszeichen. Dort finden wir das Zeichen, das unser Geburtszeichen verstärkt und ihm zusätzliche Kraft verleiht.

Unserem Beispiel folgend, finden wir in der Zeile IX in der vierten Spalte die Zahl 9: Das verstärkende Zeichen ist hier also OC.

Geburtsz.	1–6–11	2–7–12	3–8–13	4–9	5–10
IMIX	Imix	Ben	Chicchan	Caban	Muluc
IK	Ik	Ix	Cimi	Etznab	Oc
AKBAL	Akbal	Men	Manik	Cauac	Chuen
KAN	Kan	Cib	Lamat	Ahau	Eb
CHICCHAN	Chicchan	Caban	Muluc	Imix	Ben
CIMI	Cimi	Etznab	Oc	Ik	Ix
MANIK	Manik	Cauac	Chuen	Akbal	Men
LAMAT	Lamat	Ahau	Eb	Kan	Cib
MULUC	Muluc	Imix	Ben	Chicchan	Caban
OC	Oc	Ik	Ix	Cimi	Etznab
CHUEN	Chuen	Akbal	Men	Manik	Cauac
EB	Eb	Kan	Cib	Lamat	Ahau
BEN	Ben	Chicchan	Caban	Muluc	Imix
IX	Ix	Cimi	Etznab	Oc	Ik
MEN	Men	Manik	Cauac	Chuen	Akbal
CIB	Cib	Lamat	Ahau	Eb	Kan
CABAN	Caban	Muluc	Imix	Ben	Chicchan
ETZNAB	Etznab	Oc	Ik	Ix	Cimi
CAUAC	Cauac	Chuen	Akbal	Men	Manik
AHAU	Ahau	Eb	Kan	Cib	Lamat

Die ermittelten Zeichen können nun in die folgende Tabelle eingetragen werden, oder Sie können auch die Symbole dort einkleben.
(Die Formulare dazu finden Sie am Ende dieses Kapitels beziehungsweise im Anhang des Buches.) Für unser Beispiel ergibt sich
die Anordnung, wie auf der nächsten Seite gezeigt.

Zur genaueren Bestimmung des Geburtszeichens können wir
nun auch noch die Farbe sowie die Himmelsrichtung hinzufügen.

	Verstär-kendes Zeichen: OC	
Verborgenes Zeichen: MANIK	Geburts-zeichen: IX	Harmoni-sches Zeichen: CHICCAN
	Heraus-forderndes Zeichen: KAN	

IX hat die Farbe Weiß, und Weiß ist die Farbe des Nordens. Die Bedeutung der Himmelsrichtungen können Sie im Kapitel über das Medizinrad nachlesen.

	Rot = Osten	Weiß = Norden	Blau = Westen	Gelb = Süden
1. Familie	Chicchan	Oc	Men	Ahau
2. Familie	Imix	Cimi	Chuen	Cib
3. Familie	Caban	Ik	Manik	Eb
4. Familie	Ben	Etznab	Akbal	Lamat
5. Familie	Muluc	Ix	Cauac	Kan

Die in der obigen Tabelle dargestellten Zeichenfamilien sind verschiedenen Chakren zugeordnet (siehe Abbildung Seite 316). IX, das Geburtszeichen in unserem Beispiel, ist Teil der 5. Familie und gehört somit zum Wurzel-Chakra.

Die Geburtswelle

Der Ablauf von 13 Zahlen vom Anfang bis zum Ende gilt bei den Maya als ein kompletter Impuls der Schöpfung. Er stellt den Geist von Hunab Ku dar und ist deshalb der grundlegendste aller Zyklen. Unsere Geburtszahl ist Teil einer solchen Welle. Die Welle hat immer sowohl den Namen als auch die Energie ihrer ersten Zahl. Im Tzolkin gibt es 20 Wellen. Das bedeutet, dass jedes Sonnenzeichen einer Welle von 13 Tagen seinen Namen und seine Bedeutung gibt.

Für die Maya war es auch von Bedeutung, in welcher Welle ein Mensch geboren wurde. In unserem Beispiel mit dem Geburtsdatum 2.1.1972 haben wir bereits folgende Geburtszeichen errechnet:

Geburtszahl: 9

Zeichen: IX

Wir rechnen nun in der Reihenfolge der 20 Zeichen zurück bis zur Zahl 1: Wenn 9 IX der Tag der Geburt war, dann ist der vorhergehende Tag ein 8 BEN-Tag. Es geht dann in folgender Reihe weiter: 7 EB, 6 CHUEN, 5 OC, 4 MULUC, 3 LAMAT, 2 MANIK, 1 CIMI. Die Geburtswelle war in unserem Beispiel somit eine CIMI-Welle.

Die Wellen haben innerhalb des Ablaufs der 260 Tage immer die gleiche Reihenfolge. Die erste Welle ist immer eine Imix-Welle. Die Cimi-Welle ist die sechste Welle im Gesamtablauf. Die folgende Tabelle zeigt alle 20 Wellenabläufe innerhalb der 260 Tage:

1. Imix	2. Ix	3. Manik	4. Ahau	5. Ben
6. Cimi	7. Cauac	8. Eb	9. Chicchan	10. Etznab
11. Chuen	12. Kan	13. Caban	14. Oc	15. Akbal
16. Cib	17. Muluc	18. Ik	19. Men	20. Lamat

Die folgende Beschreibung gilt jeweils für den Ablauf einer Welle, also für die Zeit von 13 Tagen. Für Menschen, die in einer CIMI-Welle geboren wurden, geht es somit darum, Altes loszulassen. Dasselbe gilt auch für jene 13 Tage-Welle, die mit dem Tag 1 CIMI beginnt.

		Gute Zeit, ...
1. Imix	Urdrache	... etwas zu beginnen
2. Ix	Jaguar	... das Herz wirken zu lassen
3. Manik	Hand	... sich zu vervollkommnen
4. Ahau	Sonne	... die Sonnenkräfte zu aktivieren
5. Ben	Himmelswanderer	... neue Möglichkeiten zu erkennen
6. Cimi	Weltenüberbrücker	... Altes zurückzulassen
7. Cauac	Sturm	... sich zu erneuern
8. Eb	Mensch	... Polaritäten zu meistern
9. Chicchan	Schlange	... die Lebenskraft zu aktivieren
10. Etznab	Schwert	... für Erkenntnis und Klarheit
11. Chuen	Affe	... die Welt humorvoll zu sehen
12. Kan	Samenkorn	... Gesätes erblühen zu lassen
13. Caban	Erde	... mit der Erde in Einklang zu sein
14. Oc	Hund	... für gelebte Liebe
15. Akbal	Nacht	... sich für die Fülle zu öffnen
16. Cib	Eule	... Intuition und Denken zu vereinen
17. Muluc	Wasser	... sich in Fluss zu bringen
18. Ik	Wind	... sich in Disziplin zu bringen
19. Men	Adler	... die eigene Vision zu erfassen
20. Lamat	Kaninchen	... in Harmonie zu kommen

Die Monatszeichen

Ein gesamtes Geburtsbild wurde früher bei den Maya noch ergänzt durch das Monatszeichen und den Tag des Monats, an welchem ein Mensch geboren wurde. Doch ist heute das Wissen um die Monatszeichen noch stärker in Vergessenheit geraten als das Wissen um den Tzolkin, den heiligen Kalender. Zur Ergänzung sind hier jedoch auch noch die Tabellen zur Errechnung dieser Zeichen eingefügt. Diese Tabelle geht wiederum davon aus, dass das neue Maya-Jahr am 21. März (also zur Frühlings-Tagundnachtgleiche) beginnt. Das ist auch jener Tag, an dem der Zodiak – der im Westen bekannte Tierkreis – mit dem Widder beginnt. – Da jedoch die Monatsbeschreibungen in diesem Buch von einer Zählung ausgehen, die am 1. Januar beginnt, ist auch diese Berechnung eingefügt (Zahlen in Klammern).

Diese Zählung ist vor allem in Yucatán, aber auch bei einigen Maya-Stämmen in Guatemala in Verwendung. Es gibt jedoch auch andere Zählungen, die hier noch kurz erwähnt werden sollen:

- Die so genannte Yucatán-Zählung gilt für die Nord-Halbkugel und beginnt am 21. 3.; das neue Jahr auf der Süd-Halbkugel beginnt erst am 23. 9.
- Einige Maya-Stämme in Belize und Guatemala feiern den Neujahrsbeginn am 1. 1.
- Es gibt auch eine Zählung, die mit dem 26. 7. das neue Jahr beginnt. Sie ist angeblich aztekischen Ursprungs und dürfte neueren Datums sein. Diese Variante wird vor allem von José Argüelles vertreten und ist somit im Westen stärker verbreitet.

Die Schaltjahre werden vielfach so gehandhabt, dass alle 52 Jahre 13 Tage eingefügt werden. Manchmal wird der Tag auch alle vier Jahre mitgezählt.

HAAB-MONATS-TABELLE

POP 1 21. 3. bis 9. 4. (1. 1. bis 20. 1.)	XUL 6 29. 6. bis 18. 7. (11. 4. bis 30. 4.)	ZAX 11 7. 10. bis 26. 10. (20. 7. bis 8. 8.)	PAX 16 15. 1. bis 3. 2. (28. 10. bis 16. 11.)
UO 2 10. 4. bis 29. 4. (21. 1. bis 9. 2.)	YAXKIN 7 19. 7. bis 7. 8. (1. 5. bis 20. 5.)	CEH 12 27. 10. bis 15. 11. (9. 8. bis 28. 8.)	KAYAB 17 4. 2. bis 23. 2. (17. 11. bis 6. 12.)
ZIP 3 30. 4. bis 19. 5. (10. 2. bis 1. 3.)	MOL 8 8. 8. bis 27. 8. (21. 5. bis 9. 6.)	MAC 13 16. 11. bis 5. 12. (29. 8. bis 17. 9.)	CUMKU 18 24. 2. bis 15. 3. (7. 12. bis 26. 12.)
ZOTZ 4 20. 5. bis 8. 6. (2. 3. bis 21. 3.)	CHEN 9 28. 8. bis 16. 9. (10. 6. bis 29. 6.)	KANKIN 14 6. 12. bis 25. 12. (18. 9. bis 7. 10.)	UAYEB 19 16. 3. bis 20. 3. (27. 12. bis 31. 12.)
ZEC 5 9. 6. bis 28. 6. (22. 3. bis 10. 4.)	YAX 10 17. 9. bis 6. 10. (30. 6. bis 19. 7.)	MOAN 15 26. 12. bis 14. 1. (8. 10. bis 27. 10.)	

Wenn wir wieder von unserem vorherigen Beispiel ausgehen – also vom Geburtstag am 2. 1. –, dann können wir den 15. Monat als Geburtsmonat ermitteln, nämlich MOAN.

Die Tageszahl ist dann folgendermaßen zu errechnen: Moan beginnt mit dem 26. 12. Bis zum 2. 1., dem Geburtstag, sind es acht Tage. Die Monats-Tageszahl ist somit 8.

Nun können Sie diese Berechnungen für Ihr eigenes Geburtsdatum durchführen und die Ergebnisse in die nachstehenden Tabellen eintragen. So erhalten Sie Ihr Maya-Geburtsbild.

Das Geburtsbild

Name: _____

Geburtsdatum: _____ Datum: _____

Alter: _____ Maya-Alter: _____

Maya-Geburtszeichen

Sonnenzeichen: _____

Zahl: _____ Welle: _____

4 Sonnenzeichen (Familie) und Geburtszahl			
1/53	2	3	4
5	6	7	8
9	10	11	12
13	14	15	16
17	18	19	20
21	22	23	24
25	26	27	28
29	30	31	32
33	34	35	36
37	38	39	40
41	42	43	44
45	46	47	48
49	50	51	52
52 Lebensjahre			

Farbe: _____

Himmelsrichtung: _____

Chakra: _____

	Verstär- kendes Zeichen:	
Verborgenes Zeichen:	Geburts- zeichen:	Harmoni- sches Zeichen:
	Heraus- forderndes Zeichen:	

Zeichen des neuen Lebensjahres:

_____

Zahl: _____

Geburtsmonat: _____

Zahl: _____

Monats-Tageszahl: _____

6.
Erfahrungen und Prophezeiungen der alten Völker

Erfahrungen mit dem weißen Mann

Die Eroberer begannen, den indigenen Völkern ihre Leistungs- und Normenkultur aufzudrücken, weil sie glaubten, nur dann ein vollkommenes Leben zu führen, wenn sie fleißig daran arbeiteten, die fremde Umgebung und deren Eingeborene zu verändern. Dies war der Auslöser für den seit 500 Jahren andauernden Kulturkonflikt:

Die westliche Kultur will uns zwingen, einen bestimmten Plan zu verfolgen und nach irgendeinem Schema vorzugehen. Das ist Blödsinn! Es ist vollkommen in Ordnung, nichts zu tun. Obwohl man damit seine westlichen Mitmenschen auf die Palme bringt, weil sie glauben, dir wäre alles egal, oder du hättest ein Geheimnis. Tatsache ist, du hast eins!

Gene Keluche, Wintu-Indianer[66]

Warum wünscht ihr das Leben von Fremden zu regieren, wenn ihr euer eigenes nicht zu regieren vermögt? Warum fordert ihr den Esel des ärmsten Mannes, fragt ihn aber nie, ob er Hilfe benötigt?

Felipe Guaman Poma, Quechua/Peru, 16. Jh. an König Philipp III. von Spanien[67]

Ihr sagt: »Warum bestellen die Indianer nicht den Acker und leben wie wir?« Dürfen wir mit gleichem Recht zurückfragen, warum die Weißen nicht jagen und leben wie wir?

Corn Tassel, Cherokee-Vertreter, 1785[68]

Eine Nation ist erst besiegt
Wenn die Herzen ihrer Frauen
Am Boden liegen.
Dann ist es vollbracht, ganz gleich
Wie tapfer ihre Krieger sind
Und wie stark ihre Waffen.[69]

Sprichwort der Cheyenne (Kanada)

Der indigene Widerstand war mehr kultureller als physischer Art, die Indigenas wehrten sich eher subtil, als dass sie offene Konfrontation suchten. Und deshalb waren auch die Frauen an vorderster Front geradezu prädestiniert und wurden zu »Hüterinnen der Kultur«.[70]

Für die meisten indigenen Völker ist das Land die »Mutter Erde«, die Pacha Mama der Anden. Sie ernährt die Menschen, unterhält und lehrt sie; sie wird als fühlendes Wesen verehrt, dem die Menschen Opfergaben schulden, um sich vor dem Pflügen zu entschuldigen, nach der Ernte zu bedanken und sie am Leben zu erhalten. Viele ethnische Gruppen glauben, dass ihnen die Erde oder ihre Früchte das Leben geschenkt haben. Der Popol Vuh ... berichtet, wie die ersten Menschen aus Maismehl erschaffen wurden, nachdem sich der Lehm des Adam als untauglich erwies. Diese Schöpfungsgeschichte lebt im heutigen Lateinamerika bei einigen indigenen Völkern in der Überzeugung weiter, in irgendeiner Form ihre Identität zu verlieren, wenn sie aufhören, Kartoffeln, Mais oder Wildbret des eigenen Landes zu essen. Der buchstäbliche Glaube, zu sein, was man isst, und sich von dem Boden ernähren zu müssen, den die Vorväter bestellt haben, ist bei vielen indigenen Völkern ungebrochen.[71]

Land bedeutet Identität – vergangene, gegenwärtige und zukünftige. Die Erde ist im wörtlichen und übertragenen Sinne die Heimstatt der Vorfahren, die den heutigen Generationen das Leben gaben, daher gebührt ihnen Verehrung durch traditionelle Rituale und Bräuche. Die Bedeutung des Bodens beschreibt ein indigener Aktivist als »die lebendigen Seiten unserer ungeschriebenen Geschichtsbücher« .... »Die im Boden ruhenden Gebeine unserer Ururgroßeltern sind unsere Rechtstitel auf das Land.« Ältester der Guajiro, Kolumbien[72]

»Das Land ist ein Teil unseres Körpers, und wir sind ein Teil des Landes.« Miccosukee Buffalo Tiger[73]

Letztlich wurde die indigene Kultur durch nichts so nachhaltig unterminiert wie durch Landverlust. Enteignungen, Einfriedungen, Vertreibungen – die Gier nach Land äußerte sich in den verschiedenen Ge-

genden, zu den verschiedenen Zeiten auf unterschiedliche Weise, doch bleibt der Landraub das Hauptmerkmal der fortdauernden Eroberung.... »Früher haben die indigenen Völker ihr Land verloren, nur weil sie nicht nachweisen konnten, dass es ihnen gehörte.«

Anthropologe McChapin.[74]

Dieser Boden lindert, stärkt, reinigt und heilt. Deshalb sitzt der Indianer immer noch auf der Erde, statt sich auf Stühlen über sie zu erheben und sich damit von ihren lebensspendenden Kräften zu entfernen. Der alte Lakota war weise. Er wusste, dass sich das menschliche Herz, wenn es sich von der Natur abkehrt, verhärtet. Er wusste, dass die Missachtung wachsender, lebender Dinge rasch zur Missachtung des Menschen selbst führt.

Luther Standig Bear, Lakota-Häuptling, geb. 1868[75]

Mutter Erde, Vater Himmel und Großvater Morgengrauen. Ich bin Mitglied dieser Familie. Ich mag diese ganze Familie. Einst sagte ich: Die Erde ist meine Muter. Ich bin das Kind der Erde. Ich bin verantwortlich für alle Menschen. Als meine Eltern starben, fühlte ich mich nicht allein, da ich ja noch Mutter Erde und Vater Himmel hatte. Die Menschen in der Stadt haben das Wasser, die Erde und die Berge nicht als Teil ihres Lebens erkannt, doch sie sind es.

Annie Kahn, Medizinfrau der Navajo[76]

Die Götter der indigenen Gesellschaften lebten in der Natur und schufen eine symbiotische Beziehung zwischen der gesellschaftlichen und der natürlichen Ordnung, die mit religiöser Ehrfurcht respektiert wurde.

Der christliche Gott dagegen nahm die Gestalt eines Menschen in der Mitte der Schöpfung an. Die römisch-katholische Kirche lehnte die Vergöttlichung der Natur als Ketzerei ab, und tatsächlich erlebten viele Europäer, Katholiken wie Protestanten, den Regenwald und die »heulende Wildnis« der Prärie eher als »teuflische Höhle«. Sie zu unterwerfen galt ebenso als Gotteswerk wie die Bekehrung der Heiden.[77]

Der weiße Mann konnte in aller Freiheit den Urwald, die Prärie und die Berge Amerikas durchstreifen; die Indiander wurden gejagt, wenn sie das Gleiche taten.[78]

Prophezeiungen

Die Hopi-Indianer wissen von ihren Ahnen, dass die Medizin oder Spiritualität der Indianer in Verruf kommen würde und dass die meisten Indianer mehr als hundert Jahre nicht mehr daran glauben könnten. Doch eines Tages würden die Enkel und Enkelinnen der weißen Unterdrücker sich an die wenigen noch lebenden Medizinmänner und –frauen wenden und sie bitten: »Helft uns, denn durch uns ist die Erde fast zerstört worden«.[79]

Brief der Hopi-Indianer an US-Präsident Nixon[80]
am 4. 8. 1970

Sehr geehrter Herr Präsident,
Wir Angehörige des Hopi-Stammes, die ohne Kompromisse den Weg des Großen Geistes gegangen sind, haben eine Botschaft, die wir Ihnen auf Grund unserer Prophezeiungen übermitteln müssen.
Die Weißen haben mit ihrer Unsensibilität gegenüber der Natur das Angesicht von Mutter Erde entheiligt. Die fortgeschrittene Tech-

nologie des weißen Mannes entstand als Folge seines mangelnden Respekts für den geistigen Weg und die Entwicklung aller Lebewesen. Das Verlangen des weißen Mannes nach materiellem Besitz und Macht hat ihn gegen den Schmerz, den er Mutter Erde durch seine so genannte Suche nach natürlichen Quellen zugefügt hat, unempfindlich gemacht. Im ganzen Land ist das Wasser verschmutzt, der Boden verseucht und die Luft verunreinigt. Die Lebewesen sterben an Industriegiften. Und fast allen Menschen, sogar den Indianern, fällt es schwer, den Weg des Großen Geistes zu erkennen, da sie sich für den Weg des weißen Mannes entschieden haben.

Wir haben die durch unsere Prophezeiung bestimmte Verantwortung übernommen, Sie darauf aufmerksam zu machen, dass fast alles Leben enden wird, wenn die Menschen nicht begreifen, dass sie in Frieden und Harmonie mit der Natur leben müssen. Nur die Menschen, die die Geheimnisse der Natur, unser aller Mutter, kennen, können die mögliche Zerstörung des Landes und des Lebens... verhindern. Es darf so nicht weitergehen, sonst wird Mutter Natur dem Leben der Menschen, so wie sie es im Augenblick führen, ein Ende bereiten.

Heute haben sich fast alle Prophezeiungen erfüllt. Große Straßen durchziehen wie Flüsse das Land; die Menschen reden miteinander über Telefondrähte; die Menschen reisen in Flugzeugen auf Luftwegen; zwei große Kriege wurden von jenen, die die Swastika oder die aufgehende Sonne tragen, geführt. Die Menschen manipulieren den Mond und die Sterne. Die meisten Menschen sind von dem Weg abgewichen, der uns vom Großen Geist gewiesen wurde. Nur Maasaw allein ist groß genug, den richtigen Weg, der zu ihm zurückführt, aufzuzeigen.

Der Große Geist hat gesagt, wenn ein Ascheregen auf die Erde niedergeht, werden viele Menschen sterben, und das Ende der Erde wird bevorstehen. Wir interpretieren dies als die Atombomben, die *auf Hiroshima und Nagasaki fielen. Wir wollen nicht, dass dies noch einmal geschieht, wir wollen unsere ganze Energie für friedliche Zwecke verwenden und nicht für den Krieg.*

Auch bei den Irokesen war den Indianern eine Zeit großen Leidens durch die weiße Schlange vorausgesagt, bis sie schließlich alle Hoffnung verlieren würden. Dann aber käme eine rote Schlange aus dem Norden, beide Schlangen begännen gegeneinander zu kämpfen. Dann würde ein junger Seher kommen, und Frieden werde kommen. [81]

7.
Zeitgenössische Stimmen

Angst ist unser Feind – Chaos unser Freund
Aluna Joy Yaxk'in[82]

In der eskalierenden Millenniums-Aufregung liegt ein großes Element von Chaos, und aufsteigende Ängste manifestieren sich in den Herzen der Menschen. Ich kann es nicht genug betonen, wenn ich sage, dass wir jetzt in der kritischsten Phase dieser Ära sind. Alle alten Kalender und die Prophezeiungen der alten Traditionen zeigen genau auf diese Tage als eine Zeit des großen Erwachens und der großen Veränderung. In den letzten Tagen dieses Jahrhunderts ist die Menschheit herausgefordert zu wählen zwischen dem Pfad der Liebe, der Gemeinschaft und des Friedens oder dem Pfad der Angst, der Revolution und des Überlebens. Wenn wir den Weg der Liebe gehen, prägen wir unserem Leben Liebe und Harmonie ein. Gehen wir jedoch den Weg der Angst, dann ziehen wir unangenehme Dramen, Revolution, Verschwörungs- und Überlebensthemen an.

Die kreative Kraft des Universums, der große Schöpfer, ist eine nichtpersonale und nichtbeurteilende Wesenheit. Was wir jetzt vorbereiten und was wir in unseren Herzen halten, wird in diesen Tagen noch intensiver vom Universum unterstützt werden. Und der Geist bewegt sich nach *unseren Absichten*. Das ist der Grund, warum wir jetzt herausgefordert sind, makellos und in der höchstmöglichen Wahrheit zu leben. Wir müssen sehr genau bedenken, was wir als Wahrheit in unseren Herzen halten. Wir müssen Sorge tragen für die Gesamtheit unseres Seins.

Was ist unser Hauptfokus und was ist unsere Hauptabsicht? Worauf bereiten wir uns vor? Was glauben wir, und was fürchten wir am meisten? Die Antworten auf diese Fragen werden auch die Antworten für unsere neue Wirklichkeit sein, die wir für uns selbst schöpferisch hervorbringen. Wenn wir die Antworten *nicht* mögen, dann ist *jetzt* die Zeit, unsere Gedanken zu verändern.

Wir treten nun in einen Durchgang ein, der unsere Zukunft genauso hervorbringen wird, wie wir es in unseren Herzen tragen. Der große Traum, das große Hologramm, teilt sich in viele Wege und Sichtweisen. Das Wichtigste in dieser Zeit ist jedoch, dass wir jenen Traum fest verankern, an dem wir in nicht so ferner Zukunft teilnehmen wollen. Wenn dein Traum ein Leben in Harmonie und in friedvoller Gemeinschaft ist, dann hast du jetzt die Möglichkeit, diesen Traum zu leben. Wenn du aber deine Zeit und deine Energie auf negative und dramatische und auf Verschwörung beruhende Überlebensthemen fokusierst, dann verschwendet das wertvolle Zeit und Energie und verankert dich noch tiefer im Hologramm der Angst, genauso wie es dich in das Risiko bringt, von den vielen Weltuntergangszenarien aufgesogen zu werden. Weil Angst auch die Verbindung zum Geist zerbricht, ist deshalb dein bester Schutz, *die Intuition*, blockiert. So – woran arbeitest du also? Was liest du? Worüber denkst du nach? Was fürchtest du? Wovon träumst du? Bereitest du dich vor auf ein Desaster, oder bereitest du alles vor auf das Nirvana? Ich fordere dich heraus, dich zu fragen, warum du einen Weltuntergang überleben willst, wenn du ebenso gut im Paradies leben kannst? Es ist Zeit für dich, zu wählen!

Der Weg der Liebe

Den Weg der Liebe zu gehen und zu leben heißt nicht, deinen Kopf in den Sand zu stecken und gegenüber den Problemen der Welt eine Verleugnungshaltung einzunehmen. Vermeidung entsteht aus der Angst und nicht aus der Liebe. Die Probleme der Welt sind wirkliche Probleme, und sie müssen so bewusst und so gut wie möglich angeschaut werden. Den Pfad der Liebe gehen heißt, die Probleme zu sehen und mit Liebe, Mitgefühl und Nicht-Beurteilung zu handeln – jedoch nicht von einer Position der Angst aus. Erinnere dich: Es ist nicht wichtig, *was* wir tun, sondern *wie* wir es tun und warum wir es genauso tun, wie wir es tun. Den Weg der Liebe gehen bedeutet, unsere Energie in das Licht bringen. Es ist eine Verschwendung von Energie, die Dunkelheit zu bekämpfen. Wie Finanzminister Fuller sagt: »Du veränderst niemals etwas, indem du gegen etwas Existierendes kämpfst. Verändern heißt, ein neues Modell bauen und dadurch das Existierende überflüssig machen.« Indem wir einer neuen Ära entgegengehen, müssen alte Ideen und Muster zerfallen, um so Raum zu machen für den neuen Traum, das neue Hologramm.

Zeitweiliges Chaos tritt auf, wenn die alten Formen sich auflösen und die neuen in Erscheinung treten. Das ist ein natürlicher Prozess der Manifestation neuer Wirklichkeiten. Wenn wir jetzt in diese neue Welt hineingehen wollen, müssen wir in unsere Gedanken die Idee hineinsetzen, dass Chaos unser Freund ist. Chaos ist ein Zeichen dafür, dass eine neue Welt sich gerade bereitmacht, zu kommen. Den Weg der Liebe gehen heißt, einen unpersönlichen aber mitfühlenden Fokus zu haben gegenüber den Ereignissen, die in der Welt in Erscheinung treten. Wenn wir sehr bedrückt sind von dem, was sich täglich zeigt, dann treten wir in die Welt des Dramas und der Konflikte ein. Nicht vereinnahmendes Zeugentum und Lernen vom Fluss des Chaos – Chaos zu unserem Freund machen – verändert unsere Perspektive und macht die kommenden Ereignisse zu den aufregendsten und großartigsten Veränderungen, die die Menschheit je gesehen hat.

Wenn wir uns mit dem Chaos wohl fühlen, dann stärken wir unsere Energie und übertreffen uns selbst, und wir laufen nicht Gefahr, dass das Chaos uns auffrisst, weil wir in großer Angst sind.

Bedenke doch: Alles um uns herum ist ein großes Spiel – die spirituellen Olympiaden, wofür wir bereits Lebenszeiten trainiert haben. Wir erleben gerade einen riesigen Veränderungspunkt, einen dimensionalen Durchgang zu den Realitäten des Geistes, und wir sind jetzt konfrontiert mit der großen Wahl. Es ist Zeit, dass wir uns entscheiden, welchen Teil des Hologramms wir leben wollen und unsere Gedanken dahingehend zu verändern.

Praktische Anleitung zur Einstimmung
in die neuen Frequenzen

Wir erleben soeben eine noch nie da gewesene Beschleunigung der Frequenzen. Was uns wirklich überrascht hat, sind unsere körperlichen Reaktionen und die rapiden Veränderungen unserer

Energie. Wenn unsere Körper nicht in Übereinstimmung sind mit unserem Geist, wird es schwierig sein, eine Öffnung unserer Herzenstempel durchzustehen. Jedes Mal, wenn wir eine Erhöhung der Vibration erfahren, müssen unsere Körper sehr hart arbeiten. Die erhöhten Frequenzen sind buchstäblich ein Schock für unser System. Wenn wir jetzt nicht unseren Raum von Angst, negativem Ego, früheren emotionalen Traumata usw. klären, dann können wir uns buchstäblich selbst die Hölle heiß machen.

Höre auf dich selbst und deinen Körper

Es kann sein, dass du jetzt mehr Schlaf brauchst. Gib dir selber »Entspannungszeit«, um dich anzugleichen und diese neue Energie zu integrieren. Die körperlichen Symptome resultieren aus den erhöhten Frequenzen, die jetzt rund um den Erdball gang und gäbe sind. Viel davon hat eine emotionelle Ursache, und wir können daran arbeiten, um die Symptome zu erleichtern. Eine Person kann beispielsweise Kopfschmerzen haben, eine andere Person kann an einem übersäuerten Magen leiden. Das alles kommt von persönlichen, ungelösten emotionalen Problemen. In der Folge führe ich nun einige Symptome an, die sich in der nächsten Zeit zeigen können, zusammen mit Vorschlägen, sie zu meistern.

– *Kopfschmerzen* im Vorderkopf und an der Basis des Schädels: Arbeite an Selbstkritik und Angst.
– *Verschwommene Sicht:* Befasse dich mit der Affirmation, dass du klar sehen kannst. Du könntest zum Beispiel etwas in einer neuen Art und Weise sehen, was du bisher nicht verstanden hast. Fürchte dich nicht vor der Zukunft.
– *Schwindel oder Benommenheit:* Arbeite daran, geerdet zu werden und deinen lauten Verstand zu beruhigen. Zögere nichts hinaus, sei furchtlos und tue das, was vor dir liegt.
– *Probleme in den oberen Atemwegen:* Verstärke das Bewusstsein,

dass du sicher bist, und lasse dich selbst all das sein, was du bist. Erinnere dich immer wieder daran, tief zu atmen.

- *Schnupfen und Nasenprobleme:* Setze dich mit deinen nächstliegenden Beziehungen auseinander und arbeite daran, sie zu harmonisieren.
- *Druck in der Herzgegend:* Lass die unbewusste Entscheidung los, die dein Herz eingeschlossen hat, um es in Sicherheit zu halten. Der einzige Weg unser Herz zu schützen ist, es zu ÖFFNEN. Strahle Liebe nach außen, dann kann nichts Negatives hineinkommen!
- *Grippeähnliche Symptome* wie Fieber und Müdigkeit: Setze den Prozess der Reinigung fort. Bestärke dich in der Affirmation, dass du sicher bist, und lass die Angst gehen.
- Scharfe *Magenschmerzen* oder *taubes Gefühl* in der *Solar-Plexus-Gegend:* Lasse ungelöste Probleme aus der Vergangenheit los. Sei besonders aufmerksam gegenüber allem ungelösten Ärger.
- *Müdigkeit, Depression* oder das *Gefühl von Leere:* Drücke deine Gefühle aus. Unterdrückung bringt Depression hervor. Diese Probleme kommen davon, dass die Aufgabe deiner Seele nicht erfüllt ist.
- *Verwirrung:* Beende das Einholen von Ratschlägen von außen. Lerne, dich auf dein Innerstes im Tempel deines Herzens einzustimmen. Höre auf deine eigene Weisheit. Schalte Fernseher und Radio aus, und lass die Zeitungen liegen. Massenmedien verbinden uns mit den auf Angst basierenden Programmen und blockieren dadurch den Ruf unseres Geistes.
- *Radikale Änderung im Befinden:* Halte die vielen Ebenen der Erinnerung entspannt, die in den Zellen deines Körpers gehalten werden. Das ist der natürliche Teil der Anpassung. Wir können nicht länger die alten oder laufenden negativen Emotionen vermeiden.

Das größte Geschenk, das wir uns selbst geben können in dieser Zeit ist, dass wir uns erlauben zu fühlen, was auch immer herankommt an uns. Vermeide es, Ärzte um Medikamente zu bitten, die deine Gefühle betäuben. Du könntest sonst übersehen, was du eventuell auf eine andere Art und Weise tun kannst. Wenn es mehr wird, als du meinst aushalten zu können, bitte jemanden um einen Ratschlag oder um Unterstützung, der dich auch wirklich in diesem Prozess der Energieveränderungen unterstützen kann. Es ist Zeit für uns, die totale Verantwortung selbst zu übernehmen. Es ist Zeit für uns, die Realität zu wählen, die wir wirklich erfahren wollen. Wir müssen uns erinnern, dass wir machtvoll genug sind, das zu tun. Es ist Zeit für uns, den Tempel des Herzens zu öffnen und auf unsere innere Weisheit zu hören – denn es ist möglich, den Himmel auf Erden hervorzubringen.

So spricht die Erde
Marielu Lörler[83]

Die Initiation habe ich euch gezeigt im Licht von Tschernobyl. Seit diesem Moment ist alles, ich sage alles, auf und in mir verändert – auch ihr. Die Wandlung geht bis in den tiefsten Kern unserer Zellen. Sie ist radikal. Inzwischen wisst Ihr es selbst. Ich bin froh, dass ihr es wisst und mir nicht mehr nur glauben dürft. Ihr habt eure Maschinen und Apparate genau zum richtigen Moment fertig entwickelt und könnt jetzt messen, dass das Maß voll ist. Ich kann nicht mehr den geringsten Energiemissbrauch halten. Wir können nicht mehr länger nebeneinander herleben, denn die Spannung zwischen uns ist zu groß geworden und drängt nach Entladung. Ich grolle euch nicht. Ich bin nicht die Mutter, die sich für euch opfert, das tut nur Ihr. Alles, was ich bislang im Strom von Geben und Nehmen zugelassen habe, entspringt aus meiner Liebe zu euch. Alles, was sich jetzt in meinem Körper reinigt, ist Liebe, nicht Strafe. Ihr braucht die Kraft der Liebe, um Euch selbst zu reinigen, um in meinem großen Wandel mitschwingen zu können. Liebe muss sich in euch entzünden, damit sich euer Schuldigfühlen löschen kann. Es gibt keine Schuld, und ihr seid mir nichts schuldig. Freiwillig kann sich jeder meiner Liebe öffnen. Wir haben alles freiwillig gewählt. Euer Spiel hat »Ausgleich von Erfahrungen« geheißen. Ich war euer Spielplatz dafür. Ich *war* er. Aber jetzt habe ich begonnen, einen neuen Traum zu träumen. Der Traum heißt Licht und Einklang. Aus eurem Spiel ist so viel Energie freigesetzt worden, dass sich die Harmonie der kosmischen Gezeiten gestört fühlt. Das Meer bewegt sich. Es bewegt sich meine Liebe zu euch. Meine Liebe zu euch singt in jedem entwurzelten Baum. Meine Liebe zu euch berührt euer Herz, jetzt, wo die großen Baumwesen euch zeigen, dass sie von mir gehen. Sie haben meinen Schutz verlassen, ihre Wurzeln liegen offen und zeigen in die Große Leere. Versteht ihr?

Wir sind jetzt da angekommen, wo wir seit vielen tausend Sonnenkreisen vereinbart haben,.... Meine Liebe zu euch hat euch bis hierher begleitet. Und jetzt gebe ich euch mein größtes Geschenk: Ich lasse Euch vollkommen los und übergebe euch vorbereitet den Kräften des Lichts, in deren Liebe ihr euer wahres Zuhause finden werdet. Hört den Liedern der Bäume zu. Ihr glaubt, sie weinen. Aber seht, das seid nur ihr selbst, von schlechtem Gewissen geplagt. Eure Baumbrüder weinen nicht – denn auch sie sind Akteure im großen Spiel – sie wissen. Hört ihnen zu. Sie zeigen euch eine starke Medizin: Sie lösen ihre Wurzeln, und damit lösen sie sich aus der Mutter-Kind-Beziehung von mir. Dies ist ein heiliges Zeichen für euch. Versteht Ihr? Auch ich bin nur die Stellvertreterin – so wie eure leibliche Mutter es für euch ist – einer viel umfassenderen Mutter, einer viel mächtigeren Liebe. Ihr gehört zur Großen Leere, dem

Großen Kreis, dem Ur-Grund, der in sich die ganze Schöpfung enthält. Aus diesem Licht ist alles geboren, und es darf nichts getan werden, was den Kindern schadet. Damit Ihr das Licht und die Liebe der Großen Gebärerin deutlicher empfangen könnt, geschieht die Reinigung des Begrenzten. Seht, mit eurer Energie, die weder gut noch böse ist, hat sich in meinem Ozonmantel ein Loch gebildet. Über diese Öffnung schaffe ich mir ein Ventil, und ich lasse alle Muster der Polarität dadurch ausströmen: zurück ins Universum schicke ich sie.... Die Fontanelle beginnt wieder zu fließen, es ist der gleiche Fluss, der neue Lichtstrom von oben. Ihr müsst erkennen, wozu diese Energie vorgesehen ist, sonst ist sie zu mächtig und bläst euch um wie einen morschen Halm. Bereitet euch vor. Macht eure Kanäle frei, damit kein Hindernis den Weg des Lichts versperrt. Vertraut und entdeckt mehr und mehr das heile Kind in euch, das um sein wahres Wesen, um sein wahres Heim weiß, welches in euch lebendig wird als unbegrenzte, spontane Lebensenergie, und ihr versteht den Heiligen Narren, den kosmischen Humor.

Im Gewohnten können wir uns nicht weiter begegnen. Ich, eure Schwarze Mutter, die Erde, die ich bin, lasse euch los. Ihr könnt aus freiem Willen wählen, ob ihr weiter mit mir tanzen wollt oder ob Ihr euch über »energetische Provokateure« (gemeint sind Krankheiten im Energiesystem des Körpers wie Krebs und Aids) euer Körpergefährt abstreift und euch einen anderen Ort im Universum aussucht. Um mit mir weiterzuträumen, brauche ich euer Ja, euer herzlichstes Einverstandensein.

Jetzt ist die Zeit der Reinigung. Ihr könnt eure Augen nicht mehr verschließen vor den Winden, die anders zu euch sprechen als bisher. Sie künden bereits und rütteln an euren sieben verschlossenen Toren. Meine Boten schicke ich aus, die euch den Schlüssel geben. Siebenfach öffnen könnt Ihr dann. Einige von euch haben meine Botschaft verstanden und schiffen ihre Boote aus aufs Große Wasser, das ihr Unbewusstes nennt. Diese Aufgeweckten ruhen immer mehr in ihrem Tempel und lauschen der Stille, die heilig zu ihnen spricht. Schleier um Schleier lichtet sich der Nebel dann. Bewusstes Sein erlöscht alle Enge, alle Angst und klärt ihr Tun... Beginnt mit der Reinigung eurer Gedanken und eurer Sprache. Das, was ihr »Muttersprache« nennt, war nie meine Sprache. Ich bewerte nicht, ich tanze mit dem Tag und mit der Nacht. Es ist an der Zeit, eure Sprache zu klären... Immer, wenn Ihr euch einen schlechten Gedanken, ein böses Wort, Kritik oder Angst erlaubt, manifestiert ihr damit die dumpfe, freudlose Schwingung, die ohnehin schon zäh und breit um uns ist. Sobald ihr die Höheren Frequenzen des Universums in eure Seelen einziehen lasst, Gedanken und Worte der Liebe aussendet, stärkt Ihr die Verbindung mit allen Lichtwesen... Wacht auf, geliebte Narren, und erweckt das Totgeschlafene zu neuem Leben. Bittet und fragt, es wird euch immer Licht gegeben.

Den Himmel auf Erden wählen
Aluna Joy Yaxk'in

Als ich ein Kind war, nahmen mich meine Eltern jeden Sonntag in die Kirche mit. Im Verlauf der Zeit musste ich über 100 Bibelverse auswendig lernen. Obwohl ich zu dieser Zeit meinte, dass das nicht wichtig sei, sind doch ein paar davon hängen geblieben. Einer der Verse, von dem ich meine, dass er ziemlich wenig beachtet wird, ist der, wo Jesus sagt: »Was ich getan habe, das könnt auch ihr tun und noch größere Dinge.« – Hmmm ... das wird der Menschheit also schon seit 2000 Jahren mitgeteilt, und hier sind wir: noch immer begrenzt von Angst, Hass, Eifersucht und Gier. Wir kämpfen noch immer mit unserer Gesundheit, machen uns Sorgen, wie wir unsere Rechnungen bezahlen, und suchen die Antworten für unser Glück und unser Erwachen außerhalb von uns. Warum haben wir uns so lange eingegrenzt? Hängen wir denn so sehr an unseren Sorgen? Warum geben wir uns mit weniger zufrieden als mit dem Besten? Wenn es nach diesem großen und verehrten Meister geht, dann kann JEDE/R die Kranken heilen, die Toten erwecken und alles erschaffen, was im Moment gerade notwendig ist, wir können auf Wasser gehen und an jeden Ort auf dieser Welt und im Universum gelangen – und wir können auferstehen!

Warum also haben wir nicht das Beste und Grenzenlose in unseren Leben geschaffen? Wir haben alle die richtigen Bücher gelesen, wir essen die richtige Nahrung, meditieren, machen Kurse und Workshops und warten und warten und warten auf das große Ereignis, das Erwachen genannt wird. Wir warten auf den Großen Geist, damit er uns gebe, was wir uns wünschen – wie verwöhnte, aber unfähige Kinder. Es ist Zeit, dass wir unsere Wirklichkeit selbst übernehmen. Der Prozess ist wirklich einfach, wenn du einen Schritt nach dem anderen setzt. Alles, was wir tun müssen, ist, unseren Stimmzettel in die Wahlurne des Universums zu werfen für das, was wir in unserem Leben *wirklich* manifestieren wollen. Wir können zwischen den Wirklichkeiten der Extreme wählen: Weltuntergang und Chaos oder den Himmel auf Erden ... OK ... Wenn du jetzt bereit bist, dann sprich laut aus:

Ich befehle in mir dem ICH BIN-gegenwärtig welches ICH BIN, dass dieser jetzige Moment und alle zukünftigen Lebenserfahrungen gefüllt sind mit Freude, Frieden, Anmut, Harmonie, Einheit, Mitgefühl, Wahrheit, Weisheit, Integrität, Fülle und Liebe. Ich befehle, dass die begrenzenden Gedankenformen, die meinen Geist einsperren, für immer entfernt sind! Ich befehle, dass ich mein gesamtes Bewusstsein voll gebrauchen will und dass ICH ein unbegrenztes, multidimensionales menschliches Wesen BIN ...

Warum sollten also jetzt nicht Himmel und Erde erbeben, während ich diese Erklärung mache ?

Jeden Tag bietet uns der Schöpfer einen ganzen Garten voll Energie, aus dem wir erschaffen können. Jede Handlung, jeder Gedanke und jede Erfahrung – alles, wozu wir uns hingezogen fühlen, wofür wir unsere Zeit verwenden – alles sendet uns eine Botschaft und gibt uns einen Hinweis auf den Schöpfer. Wir werden unsere Wahl für den Himmel auf Erden also nicht nur auf dieser großen Erklärung beruhen lassen und dann so weitermachen wie bisher – bis schließlich die große Veränderung da ist. Vielmehr verwirklichen wir diese Wahl des Großen Schöpfers in jedem Augenblick, mit jedem Atemzug, mit jedem Gedanken, den wir haben! Augenblick um Augenblick wählen wir und setzen damit neue Maßstäbe für unsere Wirklichkeit. Wie wir unsere Energie einsetzen in jedem einzelnen Moment – das genau ist unsere Wahl!

Botschaft des Hüters der Heiligen Weißen-Büffel-Friedenspfeife der 19. Generation

Häuptling Arvol Looking Horse
von der Lakota, Nakota und Dakota Nation[84]

Zuerst möchte ich meinen Standpunkt bezüglich der »ethnischen Säuberung«, des Massenmordes an unschuldigen Menschen in Jugoslawien mit euch teilen.

Ich bin der Hüter der Heiligen Weißen-Büffel-Friedenspfeife, ein Geschenk des »Heiligen Bündels«, das vor 19 Generationen meinen Leuten gegeben wurde, um uns Führung zu gewähren und uns zu lehren, wie wir FRIEDEN in unserem eigenen Leben garantieren können. Wir haben diese Lehren von der »Weißen Büffelkalb-Frau«

bekommen und vom Schöpfer. Wir haben von ihnen auch die Prophezeiung von den großen Veränderungen, in denen wir uns gerade befinden. Und wir haben gelernt, die Botschaft zu hören und aufmerksam zu sein. Diese dunkle Zeit wurde vorausgesagt. Es wurde gesagt, dass wir an einer Wegkreuzung ankommen werden, wo eine dunkle Wolke die Erde einhüllen wird. Es ist die Zeit, wo wir Zeugen sein werden für das Chaos, die zunehmenden Krankheiten und das Blutfließen unserer Brüder und Schwestern. Es ist die Zeit, in der wir uns entscheiden müssen, und die Menschen brauchen nun den Mut, um für Frieden einzustehen – auch wenn ihre Verwandten und Freunde kein spirituelles Gewahrsein haben und ihr Denken nicht heilen wollen. Wir werden die Chance haben, die Veränderung zu wählen.

Mutter Erde ist ein lebendes, geistiges Wesen, welches alle, die hier sind, kleidet, nährt und trägt. Aber wenn Kampf unter den Menschen ausbricht, dann schwinden Leben und Land ebenso wie der Geist der Menschheit. Mutter Erde braucht unsere Hilfe! Ich rufe alle auf, gemeinsam und gleichzeitig für den Frieden zu beten. Damit du eine tief greifende spirituelle Entscheidung treffen kannst, sollst du wissen: Wenn wir die Situation in Jugoslawien ignorieren, dann werden wir nur noch blinder und unfähiger, uns für eine positive Veränderung – besonders in Hinsicht auf die kommenden Generationen – zu entscheiden.

Bete mit mir *jeden Tag um 16 Uhr MEZ* für eine friedliche Lösung der fortschreitenden Zerstörung der Welt. Und erkenne, dass die »Krankheit unseres Denkens« sich noch viel rascher verbreitet, wenn wir unser Verhalten nicht unter Kontrolle haben.

Ich habe ein Ereignis eröffnet, welches sich »Weltfriedens- und Gebetstag« nennt, um die Aufmerksamkeit dieser Zeit auf die spirituelle Vereinigung der Welt zu lenken – und zwar am 21. Juni an heiligen Plätzen rund um den Erdball.

Ich möchte die Welt einladen, den 21. Juni als Tag des Gebetes für die Heilung des Erdballs anzuerkennen. Unsere traditionellen indigenen (indianischen) Wege sind die Stärkung unserer Beziehungen und die Heilung unserer Mutter Erde. Wir sind die »Wurzelnation«, Hutkan Oyate, mit der Verantwortung, das Leben unserer Mutter Erde zu bewahren. Es wird uns jetzt klar, auch den Wissenschaftlern, dass unsere Lebensweise derzeit zur totalen Gefährdung unserer müden Mutter Erde führt. Wir sind jetzt in der Mitte dessen, was als die Wegkreuzung prophezeit wurde – wir können entweder versinken in Zerstörung, Chaos, Krankheit und in den Tränen aus den Augen unserer Verwandten, *ODER wir können uns spirituell mit allen Nationen auf Mutter Erde vereinigen.*

Das ist der Ruf an die Welt, die heiligen Plätze wieder zu finden und unsere Aufmerksamkeit auf die Energien und Verbindungen zu richten, die es dort gibt. Vor langer Zeit haben sich Menschen an diesen Plätzen zusammengefunden, um in spiritueller Weise Heilung zu erlangen – und unsere Mutter Erde hat darauf immer in positiver Weise mit einer Energieveränderung reagiert. Das konnte auch von Forschern festgestellt werden.

Durch unser Sternenwissen haben wir erkannt, dass der 21. Juni ein Tag zum Beten ist. Wir haben an diesem Tag die große Chance, dass wir uns spirituell vereinigen. Für uns gibt es keinen Anfang und kein Ende, um in Richtung Frieden und Harmonie für unsere Mutter Erde zu arbeiten, damit es umfassende Heilung gibt für die kommenden Generationen.

Der Friede möge mit euch sein und mit allem Leben auf Mutter Erde! »Mitakuye oyasin – all my relations« (indianischer Gruß, der so viel bedeutet wie: Wir sind alle eins).

Du bist dort, wo deine Aufmerksamkeit ist

Patricia Diane Cota-Robles[85]

Ihr habt bereits alle Informationen in euch, welche ihr braucht, um euren göttlichen Auftrag zu vollenden. Das Problem ist, dass Menschen oft nicht gewagt haben, sich selbst genug zu vertrauen, um auf ihr eigenes Herz zu hören. Deshalb möchte ich euch hier noch ein paar einfache Anrufungen geben, die ihr solange verwenden könnt, bis ihr euch sicher genug fühlt, um eure eigenen zu finden. Wann immer ihr mit einer negativen Situation – Gedanken, Worte, Handlungen, Gefühle, Personen, Plätze, Bedingungen oder Dinge – in eurem Leben oder in der Welt konfrontiert seid, dann sagt ganz einfach:

Durch die Kraft der göttlichen Energie, welche durch mein Herz pulsiert, rufe ich das Licht des Universums in diese Situation. ICH BIN eins mit allem Leben, und ich weiß, dass alles Leben befreit ist, sobald ich befreit bin. Großer Geist, Vater-Mutter-Gott, verwandle jedes Energie-Elektron, welches mit dieser Situation verbunden ist, in göttliches Licht, und verwandle Ursache, Kern, Auswirkung, Aufzeichnung und Erinnerung dieser negativen Situation zurück bis zur ursprünglichen göttlichen Absicht.

Ich bitte mein Gott-Gegenwart und die Gott-Gegenwart jeder beteiligten Person sowie die Gott-Gegenwart der ganzen Menschheit, dass sie das Kommando über die Gedanken, Worte, Handlungen und Gefühle voll übernimmt. Erhebe uns zur Wahrheit der Einheit und der Ehrfurcht vor allem Leben. Führe und leite uns, sodass wir alle Irrtümer auf unserem Weg erkennen und die notwendigen Schritte einleiten, um eine neue Wirklichkeit auf der Grundlage der göttlichen Energie und Harmonie zu schaffen.

Ich verstehe und weiß, dass die Aktivität dieses Lichtes göttliche

Perfektion ist, vollständig in diesem Moment, in dem ich spreche. Ich bitte, dass dieses Licht durch mich und die ganze Menschheit zunehmen möge — täglich, stündlich und mit jedem Atemzug, den wir machen. Ich weiß, dass dieses Licht immer siegreich ist, und ich weiß, dass ICH das Licht BIN! — Und so ist es, geliebtes ICH BIN.

Nachdem ihr das Licht angerufen habt, beobachtet die negative Situation und entscheidet, was in eurem Leben oder auf der Erde statt dieser Negativität geschehen soll. Richtet dann eure gesamte Aufmerksamkeit auf die Erschaffung dessen, was ihr wollt – anstatt auf die Angst vor dem, was ihr nicht wollt. Ihr habt bereits die Antworten und Lösungen in euch. Vertraut auf euch selbst! Ihr seid machtvoller und großartiger, als ihr euch normalerweise vorstellen könnt. Bittet den Großen Geist und alle Lichtwesen, euch beizustehen. Eure großen Anstrengungen werden dadurch tausend Mal und tausendfach erfolgreicher. Denn eines ist sicher: Der Sieg gehört euch!

Ein offener Brief von Gott
Quelle unbekannt, herausgegeben von Aluna Joy Yaxk'in

Meine lieben Kinder — und glaubt mir, das seid ihr alle!
Ich verstehe mich selber als einen ziemlich geduldigen Kerl. Ich meine: schaut euch den Grand Canyon an – es hat Millionen von Jahren gebraucht, ihn richtig hinzubekommen. Und bezüglich Evolution und Entwicklung: Nichts geht langsamer voran, als die Theorie von Darwin praktisch umzusetzen, nämlich in jeder Zelle und in jedem Gen. Ich war wirklich geduldig durch alle eure Moden hindurch, eure Zivilisationen, Kriege und Auseinandersetzungen. Und dazu noch die zahllosen Situationen, wo ihr mich einfach für

selbstverständlich hingenommen habt, bis ihr euch selbst in ernsthafte Schwierigkeiten gebracht habt.

Ich möchte euch jetzt einige Dinge sagen, die mich immer mehr aufregen. Zuallererst: eure religiösen Rivalitäten treiben mich die Wände hoch. Es ist genug! Lasst uns das klarstellen: Das sind EURE Religionen, nicht meine. Ich bin die *ganze* Wirklichkeit. Ich bin *über* allem. Jede eurer Religionen beansprucht für sich, dass es nur einen von meiner Sorte gibt – was unter anderem auch absolut wahr ist. Aber im nächsten Atemzug beansprucht jede Religion, dass sie meine wichtigste sei. Und jede beansprucht auch, dass ihre Bibel von mir persönlich geschrieben ist und dass all die anderen Bibeln von Menschenhand geschrieben worden sind. Oh, mein Gott. Wie kann ich jemals diesen komplizierten Unsinn beenden? Gut, hört mir zu! Ich bin euer Vater und eure Mutter, und ich spiele nicht das Spiel der Bevorzugung unter meinen Kindern. Und, ich sage das gar nicht gerne, aber: *Ich schreibe nicht!* Meine Handschrift ist grauenhaft, und ich war immer schon mehr ein praktischer Typ. Das heißt, dass ALLE eure Bücher – diese Bibeln mit eingeschlossen – von Frauen und Männern geschrieben worden sind. Sie waren inspirierte Frauen und Männer, durchaus bemerkenswerte Leute, aber sie haben auch hin und wieder Fehler gemacht. Und dafür habe ich auch selbst gesorgt, damit ihr niemals einem geschriebenen Wort mehr glaubt, als eurem lebendigen Herzen. Ihr wisst, ein menschliches Wesen – auch ein Landstreicher – ist mir mehr wert als all diese heiligen Bücher zusammen. Das ist eben die Art, wie ich bin. Mein Geist ist keine Angelegenheit der Geschichte. Er ist vielmehr in der Gegenwart lebendig – JETZT, so frisch wie euer nächster Atemzug. Heilige Bücher und religiöse Riten sind wertvoll und voll Kraft, aber sie sind nicht wertvoller als der Letzte von euch. Sie sind nur dazu gedacht, euch in die richtige Richtung zu steuern und nicht dazu, dass ihr miteinander darüber streitet. Und sie sollen euch ganz bestimmt nicht davon abhalten, eurer persönlichen Verbindung mit mir zu vertrauen.

Was mich dann zum nächsten Punkt eures Unsinns bringt: Ihr benehmt euch, als würde ich euch und eure Religionen dazu gebrauchen, dass ihr euch für mich einsetzt oder dass ich um meinetwillen Seelen gewinne. Ich brauche eure Verteidigung nicht, und ich brauche auch keine ständige Anerkennung. Vielen Dank, aber ich stehe ziemlich gut auf meinen eigenen Füßen. Und noch etwas: Ich mische mich nicht in Geldsachen oder Politik ein. Hört also auf, meinen Namen in diese Angelegenheiten hineinzuziehen. ... Nun, die Sache ist: Ich möchte, dass ihr Religion nicht mehr länger als eine Art Treueversprechen auffasst. Der wahre Zweck von Religion ist nämlich, dass IHR euch mehr und mehr MEINER bewusst werdet, nicht umgekehrt. Glaubt mir, *ich* kenne euch schon längst. Ich weiß, was los ist in jedem eurer Herzen, und ich liebe euch ohne Bedingungen und binde euch nicht an mich. Also, macht es euch leichter, und genießt mich! Dafür sollte Religion da sein. Ihr scheint vergessen zu haben, wie großartig ich bin. Ihr seht mich nur nach den winzig kleinen Unterschieden in euren Schriften und sagt: »Wenn *das* die Wahrheit ist, dann kann etwas anderes nicht richtig sein.« Ich schlage euch vor, dass ihr euch nicht allzu sehr den Kopf zerbrecht über meine Gegensätzlichkeit und meine unergründliche Natur – all das ist sowieso nicht erfassbar. Stattdessen öffnet einfach euer Herz den einfachen, herkömmlichen Weisheiten aller Religionen. Ihr wisst, wovon ich rede: Seid gut zu einander. Liebt und respektiert einander. Seid freundlich. Auch wenn das Leben manchmal beängstigend ist und verwirrend, übernehmt eure Verantwortung und seid guten Mutes, denn ich bin immer mit euch. Und lernt still zu sein, damit ihr meine kleine, leise Stimme hören könnt. Ich schreie nämlich nicht gerne.

Verlasst die Welt als einen besseren Platz, indem ihr euer Leben in Würde und Anmut lebt, denn ihr seid meine eigenen Kinder. Haltet nichts vom Leben zurück, denn alles in euch, was überflüssig geworden ist, kann leicht sterben, und alles, was unsterblich ist, wird niemals sterben. Also, »Don't worry, be happy!« (»*Sorgt euch nicht, seid glücklich!*«). (Ich habe diesen Titel von Bobby McFerrin gestohlen; aber wer war es, der ihm zuerst die Idee dazu gegeben hat?) Damit kann vieles für euch leichter werden. Warum müsst ihr bloß alles so kompliziert machen? Es sieht so aus, als würdet ihr immer eine Ausrede dafür suchen, dass ihr euch ständig über alles aufregt. Und ich bin es ziemlich müde, dass ich dafür als eure Hauptentschuldigung herhalten muss. Glaubt ihr denn – ganz gleich ob ihr mich Gott, Jahwe, Allah, Großer Geist, Brahma, Wakantonka, Vater, Mutter oder eben die große Leere des Nirvana nennt – glaubt ihr also, dass ich mich darum kümmere, zu welchem meiner besonderen Kinder ihr euch zugehörig fühlt? Zu Jesus, Buddha, Krishna, Mohammed oder irgendeinem anderen? Ihr könnt mich und meine besonderen Kinder nennen, wie ihr wollt, wenn ihr nur das tut, was mir das Wichtigste bei der ganzen Sache ist, nämlich einander zu lieben, wie ich euch liebe! Wie könnt ihr euch nur so einfachen Dingen widersetzen? Nein, ich verlange von euch nicht, dass ihr eure Religionen erfüllt. Genießt sie, ehrt sie, und lernt von ihnen – genauso wie ihr eure Eltern genießen und ehren und von ihnen lernen sollt. Geht ihr denn herum und sagt zu anderen, dass eure Eltern besser sind als andere? Eure Religion kann – genauso wie eure Eltern – immer einen besonderen Platz in eurem Herzen haben. Das macht mir auch gar nichts aus. Ich will jedoch nicht, dass ihr aus all diesen großen Traditionen ein einziges großes Durcheinander macht. Jede Religion ist auf ihre Weise einzigartig. Jede hat ihren eigenen, einzigartigen Stil, sodass ihr auswählen könnt, welcher der beste Weg für euch ist. Aber, meine lieben Kinder – also jene, die diese Religionen entwickelt haben – alles Leben hat denselben Stellenwert in meinem Herzen, und alles ist darin perfekt, das versichere ich euch!

Die Wächter eurer Religionen müssen damit aufhören, dass sie ständig einen Mythos der Geschwister-Rivalität hervorbringen, den es nicht gibt. Meine geliebten Kinder dieser Erde, die Welt ist zu klein geworden für eure durchdringenden religiösen Eiferer und ihre Verwirrungen. Der ganze Planet ist heute verbunden durch Luftverkehr, Satellitenschüsseln, Telefone, Faxmaschinen, Rockkonzerte, Krankheiten sowie gemeinsame Bedürfnisse und Angelegenheiten. Bleibt dabei! Wenn ihr wirklich den Geburtstag meines besonderen Kindes Jesus feiern wollt, dann verpflichtet euch, danach Ausschau zu halten, wie ihr eure Hungrigen nährt, eure Nackten kleiden, eure Missbrauchten schützen und euren Armen Unterkunft geben könnt. Und was genauso wichtig ist: Macht euer eigenes tägliches Leben zu einem leuchtenden Beispiel von Güte und gutem Humor. Ich habe euch alles gegeben, was ihr braucht, wenn ihr nur eure Angst voreinander ablegt und gemeinsam zu leben, zu lieben und zu lachen beginnt.

Nein, ich bin wirklich nicht beleidigt wegen all der Dinge, die sich hier abspielen. Ich wollte eigentlich nur eure Aufmerksamkeit erregen, denn ich kann es nicht mit ansehen, wenn ihr leidet. Aber ich habe euch den freien Willen gegeben – was kann ich also anderes tun, als euch durch eure Vernunft, mit Überredung und durch das etwas altmodische Schuld- und Manipulationsspiel zu beeinflussen. Versteht ihr jetzt, dass ich eine richtige Mutter bin. Ich möchte euch glücklich sehen um jeden Preis, selbst wenn ich dafür im Dunklen stehe. Ich bin wirklich immer bei euch. Immer.

Glaubt mir, ihr seid unendlich geliebt.
Euer alleiniger und einziger
GOTT

ANHANG

Maya-Geburtsbild

Name: ——————————————————————————

Geburtsdatum: ——————————— Datum: —————————————

Alter: ————————————— Maya-Alter: ———————————

Maya-Geburtszeichen

Sonnenzeichen: ——————————————————————————

Zahl: ——————————— Welle: ———————————

4 Sonnenzeichen (Familie) und Geburtszahl			
1/53	2	3	4
5	6	7	8
9	10	11	12
13	14	15	16
17	18	19	20
21	22	23	24
25	26	27	28
29	30	31	32
33	34	35	36
37	38	39	40
41	42	43	44
45	46	47	48
49	50	51	52
52 Lebensjahre			

Farbe: _____

Himmelsrichtung: _____

Chakra: _____

	Verstär- kendes Zeichen:	
Verborgenes Zeichen:	Geburts- zeichen:	Harmoni- sches Zeichen:
	Heraus- forderndes Zeichen:	

Zeichen des neuen Lebensjahres:

_____

Zahl: _____

Geburtsmonat: _____

Zahl: _____

Monats-Tageszahl: _____

2007	Januar	Februar	März	April	Mai	Juni
1	4 Lamat	9 Cauac	11 Manik	3 Etznab	7 Lamat	12 Cauac
2	5 Muluc	10 Ahau	12 Lamat	4 Cauac	8 Muluc	13 Ahau
3	6 Oc	11 Imix	13 Muluc	5 Ahau	9 Oc	1 Imix
4	7 Chuen	12 Ik	1 Oc	6 Imix	10 Chuen	2 Ik
5	8 Eb	13 Akbal	2 Chuen	7 Ik	11 Eb	3 Akbal
6	9 Ben	1 Kan	3 Eb	8 Akbal	12 Ben	4 Kan
7	10 Ix	2 Chicchan	4 Ben	9 Kan	13 Ix	5 Chicchan
8	11 Men	3 Cimi	5 Ix	10 Chicchan	1 Men	6 Cimi
9	12 Cib	4 Manik	6 Men	11 Cimi	2 Cib	7 Manik
10	13 Caban	5 Lamat	7 Cib	12 Manik	3 Caban	8 Lamat
11	1 Etznab	6 Muluc	8 Caban	13 Lamat	4 Etznab	9 Muluc
12	2 Cauac	7 Oc	9 Etznab	1 Muluc	5 Cauac	10 Oc
13	3 Ahau	8 Chuen	10 Cauac	2 Oc	6 Ahau	11 Chuen
14	4 Imix	9 Eb	11 Ahau	3 Chuen	7 Imix	12 Eb
15	5 Ik	10 Ben	12 Imix	4 Eb	8 Ik	13 Ben
16	6 Akbal	11 Ix	13 Ik	5 Ben	9 Akbal	1 Ix
17	7 Kan	12 Men	1 Akbal	6 Ix	10 Kan	2 Men
18	8 Chicchan	13 Cib	2 Kan	7 Men	11 Chicchan	3 Cib
19	9 Cimi	1 Caban	3 Chicchan	8 Cib	12 Cimi	4 Caban
20	10 Manik	2 Etznab	4 Cimi	9 Caban	13 Manik	5 Etznab
21	11 Lamat	3 Cauac	5 Manik	10 Etznab	1 Lamat	6 Cauac
22	12 Muluc	4 Ahau	6 Lamat	11 Cauac	2 Muluc	7 Ahau
23	13 Oc	5 Imix	7 Muluc	12 Ahau	3 Oc	8 Imix
24	1 Chuen	6 Ik	8 Oc	13 Imix	4 Chuen	9 Ik
25	2 Eb	7 Akbal	9 Chuen	1 Ik	5 Eb	10 Akbal
26	3 Ben	8 Kan	10 Eb	2 Akbal	6 Ben	11 Kan
27	4 Ix	9 Chicchan	11 Ben	3 Kan	7 Ix	12 Chicchan
28	5 Men	10 Cimi	12 Ix	4 Chicchan	8 Men	13 Cimi
29	6 Cib		13 Men	5 Cimi	9 Cib	1 Manik
30	7 Caban		1 Cib	6 Manik	10 Caban	2 Lamat
31	8 Etznab		2 Caban		11 Etznab	

= Portal-Tage   = Zentrums-Tage

361

2007	Juli	August	September	Oktober	November	Dezember
1	3 Muluc	8 Ahau	13 Chuen	4 Imix	9 Eb	13 Ik
2	4 Oc	9 Imix	1 Eb	5 Ik	10 Ben	1 Akbal
3	5 Chuen	10 Ik	2 Ben	6 Akbal	11 Ix	2 Kan
4	6 Eb	11 Akbal	3 Ix	7 Kan	12 Men	3 Chicchan
5	7 Ben	12 Kan	4 Men	8 Chicchan	13 Cib	4 Cimi
6	8 Ix	13 Chicchan	5 Cib	9 Cimi	1 Caban	5 Manik
7	9 Men	1 Cimi	6 Caban	10 Manik	2 Etznab	6 Lamat
8	10 Cib	2 Manik	7 Etznab	11 Lamat	3 Cauac	7 Muluc
9	11 Caban	3 Lamat	8 Cauac	12 Muluc	4 Ahau	8 Oc
10	12 Etznab	4 Muluc	9 Ahau	13 Oc	5 Imix	9 Chuen
11	13 Cauac	5 Oc	10 Imix	1 Chuen	6 Ik	10 Eb
12	1 Ahau	6 Chuen	11 Ik	2 Eb	7 Akbal	11 Ben
13	2 Imix	7 Eb	12 Akbal	3 Ben	8 Kan	12 Ix
14	3 Ik	8 Ben	13 Kan	4 Ix	9 Chicchan	13 Men
15	4 Akbal	9 Ix	1 Chicchan	5 Men	10 Cimi	1 Cib
16	5 Kan	10 Men	2 Cimi	6 Cib	11 Manik	2 Caban
17	6 Chicchan	11 Cib	3 Manik	7 Caban	12 Lamat	3 Etznab
18	7 Cimi	12 Caban	4 Lamat	8 Etznab	13 Muluc	4 Cauac
19	8 Manik	13 Etznab	5 Muluc	9 Cauac	1 Oc	5 Ahau
20	9 Lamat	1 Cauac	6 Oc	10 Ahau	2 Chuen	6 Imix
21	10 Muluc	2 Ahau	7 Chuen	11 Imix	3 Eb	7 Ik
22	11 Oc	3 Imix	8 Eb	12 Ik	4 Ben	8 Akbal
23	12 Chuen	4 Ik	9 Ben	13 Akbal	5 Ix	9 Kan
24	13 Eb	5 Akbal	10 Ix	1 Kan	6 Men	10 Chicchan
25	1 Ben	6 Kan	11 Men	2 Chicchan	7 Cib	11 Cimi
26	2 Ix	7 Chicchan	12 Cib	3 Cimi	8 Caban	12 Manik
27	3 Men	8 Cimi	13 Caban	4 Manik	9 Etznab	13 Lamat
28	4 Cib	9 Manik	1 Etznab	5 Lamat	10 Cauac	1 Muluc
29	5 Caban	10 Lamat	2 Cauac	6 Muluc	11 Ahau	2 Oc
30	6 Etznab	11 Muluc	3 Ahau	7 Oc	12 Imix	3 Chuen
31	7 Cauac	12 Oc		8 Chuen		4 Eb

= Portal-Tage   = Zentrums-Tage

2008	Januar	Februar	März	April	Mai	Juni
1	5 Ben	10 Kan	12 Eb	4 Akbal	8 Ben	13 Kan
2	6 Ix	11 Chicchan	13 Ben	5 Kan	9 Ix	1 Chicchan
3	7 Men	12 Cimi	1 Ix	6 Chicchan	10 Men	2 Cimi
4	8 Cib	13 Manik	2 Men	7 Cimi	11 Cib	3 Manik
5	9 Caban	1 Lamat	3 Cib	8 Manik	12 Caban	4 Lamat
6	10 Etznab	2 Muluc	4 Caban	9 Lamat	13 Etznab	5 Muluc
7	11 Cauac	3 Oc	5 Etznab	10 Muluc	1 Cauac	6 Oc
8	12 Ahau	4 Chuen	6 Cauac	11 Oc	2 Ahau	7 Chuen
9	13 Imix	5 Eb	7 Ahau	12 Chuen	3 Imix	8 Eb
10	1 Ik	6 Ben	8 Imix	13 Eb	4 Ik	9 Ben
11	2 Akbal	7 Ix	9 Ik	1 Ben	5 Akbal	10 Ix
12	3 Kan	8 Men	10 Akbal	2 Ix	6 Kan	11 Men
13	4 Chicchan	9 Cib	11 Kan	3 Men	7 Chicchan	12 Cib
14	5 Cimi	10 Caban	12 Chicchan	4 Cib	8 Cimi	13 Caban
15	6 Manik	11 Etznab	13 Cimi	5 Caban	9 Manik	1 Etznab
16	7 Lamat	12 Cauac	1 Manik	6 Etznab	10 Lamat	2 Cauac
17	8 Muluc	13 Ahau	2 Lamat	7 Cauac	11 Muluc	3 Ahau
18	9 Oc	1 Imix	3 Muluc	8 Ahau	12 Oc	4 Imix
19	10 Chuen	2 Ik	4 Oc	9 Imix	13 Chuen	5 Ik
20	11 Eb	3 Akbal	5 Chuen	10 Ik	1 Eb	6 Akbal
21	12 Ben	4 Kan	6 Eb	11 Akbal	2 Ben	7 Kan
22	13 Ix	5 Chicchan	7 Ben	12 Kan	3 Ix	8 Chicchan
23	1 Men	6 Cimi	8 Ix	13 Chicchan	4 Men	9 Cimi
24	2 Cib	7 Manik	9 Men	1 Cimi	5 Cib	10 Manik
25	3 Caban	8 Lamat	10 Cib	2 Manik	6 Caban	11 Lamat
26	4 Etznab	9 Muluc	11 Caban	3 Lamat	7 Etznab	12 Muluc
27	5 Cauac	10 Oc	12 Etznab	4 Muluc	8 Cauac	13 Oc
28	6 Ahau	11 Chuen	13 Cauac	5 Oc	9 Ahau	1 Chuen
29	7 Imix	11 Chuen	1 Ahau	6 Chuen	10 Imix	2 Eb
30	8 Ik		2 Imix	7 Eb	11 Ik	3 Ben
31	9 Akbal		3 Ik		12 Akbal	

= Portal-Tage   = Zentrums-Tage

363

2008	Juli	August	September	Oktober	November	Dezember
1	4 Ix	9 Chicchan	1 Cib	5 Cimi	10 Caban	1 Manik
2	5 Men	10 Cimi	2 Caban	6 Manik	11 Etznab	2 Lamat
3	6 Cib	11 Manik	3 Etznab	7 Lamat	12 Cauac	3 Muluc
4	7 Caban	12 Lamat	4 Cauac	8 Muluc	13 Ahau	4 Oc
5	8 Etznab	13 Muluc	5 Ahau	9 Oc	1 Imix	5 Chuen
6	9 Cauac	1 Oc	6 Imix	10 Chuen	2 Ik	6 Eb
7	10 Ahau	2 Chuen	7 Ik	11 Eb	3 Akbal	7 Ben
8	11 Imix	3 Eb	8 Akbal	12 Ben	4 Kan	8 Ix
9	12 Ik	4 Ben	9 Kan	13 Ix	5 Chicchan	9 Men
10	13 Akbal	5 Ix	10 Chicchan	1 Men	6 Cimi	10 Cib
11	1 Kan	6 Men	11 Cimi	2 Cib	7 Manik	11 Caban
12	2 Chicchan	7 Cib	12 Manik	3 Caban	8 Lamat	12 Etznab
13	3 Cimi	8 Caban	13 Lamat	4 Etznab	9 Muluc	13 Cauac
14	4 Manik	9 Etznab	1 Muluc	5 Cauac	10 Oc	1 Ahau
15	5 Lamat	10 Cauac	2 Oc	6 Ahau	11 Chuen	2 Imix
16	6 Muluc	11 Ahau	3 Chuen	7 Imix	12 Eb	3 Ik
17	7 Oc	12 Imix	4 Eb	8 Ik	13 Ben	4 Akbal
18	8 Chuen	13 Ik	5 Ben	9 Akbal	1 Ix	5 Kan
19	9 Eb	1 Akbal	6 Ix	10 Kan	2 Men	6 Chicchan
20	10 Ben	2 Kan	7 Men	11 Chicchan	3 Cib	7 Cimi
21	11 Ix	3 Chicchan	8 Cib	12 Cimi	4 Caban	8 Manik
22	12 Men	4 Cimi	9 Caban	13 Manik	5 Etznab	9 Lamat
23	13 Cib	5 Manik	10 Etznab	1 Lamat	6 Cauac	10 Muluc
24	1 Caban	6 Lamat	11 Cauac	2 Muluc	7 Ahau	11 Oc
25	2 Etznab	7 Muluc	12 Ahau	3 Oc	8 Imix	12 Chuen
26	3 Cauac	8 Oc	13 Imix	4 Chuen	9 Ik	13 Eb
27	4 Ahau	9 Chuen	1 Ik	5 Eb	10 Akbal	1 Ben
28	5 Imix	10 Eb	2 Akbal	6 Ben	11 Kan	2 Ix
29	6 Ik	11 Ben	3 Kan	7 Ix	12 Chicchan	3 Men
30	7 Akbal	12 Ix	4 Chicchan	8 Men	13 Cimi	4 Cib
31	8 Kan	13 Men		9 Cib		5 Caban

= Portal-Tage   = Zentrums-Tage

2009	Januar	Februar	März	April	Mai	Juni
1	6 Etznab	11 Muluc	13 Caban	5 Lamat	9 Etznab	1 Muluc
2	7 Cauac	12 Oc	1 Etznab	6 Muluc	10 Cauac	2 Oc
3	8 Ahau	13 Chuen	2 Cauac	7 Oc	11 Ahau	3 Chuen
4	9 Imix	1 Eb	3 Ahau	8 Chuen	12 Imix	4 Eb
5	10 Ik	2 Ben	4 Imix	9 Eb	13 Ik	5 Ben
6	11 Akbal	3 Ix	5 Ik	10 Ben	1 Akbal	6 Ix
7	12 Kan	4 Men	6 Akbal	11 Ix	2 Kan	7 Men
8	13 Chicchan	5 Cib	7 Kan	12 Men	3 Chicchan	8 Cib
9	1 Cimi	6 Caban	8 Chicchan	13 Cib	4 Cimi	9 Caban
10	2 Manik	7 Etznab	9 Cimi	1 Caban	5 Manik	10 Etznab
11	3 Lamat	8 Cauac	10 Manik	2 Etznab	6 Lamat	11 Cauac
12	4 Muluc	9 Ahau	11 Lamat	3 Cauac	7 Muluc	12 Ahau
13	5 Oc	10 Imix	12 Muluc	4 Ahau	8 Oc	13 Imix
14	6 Chuen	11 Ik	13 Oc	5 Imix	9 Chuen	1 Ik
15	7 Eb	12 Akbal	1 Chuen	6 Ik	10 Eb	2 Akbal
16	8 Ben	13 Kan	2 Eb	7 Akbal	11 Ben	3 Kan
17	9 Ix	1 Chicchan	3 Ben	8 Kan	12 Ix	4 Chicchan
18	10 Men	2 Cimi	4 Ix	9 Chicchan	13 Men	5 Cimi
19	11 Cib	3 Manik	5 Men	10 Cimi	1 Cib	6 Manik
20	12 Caban	4 Lamat	6 Cib	11 Manik	2 Caban	7 Lamat
21	13 Etznab	5 Muluc	7 Caban	12 Lamat	3 Etznab	8 Muluc
22	1 Cauac	6 Oc	8 Etznab	13 Muluc	4 Cauac	9 Oc
23	2 Ahau	7 Chuen	9 Cauac	1 Oc	5 Ahau	10 Chuen
24	3 Imix	8 Eb	10 Ahau	2 Chuen	6 Imix	11 Eb
25	4 Ik	9 Ben	11 Imix	3 Eb	7 Ik	12 Ben
26	5 Akbal	10 Ix	12 Ik	4 Ben	8 Akbal	13 Ix
27	6 Kan	11 Men	13 Akbal	5 Ix	9 Kan	1 Men
28	7 Chicchan	12 Cib	1 Kan	6 Men	10 Chicchan	2 Cib
29	8 Cimi		2 Chicchan	7 Cib	11 Cimi	3 Caban
30	9 Manik		3 Cimi	8 Caban	12 Manik	4 Etznab
31	10 Lamat		4 Manik		13 Lamat	

= Portal-Tage = Zentrums-Tage

365

2009	Juli	August	September	Oktober	November	Dezember
1	5 Cauac	10 Oc	2 Imix	6 Chuen	11 Ik	2 Eb
2	6 Ahau	11 Chuen	3 Ik	7 Eb	12 Akbal	3 Ben
3	7 Imix	12 Eb	4 Akbal	8 Ben	13 Kan	4 Ix
4	8 Ik	13 Ben	5 Kan	9 Ix	1 Chicchan	5 Men
5	9 Akbal	1 Ix	6 Chicchan	10 Men	2 Cimi	6 Cib
6	10 Kan	2 Men	7 Cimi	11 Cib	3 Manik	7 Caban
7	11 Chicchan	3 Cib	8 Manik	12 Caban	4 Lamat	8 Etznab
8	12 Cimi	4 Caban	9 Lamat	13 Etznab	5 Muluc	9 Cauac
9	13 Manik	5 Etznab	10 Muluc	1 Cauac	6 Oc	10 Ahau
10	1 Lamat	6 Cauac	11 Oc	2 Ahau	7 Chuen	11 Imix
11	2 Muluc	7 Ahau	12 Chuen	3 Imix	8 Eb	12 Ik
12	3 Oc	8 Imix	13 Eb	4 Ik	9 Ben	13 Akbal
13	4 Chuen	9 Ik	1 Ben	5 Akbal	10 Ix	1 Kan
14	5 Eb	10 Akbal	2 Ix	6 Kan	11 Men	2 Chicchan
15	6 Ben	11 Kan	3 Men	7 Chicchan	12 Cib	3 Cimi
16	7 Ix	12 Chicchan	4 Cib	8 Cimi	13 Caban	4 Manik
17	8 Men	13 Cimi	5 Caban	9 Manik	1 Etznab	5 Lamat
18	9 Cib	1 Manik	6 Etznab	10 Lamat	2 Cauac	6 Muluc
19	10 Caban	2 Lamat	7 Cauac	11 Muluc	3 Ahau	7 Oc
20	11 Etznab	3 Muluc	8 Ahau	12 Oc	4 Imix	8 Chuen
21	12 Cauac	4 Oc	9 Imix	13 Chuen	5 Ik	9 Eb
22	13 Ahau	5 Chuen	10 Ik	1 Eb	6 Akbal	10 Ben
23	1 Imix	6 Eb	11 Akbal	2 Ben	7 Kan	11 Ix
24	2 Ik	7 Ben	12 Kan	3 Ix	8 Chicchan	12 Men
25	3 Akbal	8 Ix	13 Chicchan	4 Men	9 Cimi	13 Cib
26	4 Kan	9 Men	1 Cimi	5 Cib	10 Manik	1 Caban
27	5 Chicchan	10 Cib	2 Manik	6 Caban	11 Lamat	2 Etznab
28	6 Cimi	11 Caban	3 Lamat	7 Etznab	12 Muluc	3 Cauac
29	7 Manik	12 Etznab	4 Muluc	8 Cauac	13 Oc	4 Ahau
30	8 Lamat	13 Cauac	5 Oc	9 Ahau	1 Chuen	5 Imix
31	9 Muluc	1 Ahau		10 Imix		6 Ik

= Portal-Tage   = Zentrums-Tage

2010	Januar	Februar	März	April	Mai	Juni
1	7 Akbal	12 Ix	1 Ik	6 Ben	10 Akbal	2 Ix
2	8 Kan	13 Men	2 Akbal	7 Ix	11 Kan	3 Men
3	9 Chicchan	1 Cib	3 Kan	8 Men	12 Chicchan	4 Cib
4	10 Cimi	2 Caban	4 Chicchan	9 Cib	13 Cimi	5 Caban
5	11 Manik	3 Etznab	5 Cimi	10 Caban	1 Manik	6 Etznab
6	12 Lamat	4 Cauac	6 Manik	11 Etznab	2 Lamat	7 Cauac
7	13 Muluc	5 Ahau	7 Lamat	12 Cauac	3 Muluc	8 Ahau
8	1 Oc	6 Imix	8 Muluc	13 Ahau	4 Oc	9 Imix
9	2 Chuen	7 Ik	9 Oc	1 Imix	5 Chuen	10 Ik
10	3 Eb	8 Akbal	10 Chuen	2 Ik	6 Eb	11 Akbal
11	4 Ben	9 Kan	11 Eb	3 Akbal	7 Ben	12 Kan
12	5 Ix	10 Chicchan	12 Ben	4 Kan	8 Ix	13 Chicchan
13	6 Men	11 Cimi	13 Ix	5 Chicchan	9 Men	1 Cimi
14	7 Cib	12 Manik	1 Men	6 Cimi	10 Cib	2 Manik
15	8 Caban	13 Lamat	2 Cib	7 Manik	11 Caban	3 Lamat
16	9 Etznab	1 Muluc	3 Caban	8 Lamat	12 Etznab	4 Muluc
17	10 Cauac	2 Oc	4 Etznab	9 Muluc	13 Cauac	5 Oc
18	11 Ahau	3 Chuen	5 Cauac	10 Oc	1 Ahau	6 Chuen
19	12 Imix	4 Eb	6 Ahau	11 Chuen	2 Imix	7 Eb
20	13 Ik	5 Ben	7 Imix	12 Eb	3 Ik	8 Ben
21	1 Akbal	6 Ix	8 Ik	13 Ben	4 Akbal	9 Ix
22	2 Kan	7 Men	9 Akbal	1 Ix	5 Kan	10 Men
23	3 Chicchan	8 Cib	10 Kan	2 Men	6 Chicchan	11 Cib
24	4 Cimi	9 Caban	11 Chicchan	3 Cib	7 Cimi	12 Caban
25	5 Manik	10 Etznab	12 Cimi	4 Caban	8 Manik	13 Etznab
26	6 Lamat	11 Cauac	13 Manik	5 Etznab	9 Lamat	1 Cauac
27	7 Muluc	12 Ahau	1 Lamat	6 Cauac	10 Muluc	2 Ahau
28	8 Oc	13 Imix	2 Muluc	7 Ahau	11 Oc	3 Imix
29	9 Chuen		3 Oc	8 Imix	12 Chuen	4 Ik
30	10 Eb		4 Chuen	9 Ik	13 Eb	5 Akbal
31	11 Ben		5 Eb		1 Ben	

= Portal-Tage   = Zentrums-Tage

367

2010	Juli	August	September	Oktober	November	Dezember
1	6 Kan	11 Men	3 Cimi	7 Cib	12 Manik	3 Caban
2	7 Chicchan	12 Cib	4 Manik	8 Caban	13 Lamat	4 Etznab
3	8 Cimi	13 Caban	5 Lamat	9 Etznab	1 Muluc	5 Cauac
4	9 Manik	1 Etznab	6 Muluc	10 Cauac	2 Oc	6 Ahau
5	10 Lamat	2 Cauac	7 Oc	11 Ahau	3 Chuen	7 Imix
6	11 Muluc	3 Ahau	8 Chuen	12 Imix	4 Eb	8 Ik
7	12 Oc	4 Imix	9 Eb	13 Ik	5 Ben	9 Akbal
8	13 Chuen	5 Ik	10 Ben	1 Akbal	6 Ix	10 Kan
9	1 Eb	6 Akbal	11 Ix	2 Kan	7 Men	11 Chicchan
10	2 Ben	7 Kan	12 Men	3 Chicchan	8 Cib	12 Cimi
11	3 Ix	8 Chicchan	13 Cib	4 Cimi	9 Caban	13 Manik
12	4 Men	9 Cimi	1 Caban	5 Manik	10 Etznab	1 Lamat
13	5 Cib	10 Manik	2 Etznab	6 Lamat	11 Cauac	2 Muluc
14	6 Caban	11 Lamat	3 Cauac	7 Muluc	12 Ahau	3 Oc
15	7 Etznab	12 Muluc	4 Ahau	8 Oc	13 Imix	4 Chuen
16	8 Cauac	13 Oc	5 Imix	9 Chuen	1 Ik	5 Eb
17	9 Ahau	1 Chuen	6 Ik	10 Eb	2 Akbal	6 Ben
18	10 Imix	2 Eb	7 Akbal	11 Ben	3 Kan	7 Ix
19	11 Ik	3 Ben	8 Kan	12 Ix	4 Chicchan	8 Men
20	12 Akbal	4 Ix	9 Chicchan	13 Men	5 Cimi	9 Cib
21	13 Kan	5 Men	10 Cimi	1 Cib	6 Manik	10 Caban
22	1 Chicchan	6 Cib	11 Manik	2 Caban	7 Lamat	11 Etznab
23	2 Cimi	7 Caban	12 Lamat	3 Etznab	8 Muluc	12 Cauac
24	3 Manik	8 Etznab	13 Muluc	4 Cauac	9 Oc	13 Ahau
25	4 Lamat	9 Cauac	1 Oc	5 Ahau	10 Chuen	1 Imix
26	5 Muluc	10 Ahau	2 Chuen	6 Imix	11 Eb	2 Ik
27	6 Oc	11 Imix	3 Eb	7 Ik	12 Ben	3 Akbal
28	7 Chuen	12 Ik	4 Ben	8 Akbal	13 Ix	4 Kan
29	8 Eb	13 Akbal	5 Ix	9 Kan	1 Men	5 Chicchan
30	9 Ben	1 Kan	6 Men	10 Chicchan	2 Cib	6 Cimi
31	10 Ix	2 Chicchan		11 Cimi		7 Manik

= Portal-Tage = Zentrums-Tage

2011	Januar	Februar	März	April	Mai	Juni
1	8 Lamat	13 Cauac	2 Manik	7 Etznab	11 Lamat	3 Cauac
2	9 Muluc	1 Ahau	3 Lamat	8 Cauac	12 Muluc	4 Ahau
3	10 Oc	2 Imix	4 Muluc	9 Ahau	13 Oc	5 Imix
4	11 Chuen	3 Ik	5 Oc	10 Imix	1 Chuen	6 Ik
5	12 Eb	4 Akbal	6 Chuen	11 Ik	2 Eb	7 Akbal
6	13 Ben	5 Kan	7 Eb	12 Akbal	3 Ben	8 Kan
7	1 Ix	6 Chicchan	8 Ben	13 Kan	4 Ix	9 Chicchan
8	2 Men	7 Cimi	9 Ix	1 Chicchan	5 Men	10 Cimi
9	3 Cib	8 Manik	10 Men	2 Cimi	6 Cib	11 Manik
10	4 Caban	9 Lamat	11 Cib	3 Manik	7 Caban	12 Lamat
11	5 Etznab	10 Muluc	12 Caban	4 Lamat	8 Etznab	13 Muluc
12	6 Cauac	11 Oc	13 Etznab	5 Muluc	9 Cauac	1 Oc
13	7 Ahau	12 Chuen	1 Cauac	6 Oc	10 Ahau	2 Chuen
14	8 Imix	13 Eb	2 Ahau	7 Chuen	11 Imix	3 Eb
15	9 Ik	1 Ben	3 Imix	8 Eb	12 Ik	4 Ben
16	10 Akbal	2 Ix	4 Ik	9 Ben	13 Akbal	5 Ix
17	11 Kan	3 Men	5 Akbal	10 Ix	1 Kan	6 Men
18	12 Chicchan	4 Cib	6 Kan	11 Men	2 Chicchan	7 Cib
19	13 Cimi	5 Caban	7 Chicchan	12 Cib	3 Cimi	8 Caban
20	1 Manik	6 Etznab	8 Cimi	13 Caban	4 Manik	9 Etznab
21	2 Lamat	7 Cauac	9 Manik	1 Etznab	5 Lamat	10 Cauac
22	3 Muluc	8 Ahau	10 Lamat	2 Cauac	6 Muluc	11 Ahau
23	4 Oc	9 Imix	11 Muluc	3 Ahau	7 Oc	12 Imix
24	5 Chuen	10 Ik	12 Oc	4 Imix	8 Chuen	13 Ik
25	6 Eb	11 Akbal	13 Chuen	5 Ik	9 Eb	1 Akbal
26	7 Ben	12 Kan	1 Eb	6 Akbal	10 Ben	2 Kan
27	8 Ix	13 Chicchan	2 Ben	7 Kan	11 Ix	3 Chicchan
28	9 Men	1 Cimi	3 Ix	8 Chicchan	12 Men	4 Cimi
29	10 Cib		4 Men	9 Cimi	13 Cib	5 Manik
30	11 Caban		5 Cib	10 Manik	1 Caban	6 Lamat
31	12 Etznab		6 Caban		2 Etznab	

= Portal-Tage   = Zentrums-Tage

369

2011	Juli	August	September	Oktober	November	Dezember
1	7 Muluc	12 Ahau	4 Chuen	8 Imix	13 Eb	4 Ik
2	8 Oc	13 Imix	5 Eb	9 Ik	1 Ben	5 Akbal
3	9 Chuen	1 Ik	6 Ben	10 Akbal	2 Ix	6 Kan
4	10 Eb	2 Akbal	7 Ix	11 Kan	3 Men	7 Chicchan
5	11 Ben	3 Kan	8 Men	12 Chicchan	4 Cib	8 Cimi
6	12 Ix	4 Chicchan	9 Cib	13 Cimi	5 Caban	9 Manik
7	13 Men	5 Cimi	10 Caban	1 Manik	6 Etznab	10 Lamat
8	1 Cib	6 Manik	11 Etznab	2 Lamat	7 Cauac	11 Muluc
9	2 Caban	7 Lamat	12 Cauac	3 Muluc	8 Ahau	12 Oc
10	3 Etznab	8 Muluc	13 Ahau	4 Oc	9 Imix	13 Chuen
11	4 Cauac	9 Oc	1 Imix	5 Chuen	10 Ik	1 Eb
12	5 Ahau	10 Chuen	2 Ik	6 Eb	11 Akbal	2 Ben
13	6 Imix	11 Eb	3 Akbal	7 Ben	12 Kan	3 Ix
14	7 Ik	12 Ben	4 Kan	8 Ix	13 Chicchan	4 Men
15	8 Akbal	13 Ix	5 Chicchan	9 Men	1 Cimi	5 Cib
16	9 Kan	1 Men	6 Cimi	10 Cib	2 Manik	6 Caban
17	10 Chicchan	2 Cib	7 Manik	11 Caban	3 Lamat	7 Etznab
18	11 Cimi	3 Caban	8 Lamat	12 Etznab	4 Muluc	8 Cauac
19	12 Manik	4 Etznab	9 Muluc	13 Cauac	5 Oc	9 Ahau
20	13 Lamat	5 Cauac	10 Oc	1 Ahau	6 Chuen	10 Imix
21	1 Muluc	6 Ahau	11 Chuen	2 Imix	7 Eb	11 Ik
22	2 Oc	7 Imix	12 Eb	3 Ik	8 Ben	12 Akbal
23	3 Chuen	8 Ik	13 Ben	4 Akbal	9 Ix	13 Kan
24	4 Eb	9 Akbal	1 Ix	5 Kan	10 Men	1 Chicchan
25	5 Ben	10 Kan	2 Men	6 Chicchan	11 Cib	2 Cimi
26	6 Ix	11 Chicchan	3 Cib	7 Cimi	12 Caban	3 Manik
27	7 Men	12 Cimi	4 Caban	8 Manik	13 Etznab	4 Lamat
28	8 Cib	13 Manik	5 Etznab	9 Lamat	1 Cauac	5 Muluc
29	9 Caban	1 Lamat	6 Cauac	10 Muluc	2 Ahau	6 Oc
30	10 Etznab	2 Muluc	7 Ahau	11 Oc	3 Imix	7 Chuen
31	11 Cauac	3 Oc		12 Chuen		8 Eb

▨ = Portal-Tage   ▨ = Zentrums-Tage

370

2012	Januar	Februar	März	April	Mai	Juni
1	9 Ben	1 Kan	3 Eb	8 Akbal	12 Ben	4 Kan
2	10 Ix	2 Chicchan	4 Ben	9 Kan	13 Ix	5 Chicchan
3	11 Men	3 Cimi	5 Ix	10 Chicchan	1 Men	6 Cimi
4	12 Cib	4 Manik	6 Men	11 Cimi	2 Cib	7 Manik
5	13 Caban	5 Lamat	7 Cib	12 Manik	3 Caban	8 Lamat
6	1 Etznab	6 Muluc	8 Caban	13 Lamat	4 Etznab	9 Muluc
7	2 Cauac	7 Oc	9 Etznab	1 Muluc	5 Cauac	10 Oc
8	3 Ahau	8 Chuen	10 Cauac	2 Oc	6 Ahau	11 Chuen
9	4 Imix	9 Eb	11 Ahau	3 Chuen	7 Imix	12 Eb
10	5 Ik	10 Ben	12 Imix	4 Eb	8 Ik	13 Ben
11	6 Akbal	11 Ix	13 Ik	5 Ben	9 Akbal	1 Ix
12	7 Kan	12 Men	1 Akbal	6 Ix	10 Kan	2 Men
13	8 Chicchan	13 Cib	2 Kan	7 Men	11 Chicchan	3 Cib
14	9 Cimi	1 Caban	3 Chicchan	8 Cib	12 Cimi	4 Caban
15	10 Manik	2 Etznab	4 Cimi	9 Caban	13 Manik	5 Etznab
16	11 Lamat	3 Cauac	5 Manik	10 Etznab	1 Lamat	6 Cauac
17	12 Muluc	4 Ahau	6 Lamat	11 Cauac	2 Muluc	7 Ahau
18	13 Oc	5 Imix	7 Muluc	12 Ahau	3 Oc	8 Imix
19	1 Chuen	6 Ik	8 Oc	13 Imix	4 Chuen	9 Ik
20	2 Eb	7 Akbal	9 Chuen	1 Ik	5 Eb	10 Akbal
21	3 Ben	8 Kan	10 Eb	2 Akbal	6 Ben	11 Kan
22	4 Ix	9 Chicchan	11 Ben	3 Kan	7 Ix	12 Chicchan
23	5 Men	10 Cimi	12 Ix	4 Chicchan	8 Men	13 Cimi
24	6 Cib	11 Manik	13 Men	5 Cimi	9 Cib	1 Manik
25	7 Caban	12 Lamat	1 Cib	6 Manik	10 Caban	2 Lamat
26	8 Etznab	13 Muluc	2 Caban	7 Lamat	11 Etznab	3 Muluc
27	9 Cauac	1 Oc	3 Etznab	8 Muluc	12 Cauac	4 Oc
28	10 Ahau	2 Chuen	4 Cauac	9 Oc	13 Ahau	5 Chuen
29	11 Imix	2 Chuen	5 Ahau	10 Chuen	1 Imix	6 Eb
30	12 Ik		6 Imix	1 Eb	2 Ik	7 Ben
31	13 Akbal		7 Ik		3 Akbal	

= Portal-Tage   = Zentrums-Tage

371

2012	Juli	August	September	Oktober	November	Dezember
1	8 Ix	13 Chicchan	5 Cib	9 Cimi	1 Caban	5 Manik
2	9 Men	1 Cimi	6 Caban	10 Manik	2 Etznab	6 Lamat
3	10 Cib	2 Manik	7 Etznab	11 Lamat	3 Cauac	7 Muluc
4	11 Caban	3 Lamat	8 Cauac	12 Muluc	4 Ahau	8 Oc
5	12 Etznab	4 Muluc	9 Ahau	13 Oc	5 Imix	9 Chuen
6	13 Cauac	5 Oc	10 Imix	1 Chuen	6 Ik	10 Eb
7	1 Ahau	6 Chuen	11 Ik	2 Eb	7 Akbal	11 Ben
8	2 Imix	7 Eb	12 Akbal	3 Ben	8 Kan	12 Ix
9	3 Ik	8 Ben	13 Kan	4 Ix	9 Chicchan	13 Men
10	4 Akbal	9 Ix	1 Chicchan	5 Men	10 Cimi	1 Cib
11	5 Kan	10 Men	2 Cimi	6 Cib	11 Manik	2 Caban
12	6 Chicchan	11 Cib	3 Manik	7 Caban	12 Lamat	3 Etznab
13	7 Cimi	12 Caban	4 Lamat	8 Etznab	13 Muluc	4 Cauac
14	8 Manik	13 Etznab	5 Muluc	9 Cauac	1 Oc	5 Ahau
15	9 Lamat	1 Cauac	6 Oc	10 Ahau	2 Chuen	6 Imix
16	10 Muluc	2 Ahau	7 Chuen	11 Imix	3 Eb	7 Ik
17	11 Oc	3 Imix	8 Eb	12 Ik	4 Ben	8 Akbal
18	12 Chuen	4 Ik	9 Ben	13 Akbal	5 Ix	9 Kan
19	13 Eb	5 Akbal	10 Ix	1 Kan	6 Men	10 Chicchan
20	1 Ben	6 Kan	11 Men	2 Chicchan	7 Cib	11 Cimi
21	2 Ix	7 Chicchan	12 Cib	3 Cimi	8 Caban	12 Manik
22	3 Men	8 Cimi	13 Caban	4 Manik	9 Etznab	13 Lamat
23	4 Cib	9 Manik	1 Etznab	5 Lamat	10 Cauac	1 Muluc
24	5 Caban	10 Lamat	2 Cauac	6 Muluc	11 Ahau	2 Oc
25	6 Etznab	11 Muluc	3 Ahau	7 Oc	12 Imix	3 Chuen
26	7 Cauac	12 Oc	4 Imix	8 Chuen	13 Ik	4 Eb
27	8 Ahau	13 Chuen	5 Ik	9 Eb	1 Akbal	5 Ben
28	9 Imix	1 Eb	6 Akbal	10 Ben	2 Kan	6 Ix
29	10 Ik	2 Ben	7 Kan	11 Ix	3 Chicchan	7 Men
30	11 Akbal	3 Ix	8 Chicchan	12 Men	4 Cimi	8 Cib
31	12 Kan	4 Men		13 Cib		9 Caban

= Portal-Tage   = Zentrums-Tage

372

2013	Januar	Februar	März	April	Mai	Juni
1	10 Etznab	2 Muluc	4 Caban	9 Lamat	13 Etznab	5 Muluc
2	11 Cauac	3 Oc	5 Etznab	10 Muluc	1 Cauac	6 Oc
3	12 Ahau	4 Chuen	6 Cauac	11 Oc	2 Ahau	7 Chuen
4	13 Imix	5 Eb	7 Ahau	12 Chuen	3 Imix	8 Eb
5	1 Ik	6 Ben	8 Imix	13 Eb	4 Ik	9 Ben
6	2 Akbal	7 Ix	9 Ik	1 Ben	5 Akbal	10 Ix
7	3 Kan	8 Men	10 Akbal	2 Ix	6 Kan	11 Men
8	4 Chicchan	9 Cib	11 Kan	3 Men	7 Chicchan	12 Cib
9	5 Cimi	10 Caban	12 Chicchan	4 Cib	8 Cimi	13 Caban
10	6 Manik	11 Etznab	13 Cimi	5 Caban	9 Manik	1 Etznab
11	7 Lamat	12 Cauac	1 Manik	6 Etznab	10 Lamat	2 Cauac
12	8 Muluc	13 Ahau	2 Lamat	7 Cauac	11 Muluc	3 Ahau
13	9 Oc	1 Imix	3 Muluc	8 Ahau	12 Oc	4 Imix
14	10 Chuen	2 Ik	4 Oc	9 Imix	13 Chuen	5 Ik
15	11 Eb	3 Akbal	5 Chuen	10 Ik	1 Eb	6 Akbal
16	12 Ben	4 Kan	6 Eb	11 Akbal	2 Ben	7 Kan
17	13 Ix	5 Chicchan	7 Ben	12 Kan	3 Ix	8 Chicchan
18	1 Men	6 Cimi	8 Ix	13 Chicchan	4 Men	9 Cimi
19	2 Cib	7 Manik	9 Men	1 Cimi	5 Cib	10 Manik
20	3 Caban	8 Lamat	10 Cib	2 Manik	6 Caban	11 Lamat
21	4 Etznab	9 Muluc	11 Caban	3 Lamat	7 Etznab	12 Muluc
22	5 Cauac	10 Oc	12 Etznab	4 Muluc	8 Cauac	13 Oc
23	6 Ahau	11 Chuen	13 Cauac	5 Oc	9 Ahau	1 Chuen
24	7 Imix	12 Eb	1 Ahau	6 Chuen	10 Imix	2 Eb
25	8 Ik	13 Ben	2 Imix	7 Eb	11 Ik	3 Ben
26	9 Akbal	1 Ix	3 Ik	8 Ben	12 Akbal	4 Ix
27	10 Kan	2 Men	4 Akbal	9 Ix	13 Kan	5 Men
28	11 Chicchan	3 Cib	5 Kan	10 Men	1 Chicchan	6 Cib
29	12 Cimi		6 Chicchan	11 Cib	2 Cimi	7 Caban
30	13 Manik		7 Cimi	12 Caban	3 Manik	8 Etznab
31	1 Lamat		8 Manik		4 Lamat	

= Portal-Tage   = Zentrums-Tage

373

2013	Juli	August	September	Oktober	November	Dezember
1	9 Cauac	1 Oc	6 Imix	10 Chuen	2 Ik	6 Eb
2	10 Ahau	2 Chuen	7 Ik	11 Eb	3 Akbal	7 Ben
3	11 Imix	3 Eb	8 Akbal	12 Ben	4 Kan	8 Ix
4	12 Ik	4 Ben	9 Kan	13 Ix	5 Chicchan	9 Men
5	13 Akbal	5 Ix	10 Chicchan	1 Men	6 Cimi	10 Cib
6	1 Kan	6 Men	11 Cimi	2 Cib	7 Manik	11 Caban
7	2 Chicchan	7 Cib	12 Manik	3 Caban	8 Lamat	12 Etznab
8	3 Cimi	8 Caban	13 Lamat	4 Etznab	9 Muluc	13 Cauac
9	4 Manik	9 Etznab	1 Muluc	5 Cauac	10 Oc	1 Ahau
10	5 Lamat	10 Cauac	2 Oc	6 Ahau	11 Chuen	2 Imix
11	6 Muluc	11 Ahau	3 Chuen	7 Imix	12 Eb	3 Ik
12	7 Oc	12 Imix	4 Eb	8 Ik	13 Ben	4 Akbal
13	8 Chuen	13 Ik	5 Ben	9 Akbal	1 Ix	5 Kan
14	9 Eb	1 Akbal	6 Ix	10 Kan	2 Men	6 Chicchan
15	10 Ben	2 Kan	7 Men	11 Chicchan	3 Cib	7 Cimi
16	11 Ix	3 Chicchan	8 Cib	12 Cimi	4 Caban	8 Manik
17	12 Men	4 Cimi	9 Caban	13 Manik	5 Etznab	9 Lamat
18	13 Cib	5 Manik	10 Etznab	1 Lamat	6 Cauac	10 Muluc
19	1 Caban	6 Lamat	11 Cauac	2 Muluc	7 Ahau	11 Oc
20	2 Etznab	7 Muluc	12 Ahau	3 Oc	8 Imix	12 Chuen
21	3 Cauac	8 Oc	13 Imix	4 Chuen	9 Ik	13 Eb
22	4 Ahau	9 Chuen	1 Ik	5 Eb	10 Akbal	1 Ben
23	5 Imix	10 Eb	2 Akbal	6 Ben	11 Kan	2 Ix
24	6 Ik	11 Ben	3 Kan	7 Ix	12 Chicchan	3 Men
25	7 Akbal	12 Ix	4 Chicchan	8 Men	13 Cimi	4 Cib
26	8 Kan	13 Men	5 Cimi	9 Cib	1 Manik	5 Caban
27	9 Chicchan	1 Cib	6 Manik	10 Caban	2 Lamat	6 Etznab
28	10 Cimi	2 Caban	7 Lamat	11 Etznab	3 Muluc	7 Cauac
29	11 Manik	3 Etznab	8 Muluc	12 Cauac	4 Oc	8 Ahau
30	12 Lamat	4 Cauac	9 Oc	13 Ahau	5 Chuen	9 Imix
31	13 Muluc	5 Ahau		1 Imix		10 Ik

= Portal-Tage   = Zentrums-Tage

374

Nachwort und Dank

Es ist die »Wissenschaft des Herzens«, die wir nun – in der Zeit der großen Veränderungen und Umbrüche – brauchen werden. Den Weg dorthin habe ich von den Weisen der Maya und anderer Urvölker, ihren Schamanen, Heilern, Propheten sowie von den einfachen Leuten in den Dörfern kennen gelernt. Dieses Buch überbringt ihre Botschaft – und dafür soll ein Teil des Gewinnes auch an sie zurückfließen, als Zeichen dafür, dass wir uns gegenseitig brauchen, damit die Erde zu einem lebenswerten Ort unseres Daseins wird.

Die Liste derer, die mich beim Zustandekommen dieses Buches auf allen Ebenen unterstützt und begleitet haben, ist unendlich lang, und – obwohl ich hier nur Wenige davon namentlich erwähnen kann – möchte ich ihnen allen ganz herzlich danken: allen meinen FreundInnen, meiner Familie und meinen Verwandten, meinen TherapeutInnen und meinen spirituellen BegleiterInnen. Ohne sie wäre meine Kreativität und Freude an der Arbeit sicherlich des Öfteren zum Erliegen gekommen.

Dank an den Goldmann Verlag, insbesondere Herrn Gerhard Riemann für seine exzellente Betreuung.

Dank an Rigoberta Menchú für ihre engagierte Unterstützung – selbst in Zeiten politischer und persönlicher Bedrohung.

Dank an die *Fundación Rigoberta Menchú Tum*, insbesondere Rebeca M. de Cardenas und Arq. Luis Estrada.

Dank den Schamanen, Curanderas und Curanderos, Brujas und Brujos der Länder Guatemala, Mexiko, Belize und Kanada für ihre Bereitwilligkeit und Offenheit, ihr Wissen und ihre Hoffnungen mit mir auszutauschen.

Dank der *Embajáda de Austria* (Österreichische Botschaft) in Guatemala für die Unterstützung während meiner Zeit in Guatemala.

Für die technische Unterstützung gilt mein Dank besonders Alexander Rafanovic (Österreich) und Irene Blueth (Kanada) sowie Mark Burniston (Kanada) und Georg Mels-Colloredo (Österreich).

Dank an Kristen L. Scholfield-Sweet (Kanada) für ihre einfühlsame künstlerische Gestaltung.

Dank an Fridolin Freuler von Creating Seven (Schweiz) für die energetische Unterstützung.

Für ihre großzügige Unterstützung während der langen »Durststrecken« im Projekt ergeht mein herzlicher Dank an Wilma und Anton Gitschthaler, Brigitta Hager sowie an Harald und Elisabeth Hörschläger (alle Österreich).

Besonderen Dank sage ich: Ilse Lengauer, Andrea Silber und Brigitta Veen-Miklauschina (alle Österreich) für ihre freundschaftliche und liebevolle Begleitung.

Zu besonderem Dank verpflichtet bin ich Mary-Lu Lorenson (R. M. T., Canada), ohne die das Manuskript in der schwierigen Endphase wohl kaum fertiggestellt hätte werden können.

Und nicht zuletzt, Dank an meine Eltern für ihr Verständnis für dieses wilde Abenteuer, zu dem dieses Projekt in vielen Phasen geworden ist.

Begriffserklärungen

- *Tzolkin:* Heiliger Kalender der Maya mit der Dauer von 260 Tagen, entsteht durch die Kombination von 13 Zahlen und 20 Symbolen.
- *Haab:* Sonnenkalender der Maya, der unserem Jahreskalender entspricht
- *Hunab Ku:* Göttliche Energie oder auch Großer Geist
- *»In Lake'ch«:* Gruß bzw. Sittenkodex der Maya, der die Ebenbürtigkeit aller Menschen und aller Dinge, die existieren bedeutet. Er kann am besten wiedergegeben werden als »Ich bin du, und du bist ich«.
- *Suvuya, Zuvuya:* Die Maya bezeichnen mit diesem Begriff die Tatsache, dass alles im Universum seinen Gegenpol hat, dass also alles, was beginnt auch dorthin wieder zurückkehrt.
- *Indígenas:* Der Begriff Indianer gilt heute bei den meisten Urvölkern Amerikas als demütigend. Ursprünglich bedeutete aber das Wort Indianer auf Spanisch »IN DIOS«. Heute wird eher der Begriff der indigenen Völker verwendet oder für die Maya auch das Wort Indígenas (sprich: »indíchenas«).

Anmerkungen

1 Im Gegensatz dazu bezeichnen die Aborigines Australiens uns Menschen aus dem Westen als »Veränderte«, nämlich jene, die »die uralten Gesetze und ewigen Wahrheiten vergessen oder verdrängt haben«.

2 Marlo Morgan: *Traumfänger. Die Reise einer Frau in die Welt der Aborigines*. München 1995, S. 206f.

3 Der Name Maia bedeutete im westlichen Kulturraum »weise und gute alte Frau«, aber auch Hebamme und Großmutter. Bei den Griechen war es die Göttin Maia, welche Zeus seinen Sohn Hermes geboren hat. Sie war mit dem Nachthimmel verbunden und man vermutet daher, dass sie eine der sieben Pleiaden (Sternhaufen im Sternbild Stier) war und dass sie als Nymphe verehrt wurde. Atlas, der den Himmel trug, galt als Vater der Maia und der Pleiaden (deren Mutter ist die Okeanide Pleione). – Eine weitere interessante Geschichte ist in diesem Zusammenhang jene von Orion, dem wilden Jäger: Die sieben jungen Pleiaden (Alkyone, Asterope, Elektra, Kelaino, Maia, Merope, Taygete) waren viele Jahre auf der Flucht vor ihm und wurden schließlich von Zeus in das Sternbild der Pleiaden verwandelt. – Beide Sternbilder, Pleiaden und Orion, sind für die Maya von besonderer Bedeutung.

4 Das *Popol Vuh* beruht auf den ursprünglich mündlich überlieferten Mythen und Erzählungen der Maya, die nach der Eroberung durch die Spanier niedergeschrieben wurden. Frühe Aufzeichnungen gibt es bereits aus dem 3. Jahrhundert v. Chr. Quelle: *Popol Vuh. Das Buch des Rates. Mythos und Geschichte der Maya*. München: Diederichs, 8. Aufl. 1993.

5 Die Maya haben Finger *und* Zehen zum Zählen benutzt. Das dürfte der Grund sein, warum sie mit einem Zwanzigersystem (Vigesimalsystem), und nicht wie wir mit einem Zehnersystem (Dezimalsystem), rechnen.

6 Für manche Urvölker gilt der gesamte Planet Erde als »Turtle Island«, manche bezeichnen damit den Doppelkontinent Amerika.

7 Wie bei den alten Ägyptern ist auch in der Kultur der Maya und vieler Urvölker die Verehrung der Sonne Mittelpunkt ihrer Kultur und Spiritualität.

8 Das spanische Wort *sacrificio* hat die ursprüngliche Bedeutung von »eine Heilige Handlung vollziehen«, was auch dem Begriff *Sakrament* entspricht.

9 Es gibt hier verschiedene Daten – ebenso wie es von Volksstamm zu Volksstamm verschiedene Zählungen und Überlieferungen bei den Kalendern gibt. Unterschiede bestehen aber auch zwischen Toltekischen, Aztekischen und Mayazählungen sowie zwischen den Indianischen Zählungen in Nordamerika. Das am häufigsten verwendete Datum ist jedoch der 21. Dezember 2012.

10 Auch in der ägyptischen Tradition existiert dieses Datum.

11 Allgemein wird die Zeit zwischen 300 und 900 n.Chr. als klassische Zeit angenommen.

12 52 Jahre – das ist jener Zeitraum, den die »Zeiträder« von Haab und Tzolkin be-
     nötigen, um wieder mit derselben Zeichen- und Zahlenkombination zu beginnen.
13 Vielleicht war das auch der Grund, warum sie sich schon ein paar Jahrhunderte
     zuvor in die Urwälder und auf die Hochebenen zurückgezogen hatten.
14 *El Libro de los Libros de Chilam Balam*. (»Das Buch der Bücher des Jaguar-Prophe-
     ten«). Mexiko, 3. Aufl. 1995, S. 68ff.
15 Phillip Wearne: *Die Indianer Amerikas. Die Geschichte der Unterdrückung und des
     Widerstands*. Göttingen 1996, S. 81.
16 *Die Indianer Amerikas*, S. 109f.
17 Auch in den 90er-Jahren sind die Urvölker auf dem gesamten Kontinent Amerika
     bei der Ausübung ihrer Riten und Zeremonien noch immer offiziellen Übergriffen
     ausgeliefert.
18 Rigoberta Menchú Tum, geboren 1959 in San Miguel Uspantán (Departement El
     Quiché, Guatemala).
19 Seit den 60er-Jahren werden besonders aus den USA evangelikale Predigergrup-
     pen mit straff organisierter Ausbildung bewusst in die Länder Süd- und Zentral-
     amerikas eingefiltert, um auf diese Weise die widerständigen Völker in die west-
     liche Gesellschaft zu »inkulturieren«, das heißt sie im Namen der Religion auf ei-
     ner sehr tief liegenden Ebene zu unterwerfen und abhängig zu machen. Die
     Methoden dieser Gruppen reichen von Verherrlichung der Armut und Rechtlo-
     sigkeit bis zum schrillen Einhämmern von fanatischen Grundsätzen. Da jedoch –
     wie in Guatemala – bereits in jedem kleinsten Dorf mehrere unterschiedliche
     evangelikale Gruppen arbeiten, haben sie es geschafft, die Familien und Dörfer
     auf Grund ihrer zumeist sehr unterschiedlichen Lehren heillos zu spalten.
20 Numerologisch betrachtet ergibt die Zahl 23 die Gesamtzahl 5 (2 + 3), was die
     Maya-Zahl für das Zentrum, also für Hunab Ku ist.
21 Die Griechen nannten das Lichtelement *Äther*, bei den Chinesen heißt es *Holz*.
22 In indianischen Kulturen haben beispielsweise der heilige Berg (Sacred Mountain),
     die Schildkröte, die Merkaba dieselbe Bedeutung.
23 Für die Maya sind Höhlen (Cenóten genannt) – die oft gefüllt sind mit Wasser –
     der Zugang der Erde zur Unterwelt, und sie waren deshalb immer heilige Stätten
     für besondere Rituale und Zeremonien.
24 Wir kennen die heilige Geometrie aus den Schriften des griechischen Philosophen
     Plato. Viele alte Völker haben versucht, das Göttliche mit Hilfe von Mathematik
     und Geometrie zu erfassen – es handelt sich dabei einfach um das Darstellen des
     universellen Musters durch verschiedene Symbolsysteme und Sprachen.
25 Dieses Datum ist für viele Völker der Beginn des neuen Jahres, und auch die west-
     liche Welt ist dabei aus einem bestimmten Blickpunkt keine Ausnahme: Unser Zo-
     diak – das Jahr im Tierkreis – beginnt am 21. März mit dem Widder und endet am
     20. März mit den Fischen. Auch die Maya kannten den Zodiak (der für sie am
     nördlichen Sternenhimmel erschien), allerdings mit 13 Sternbildern.
26 Das Interview mit Rigoberta Menchú fand am 6. März 1998 in Guatemala Ciudád
     statt.

27 In Zentral- und Südamerika auch *campesinos* genannt.

28 Hier ist ein Zeitabschnitt von 1998 bis 2012 gemeint, jenem Datum, das – umgerechnet auf unsere Zeitrechnung – für die Maya und die Urvölker einen großen Wechsel der Zeit bedeutet.

29 Helen Hunt Jackson: »A Century of Dishonour«. In: Waerne, *Die Indianer Amerikas*, S. 155.

30 Einwanderer, die sich mit den Mayas vermischt haben

31 Hunbatz, Men: *Secrets of Mayan Science/Religion*, S. 62.

32 Wenn es in den Gesängen der indianischen Völker Amerikas heißt: »Hey ya hey ya«, dann ist dies der Name für das Symbol G.

33 Auch bei den Griechen war das T ein heiliger Buchstabe.

34 Wasser dreht auf der Nordhalbkugel zumeist im Uhrzeigersinn, im Süden gegen den Uhrzeigersinn.

35 Sprich: »in lakeee 'tsch«

36 Die indianischen Völker Nordamerikas sagen dazu: »Mitakuye Oyasin«, in der hinduistisch-buddhistischen Tradition heißt es »Namasté«.

37 Während der Adler die Kraft der oberen Welt symbolisiert, gilt der Jaguar als – oft auch gefürchtete – Macht der Unterwelt. Er dominiert die Welt des Todes und ist Zeichen für die Transformation, die notwendig ist, um eine neue spirituelle Kraft zu erlangen. Der Jaguar ist das Symbol für die Einheit von Licht und Dunkelheit, in der alle Illusionen verschwinden und in der die Menschen erkennen, wer sie wirklich sind.

38 So genannte »Stélen«, aufgerichtete Steine

39 Zwischen Mexiko, Guatemala, Honduras und Belize finden sich viele verschiedene Interpretationen der einzelnen Zeichen. Ich verwende hier als Grundlage jene Interpretation, die im Westen am stärksten verbreitet ist, um die Verwirrung über die verschiedenen Zählungen und Interpretationen so gering wie möglich zu halten. Mehr über die Ursache der verschiedenen Kalenderzählungen ist im zweiten Teil des Buches zu finden.

40 Südamerikanischer Geier

41 Auch Vayeb geschrieben

42 Eine andere Bezeichnung dafür ist: »in Resonanz damit gehen«.

43 Vgl. dazu auch *Chactun – Die Götter der Maya*, S. 55.

44 Auch die Milchstraße wird in der Astronomie und Mythologie der Maya vielfach als »doppelköpfiges Monster« betrachtet.

45 Interessant ist hier vielleicht auch, dass für die Maya von Yucatán/Mexiko die Klapperschlange ein Symbol für die Pleiaden ist. Sie hat unter ihrem Schwanzende ein Symbol, das die Maya als Symbol für die Sonne sehen. Gleichzeitig ist die »gefiederte Schlange« das Symbol für Quetzalcoátl/Kukulkán, den Propheten. Er steht somit nicht nur mit der Venus, sondern auch mit den Pleiaden in Verbindung.

46 Sprich: schibal'bá

47 Alle indianischen Völker sprechen ausdrücklich vom »weißen Mann«, weil sie wis-

sen, dass die westliche Welt eine rein männlich dominierte Ordnung und Kultur ist. Sie wissen auch, dass das weibliche Bewusstsein ein zyklisches und naturbezogenes ist. Es ist dies auch das Bewusstsein der Urvölker, welches die Natur bewahrt und auf die Verbindung zwischen allen Teilen des Universums achtet. Wenn die Urvölker von den so genannten Weißen oder weißhäutigen Menschen sprechen, dann meinen sie damit nicht eine Rasse, sondern eine kulturelle Haltung. Sie bezeichnen damit den Lebensstil der Zerstörung und der Ausbeutung der Erde.

48 Bei einem Treffen in Guatemala am 27. März 1998

49 Dies ist eine grundlegende Weisheit des Buddhismus.

50 Im Denken der Urvölker sind Gesetze nur in Gesellschaften notwendig, die nicht zivilisiert sind, die keine gegenseitige Achtung und Verbundenheit kennen. Die Gier nach Besitz ist für sie der Ursprung einer Flut von Gesetzen, die dennoch der Gesellschaft und dem Einzelnen nicht das bieten können, was sie begehren – nämlich *Sicherheit*.

51 Vielfach gilt der Tzolkin bei den Maya als Kalender der Pleiaden, aber auch der 52-Jahre-Zyklus, den Tzolkin und Haab gemeinsam hervorbringen, entspricht dem so genannten »Rhythmus« der Pleiaden. Der Name Tzolkin wurde vermutlich erst sehr spät von den Maya verwendet.

52 Götter und Helden sind Ausdruck einer bestimmten Epoche der Menschheitsentwicklung, nämlich der letzten 5000 Jahre. Wir nennen sie die »geschichtliche Zeit«, und für die Maya ist es das fünfte und letzte Zeitalter eines 26 000-Jahre-Zyklus. Es ist jene Zeit, in welcher die Menschen die in ihnen wohnenden Kräfte nach außen projiziert haben, um sie durch Personalisierung (d. h. durch Verleihung bestimmter Kräfte und Eigenschaften, die sie aus dem alltäglichen Leben kannten, an Personen mit höherer Macht) als ihre Götter und Helden in der Außenwelt zu begreifen und als ein Teil von sich selbst zu verstehen. – Heute leben wir in einer Zeit, in der wir diese Kräfte wieder in uns selbst entdecken und gleichzeitig die Verbindung zu allen Wesen, die mit uns im Netz des Universums verbunden sind. Es ist jetzt die Zeit, in der wir verstehen, dass wir alle miteinander in Beziehung stehen, dass wir eins sind und somit jene göttlichen Wesen, die wir früher außerhalb von uns selbst gesucht haben.

53 Am 29. Februar werden daher bei dieser Zählung das Tageszeichen und die Tageszahl vom Vortag übernommen.

54 Manche Pyramiden der Maya (wie z. B. in Palenque) haben Fenster in Form dieses »T«.

55 Siehe Teil I, Seite 103

56 Das Auge des Horus aus der ägyptischen Mythologie wird oft mit IX identifiziert. Auch Horus (Sonnen- und Mondgott) gewährt Zutritt zu anderen Dimensionen. Somit sind beide – IX und Horus – Hüter der Kraft der Einweihung in den Gebrauch der magischen Kräfte.

57 Die Spirale ist das kosmische »G«, wie es im Teil I, Seite 99f beschrieben ist.

58 Siehe Titelseite von Kapitel 7 im ersten Teil, S. 89

59 Auch Mandalas sind ein Hinweis auf diese Art von Welt- und Lebenssicht.

60 In anderen Sprachen auch: »In Lake'ch« (Maya) oder »Mitakuye Oyásin« (nordamerikanische Stämme) oder »Namasté« (Buddhismus).

61 Auf der Südhalbkugel gelten die Bedeutungen des Nordens im Süden und die für den Süden im Norden. Die Richtungen bleiben jedoch gleich.

62 Genannt TCM: Traditionelle Chinesische Medizin

63 Sprunggelenke, Knie, Hüften, Handgelenke, Ellbogen, Schultern, Nacken

64 Erkenntnisse von Augustin Estrada Monroy, Mayaforscher und Schamane in Guatemala Ciudad (Interview am 28.4.1998 in Guatemala Ciudad)

65 18 Monate x 20 Tage = 360 + 5 Tage

66 Phillip Wearne: *Die Indianer Amerikas. Die Geschichte der Unterdrückung und des Widerstands.* Göttingen 1996, S. 72.

67 Ebenda, S. 84f

68 Ebenda, S. 32

69 Ebenda, S. 171

70 Ebenda

71 Ebenda, S. 37f

72 Ebenda, S. 38

73 Ebenda, S. 39

74 Ebenda, S. 39f

75 Ebenda, S. 122

76 Scott Peterson: *Indianische Seher und ihre Prophezeiungen.* München 1993, S. 13.

77 *Die Indianer Amerikas,* S. 140

78 Ebenda, S. 87

79 Vgl. *Indianische Seher und ihre Prophezeiungen,* S. 9

80 Ebenda, S. 235

81 Vgl. *Im Zeichen des Regenbogens. Die Visionen der Indianer.* Frankfurt, 3. Aufl. 1993, S. 105.

82 Die Übersetzung der folgenden Texte stammt von Magda Wimmer (Kanada/Österreich), und wurde in Österreich als monatliche »maya-resonanca INFO« herausgegeben. Dieser Text wird veröffentlicht mit freundlicher Genehmigung von Aluna Joy Yaxk'in: CENTER OF THE SUN, Aluna Joy Yaxk'in, P.O. Box 1988 Sedona AZ 86339, USA. Website http://www.1spirit.com/alunajoy. E-Mail: alunajoy@1spirit.com

83 Marielu Lörler: *Der Erleuchtete All-Tag,* Planegg, 2. Aufl. 1990, S. 13ff.

84 Veröffentlicht im Jahr 1999, anlässlich der Vollendungsrunde des vierten Jahres für den Weltfrieden und anlässlich des Weltfriedenstages am 21. Juni (Quelle: Internet – http://www.eGroups.com/list/worldpeaceday).

85 Hier ist der Schluss dieses Textes abgedruckt. (Quelle:http://www.1spirit.com/eraofpeace/index.html).

Literaturverzeichnis

José Argüelles: *Surfer der Zuvuya. Ein intergalaktischer Reiseführer in die 4. Dimension.* Freiburg im Breisgau: Verlag Hermann Bauer, 1997.

Pietro Bandini: *Der heilige Kalender der Maya. Zeitmythos und Zukunftsprophezeiung einer geheimnisvollen Kultur.* München: Heyne Verlag, 1998.

Elisabeth Burgos: Rigoberta Menchú. *Leben in Guatemala.* Göttingen: Lamuv Verlag GmbH, 13. Aufl. 1995.

Chactun – die Götter der Maya. Quellentexte, Darstellung und Wörterbuch. Köln: Eugen Diederichs Verlag, 1986.

Chilám Balám: *El Libro de los Libros de Chilám Balám.* Mexiko: Fondo de Cultura Económica, Carretera Picacho, 3. Aufl. 1996.

Die Welt der Maya. Kataloghandbuch zur Ausstellung 1993 in Wien. (Roemer- und Pelizaeres-Museum, Hildesheim, Kunsthistorisches Museum Wien) Mainz: Verlag Philipp von Zabern, 3. Aufl. 1993.

David Freidel/Linda Schele: *Maya Cosmos. Three thousand years on the Shaman's Path.* New York: Quill William Morrow & Company Inc., 1993.

Fundación Rigoberta Menchú: *Rigoberta: La Nieta de los Mayas. Por Rigoberta Menchú.* Madrid: Aguilar, 1998.

Diego de Landa: *Bericht aus Yucatán.* Leipzig: Reclam-Verlag, 2. Aufl. 1993.

Pío Martinéz/Pietro Bandini: *Das Götterorakel von Yucatán. Das Geheimwissen der Maya entschlüsselt.* München: Droemer Knaur, 1998.

Rigoberta Menchú/Comité de Unidad Campesina: *Klage der Erde. Der Kampf der Campesinos in Guatemala.* Göttingen: Lamuv Verlag, 4. Aufl. 1996.

Scott Petterson: *Indianische Seher und ihre Prophezeiungen.* München: Verlag Peter Erd, 1993.

Popol Vuh. Das Buch des Rates. Mythos und Geschichte der Maya. München: Eugen Diederichs Verlag, 8. Aufl. 1993.

Linda Schele: *Forests of the Kings. The Untold Story of the Ancient Maya.* New York: Quill William Morrow & Company Inc., 1990.

Ariel Spilsbury/Michael Bryner: *Das Maya-Orakel. Das kodierte Wissen der Meister der Zeit.* Freiburg im Breisgau: Verlag Hermann Bauer, 2. Aufl. 1996.

Barbara Tedlock: *Time among the Highland Maya.* Albuquerque: University of New Mexico Press, 2. Aufl. 1993.

Phillip Wearne: *Die Indianer Amerikas. Die Geschichte der Unterdrückung und des Widerstands.* Göttingen: Lamuv Verlag, 1996.

William Willoya/Vinson Brown: *Warriors of the Rainbow – Im Zeichen des Regenbogens. Visionen der Indianer* Frankfurt: Horizonte Verlag, 5. Aufl. 1993.

Ronald Wright: *Time among the Maya. Travels in Belize, Guatemala and Mexico.* New York: Henry Holt and Company Inc., 2. Aufl. 1993.

Aluna Joy Yaxk'in: *Mayan-Pleiadian Cosmology. A complete guide to Mayan Astrology and Daykeeping.* Mt.Shasta, CA: Eigenverlag Hauk'in-Center for Solar Initiation, 1995.

Bildnachweis

Kapitel-Illustrationen Teil I
Die Illustrationen zu Kapitelbeginn sind nach Fotografien von Magda Wimmer entstanden (außer 2, 7, 8, 13).

1. Kapitel: Jaguarpyramide/Tikál (Guatemala)
2. Kapitel: Altar Pasqual Abáj/Chichicastenango, Foto von Marco (Postkarte)
3. Kapitel: Chacmaske und Tempel/Mayapán (Mexiko)
4. Kapitel: Tempel der Sieben Puppen, Dzibilchaltún (Mexiko)
5. Kapitel: Jaguarschlange/Santa Lucía Cotzumalguápa (Guatemala)
6. Kapitel: Tempel/El Ceibál (Guatemala)
7. Kapitel: Tempel des Kukulkán/Chichén Itzá (Mexiko), Foto von Luis Gómez (Postkarte)
8. Kapitel: Steintafel: Herrscher/Palénque (Mexiko), Fotos von Vicente Kramsky (Postkarte) und Magda Wimmer
9. Kapitel: Große Pyramide/Uxmál (Mexiko)
10. Kapitel: Herrscher 18-Kaninchen von Copán (Honduras)
11. Kapitel: Figur in Trance/El Baúl (Guatemala)
12. Kapitel: »El Castillo«/Xunántunich (Belize)
13. Kapitel: Tempel der Inschriften/Palénque (Mexiko), Foto von Vicente Kramsky (Postkarte)

Illustrationen Teil I und Teil II
Seite 49 Ballspielplatz: nach einem Foto in *Mundo Maya*, Ano 5, No. 12, S. 53
Seite 154 Tagehüter: nach einem Foto von David Alan Harvey, in *National Geographic: Los Mayas*, Diciembre 1975, S. 2
Seite 64 und 81 Quetzalvogel: nach einem Foto von Thor Janson, in: Thor Jansen *El Quetzal. Esmeralda de la Nubliselva* (Broschüre, Embajada del Reino Natural), S. 10
Seite 97 Ballspieler: nach einer Zeichnung, in David Freidel/Linda Schele: *Maya Cosmos. Three thousand years on the shaman's path*. New York 1993, S. 344
Seite 135 Gesicht aus Stuck, Piedras Negras (Guatemala), Foto von Kennett Garrett, in: *Versunkene Reiche der Maya* (National Geographic Society, Bechtermünz Verlag, Augsburg 1998), S. 33
Seite 137 »Captives and Sacrifice«, in: *Sacred Symbols: The Maya*: New York 1996, keine Seitenangabe

Illustrationen nach Fotografien von Magda Wimmer
Seite 23 Weberin Titelseite Teil I; Seite 151 Weberin Titelseite Teil II; Seite 29 und 357 Tordurchgang; Seite 90 Symbol »G«; Seite 91 Symbol »T«; – Seite 92 Symbol »O«; – Seite 76 Ceiba-Baum; – Seite 130 Frau mit Ritualfeuer

Künstlerische Gestaltung
Illustrationen: Idee und Umsetzung Magda Wimmer und Kristen L. Scholfield-Sweet
20 Sonnensymbole und 13 Zahlen: Idee und Umsetzung Magda Wimmer und Kristen L. Scholfield-Sweet
Computergrafiken: Idee und Umsetzung Magda Wimmer und Alexander Rafanovic

Register

Aborigines 27, 146
Adler 102, 221–222
Ägypten 46, 53, 80
Ahau 108, 221, 225, 237, 240–243, 259,
   261, 303, 306, 316, 319
Ahau Kin 304, 306
Ahauob 241
Ahpuch 185
Akbal 105, 172–175, 261, 296, 316, 319
Amerika 52
Annalen des Kakchiquéles 43
Argüelles, José 325
Asteroiden-Gürtel 180, 216
Äther 33
Azteken 50, 55, 80

Bacabes 304
Baktun 51, 118
Baktun d. neun Höllen 58, 112
Ballspiel 48, 95, 122, 193
Belize 30, 39, 115, 160, 325
Ben 81, 107, 212–215, 261, 297, 316
Bewusstseinsebenen 103
Blutopfer 49, 55
Bolon 284, 294, 309
Bolon Lahun 309
Bonampák 59
Brasilien 88
Buddha 155
Buluc 309

Ca 270, 294, 309
Ca Lahun 290, 294
Caban 108, 228–231, 261, 316
Can 274, 294
Can Lahun 309
Cáracol 59
Cauac 108, 236–239, 261, 316, 319
Ceh 306, 308
Ceiba-Baum 75, 91

Chac 77, 197, 237, 303, 305, 306
Chakra 300
– Hals 224
– Herz 168, 188, 208, 228, 316
– Kehlkopf 164, 184, 204, 316
– Kronen 180, 200, 220, 240, 316
– Solarplexus 172, 192, 212, 232, 316
– Wurzel 176, 196, 216, 236, 316
Chamalcán 303
Chen 305, 308
Chenes-Stil 56, 59
Cherokee 127
Chicchan 105, 180–183, 261, 316, 319
Chichén Itzá 49, 59, 81, 121, 233
Chilam Balam 63
Chuen 107, 204–207, 261, 316
Cib 107, 224–227, 261, 316
Cimi 106, 184–187, 261, 316
Cirilo, Alejandro Don 143
Cit Chac Coh 306
Cobá 59
Copán 54, 59
Cortéz, Hernán 57, 80
Cucumátz 221
Cumku 307, 308

Dagara 127
Davidstern 79, 300
dreizehn Himmel 58, 145–146, 259
dreizehn Impulszahlen siehe dreizehn
   Zahlen
dreizehn Zahlen 34–39, 47, 51, 98, 100,
   154, 261–300
Eb 107, 208–211, 261, 316
Edzná 59
Einstein, Albert 154
Ekchuah 306
Equinoxen 120–121
– Frühlings- 79, 115, 120

– Herbst– 120
Erde 188, 208
Eroberer 62–66, 329
Etznab 108, 232–235, 261, 316
Europäer 133–134, 139

Frequenzen 339–342
Fünf Elemente 75, 252–254

Geburtswelle 323
Geburtszahl 317–322
Großer Geist (siehe auch Hunab Ku)
   32, 44, 49, 140, 248
Guatemala 16, 30, 39, 55, 70, 84, 160,
   325

Haab 39, 51, 115–120, 160, 301–310
heilige Kräuter 248
heiliger Baum 122
Ho 276, 294, 309
Hobil 304
Ho Lahun 309
Honduras 30, 39, 160
Hopi 127
Hun 268, 294, 309
Hun Lahun 288, 294
Hunab Ku (siehe auch Großer Geist)
   19, 37, 73, 79–80, 89, 90–91, 93–95,
   102, 109, 156, 160, 225, 256–257, 266,
   323
Hunahpú 122, 193, 205, 209, 217, 221,
   225, 304
Hunuchen 205

Ik 37, 105, 168–171, 261, 296, 316, 319
Imix 31, 35, 105, 109, 164–167, 261, 296,
   316, 319
In Lake'ch 94
Inka 127, 146
Inter Caetera 47
Inuit-People 88
Irokesen 127
Itzá-Maya 56, 59
Itzamná 189, 306

Ix 107, 216–219, 261, 316
Ixbalanqué 122, 193, 205, 209, 217, 225
Ixchél 77, 193, 205, 209, 217, 229, 306
Iximché 59
Ixquic 193

Jaguar 102, 217, 221
Jaguargott 306
Jaguar-Prophet 63
Jahr 2012 52, 122, 137, 259
Jupiter 121, 176, 220

Kabáh 59
Kaminaljúyu 59
Kan 77, 105, 176, 261, 296, 309, 316, 319
Kanada 88
Kankin 306, 308
Katun 51, 118, 259
Kayab 307, 308
Kin 102, 118
Klassik 53, 59
Kolumbien 88
Kolumbus, Christoph 56, 59
kosmisches Monster 119
Kreuz 300
Kristallschädel 209
Kukulkán 80, 119, 181, 221, 226, 233, 241,
   303
Kundalini 181

La Democracía 45
Ladinos 71
Lahca 309
Lahun 286, 294, 309
Lakota 127, 146
Lamat 106, 192–195, 261, 316

Mac 306, 308
Mais 31
Mais-Fisch-Gott 213, 305
Maisgott 213, 305
Mam 165, 173, 177, 181, 197, 307
Manik 106, 188–191, 261, 316
Maori 127, 146

Mars 121, 184
Mayapán 56, 59
Medizinrad 247–263
Men 107, 220–223, 261, 316, 319
Menchú Tum, Rigoberta 11, 16, 19, 71,
    83–86
Menschenwelt 30, 74–78
Merkur 196, 200
Mesopotamien 53
Mestizen 71, 88
Mexiko 30, 39, 160
Milchstraße 75, 90, 122
Mixco Viejo 59
Moan 306, 308
Mol 304, 308
Monatszeichen 325
Monte Alban 59
Monte Alto 45
Montezuma II 80
Muluc 106, 196–199, 261, 316

Nachklassik 55, 59
Nagual 193, 246
Nahuatl 35
Navajo 146
Neptun 164, 232
neun Höllen 18, 58, 74, 112, 123, 145
Nisga'a People 88, 127
Norden 168, 184, 200, 216, 232, 257

Oberwelt 74–77
Oc 106, 200–203, 261, 316
Olmeken 45, 59
Osten 164, 180, 196, 212, 228, 257
Ox 272, 294, 309
Ox Lahun 292, 294, 309

Palénque 53, 59
Papst Alexander 56
Partner
– analoger 318
– antipodaler 319
– führender 318
– okkulter 319

Pax 306, 308
Petén-Itzá-See 56
Piedras Negras 59
Pleiaden 52, 118, 120, 310
Pluto 236, 240
Pop 302, 308
Popul Vuh 17, 30, 41–42
Portal-Tage 297
Prana 33
Prometheus 42
Propheten 78
Prophezeiungen 333–335
Pulsschlag des Universums 98
Puuc-Stil 56, 59
Pyramiden 74, 79, 121

Qi 33
Quetzalcoátl 80, 119, 181, 226
Quetzál-Vogel 81
Quiriguá 54, 59

Rad d. Lebens siehe Medizinrad
Relativitätstheorie 154

Sacerdotes 78
Saturn 172, 224
Sayil 59
Schaltjahre 325
Schamanen 78
Sioux 146
Sonnenkultur 61
Stonehenge 248
Süden 176, 192, 208, 224, 240, 257
Suvuya siehe Zuvuya

Tagehüter 55, 156, 311
Tecún Umán 65
Teotihúacan 45, 54, 59
Tibeter 127, 146
Tierkreiszeichen 35
Tikál 53–54, 59, 120, 189
Tohil 189, 303, 305–306
Tolteken 55, 59, 81
Traumzeit 27, 30, 145–150, 173, 257

Tulan 44
Túlum 59
Tun 118
Turtle Island 45
Tzolkin 17, 33, 37–39, 51, 60, 75–78,
　109–112, 155–120, 153–158, 247, 256,
　295–300, 323
Tzolkin-Haab-Venus-Zyklus 120
Tzolkin-Haab-Zyklus 119
Tzul 201, 304

Uac 278, 294, 309
Uac Lahun 309
Uaxac 309
Uaxac Lahun 309
Uayeb 115, 307, 308
Uc 280, 294
Uinal 115, 118, 303–308
Unabhängigkeitserklärung 67–68
Unterwelt 31, 44, 74–77, 122, 173, 185, 201,
　209, 213, 217, 221, 225
Uo 303, 308
Uranus 168, 228
Utatlán 59
Uuc 309
Uuc Lahun 309
Uxmál 59

Vaxac 282
Venus 52, 118, 121, 192, 204
Venus-Haab-Zyklus 119
Venuszyklus 119
Vespucci, Amerigo 56

Vishnu und Shiva 43
Vorklassik 59

Webstuhl 33
Wellen 296
Westen 172, 188, 204, 220, 236, 257
Wiedergeburt 77, 99

Xibalbá *siehe* Unterwelt
Xul 304, 308
Xunántunich 59

Yax 305, 308
Yaxchilán 54, 59
Yaxkin 304, 308
Yucatán 55–57, 59, 81, 115, 325

Zaculeu 59
Zahlengötter 309
Zak 305, 308
Zapoteken 45, 59
Zec 303, 308
Zeichen G 90
Zeichen O 92
Zeichen T 91
Zeit 32, 50, 123, 156, 160
Zentrums-Tage 298
Zip 303, 308
Zotz 303, 308
Zuvuya 93
zwanzig Sonnensymbole 35–39, 47, 51,
　74, 98, 102, 104–112, 153–157, 159–246,
　256, 311

Zum Buch gibt es ...

ein Video mit dem Titel

»Die Maya, die Zeit ... und ihre Wiederkehr«

erscheint 2007 auf DVD
mit englischen Untertiteln

Weitere Publikationen von Magda Wimmer:

Das Herzenswissen der Maya-Tagehüter

Die universelle Weltordnung und das Webmuster der Zeit
Kartenset: 38 Karten mit Handbuch
Verlag »Die Silberschnur«, Güllesheim 2003
ISBN 978-3898450300

Reise in das weite Land. Mayawelt und Seelenwelt

Schamanisches Reisetagebuch
Novum Verlag, Neckenmarkt 2007
ISBN 978-3850220378

healing@mayaresonance.com
www.mayaresonance.com

Heilgeheimnisse fremder Völker

Steve DeMasco,   21774
Der Weg des Shaolin

Alberto Villoldo,   21765
Seelenrückholung

Sun Bear & Wabun   21740
Das Medizinrad

Alexandra David-Néel,   21748
Magier und Heilige in Tibet

Dem Schicksal in die Karten schauen

R. L. Wing,   21668
Das Arbeitsbuch zum I Ging

Hajo Banzhaf,   12077
Schlüsselworte zum Tarot

Brigitte Hamann,   21756
Die Reise zum Lebensziel

Markus Jehle,   21679
Kreative Astrologie. Grundwissen

GOLDMANN
ARKANA

Heilen mit der Kraft des Geistes

Wachsen und sich wandeln

Michael Dawson,   21736
Der Weg der Vergebung

Marianne Williamson,   21744
Das Geschenk der Wandlung

M. Scott Peck,   21666
Der wunderbare Weg

Jack Allanach,   21733
Der Feind in deinem Kopf

Die Botschaft der Krafttiere

ISBN 978-3-442-33775-0

80 prachtvolle Tierkarten und das Begleitbuch erlauben mit Hilfe
schamanischer Weisheit den Blick auf verborgene Realitäten.
Vergleichbar dem Tarot werden verschiedene Legesysteme beschrieben,
die Hilfe bieten bei der Analyse von Situationen, bei schwierigen
Entscheidungen und bei der Selbsterkenntnis.

GOLDMANN
ARKANA